城市轨道交通操作岗位系列培训教材

城市轨道交通轨道检修工

主　编　赵运臣
副主编　程　明　柴宇飞
主　审　黄守刚

人民交通出版社股份有限公司
China Communications Press Co.,Ltd.

内容提要

本书为城市轨道交通操作岗位培训教材,全书共分为基础知识篇和实务篇两篇,介绍了轨道设备、轨道几何形位、道岔、无缝线路、钢轨探伤、线路维修养护及管理、钢轨铝热焊、钢轨打磨等内容。

本书的编写力求在语言上通俗易懂,在内容上繁简得当、图文并茂。另外,每章开头均设有"岗位应知应会"模块,以使读者清楚本章学习重点、难点等,从而便于读者针对性地学习并掌握关键技能。

本书可作为城市轨道交通相关从业人员的培训教材,也可供职业院校城市轨道交通相关专业学生学习使用。

图书在版编目(CIP)数据

城市轨道交通轨道检修工/赵运臣,主编. — 北京:人民交通出版社股份有限公司, 2017.8
城市轨道交通操作岗位系列培训教材
ISBN 978-7-114-13509-5

Ⅰ.①城… Ⅱ.①赵… Ⅲ.①城市铁路—轨道交通—检修—岗位培训—教材 Ⅳ.①U239.5

中国版本图书馆CIP数据核字(2016)第291139号

城市轨道交通操作岗位系列培训教材

书　　名:	城市轨道交通轨道检修工
著 作 者:	赵运臣
责任编辑:	吴燕伶　周　凯
出版发行:	人民交通出版社股份有限公司
地　　址:	(100011)北京市朝阳区安定门外外馆斜街3号
网　　址:	http://www.ccpress.com.cn
销售电话:	(010)59757973
总 经 销:	人民交通出版社股份有限公司发行部
经　　销:	各地新华书店
印　　刷:	北京市密东印刷有限公司
开　　本:	787×1092　1/16
印　　张:	21.25
插　　页:	8
字　　数:	433千
版　　次:	2017年8月　第1版
印　　次:	2017年8月　第1次印刷
书　　号:	ISBN 978-7-114-13509-5
定　　价:	59.00元

(有印刷、装订质量问题的图书由本公司负责调换)

PREFACE 序

著述成书有三境：一曰立言传世，使命使然；二曰命运多舛，才情使然；三曰追名逐利，私欲使然。予携众编写此系列丛书，一不求"立言"传不朽，二不恣意弄才情，三不沽名钓私誉。唯一所求，以利工作。

郑州发展轨道交通八年有余，开通运营两条线46.6公里，各系统、设施设备运行均优于国家标准，服务优质，社会口碑良好。有此成效，技术、设备等外部客观条件固然重要，但是最核心、最关键的仍是人这一生产要素。然而，从全国轨道交通发展形势来看，未来五年人才"瓶颈"日益凸显。目前，全国已有44个城市轨道交通建设规划获得批复，规划总里程7000多公里，这比先前50年的发展总和还多。"十三五"期间，城市轨道交通发展将处于飞跃发展时期，相关专业技术人才将面临"断崖"处境。社会人才储备、专业院校输出将无法满足几何级增长的轨道交通行业发展需求。

至2020年末，郑州市轨道交通要运营10条以上线路，总里程突破300公里，人才需求规模达16000人之多。环视国内其他城市同期建设力度，不出此左右。振奋之余更是紧迫，紧迫之中夹杂些许担心。思忖良久，唯立足自身，"引智"和"造才"双管齐下，方可破解人才困局，得轨道交通发展始终，以出行之便、生活之利飨商都社会各界，助力国家中心城市和国际商都建设。

郑州市轨道交通通过校园招聘和订单班组建，自我培养各类专业技术人员逾3000人。订单班组建五年来，以高职高专院校的理论教学为辅，以参与轨道交通设计、建设和各专业各系统设备生产供应单位的专家实践教学为主，通过不断创新、总结、归纳，逐渐形成了成熟的培养体系和教学内容，所培养学生大都已成为郑州市轨道交通运营一线骨干力量。公司以生产实践经验为依托，充分发挥有关合作院校的师资力量，同时在设备制造商、安装商和设施设备维修维保商的技术支持下，编写了本套城市轨道交通操作岗位系列培训教材，希望以此建立起一套符合郑州市轨道交通运营实际且符合轨道交通行业发展水平的教材体系，为河南乃至全国轨道交通人才培养略尽绵薄之力。

编写成书过程中，得到了西南交通大学、大连交通大学、石家庄铁道大学、上海地铁维保有限责任公司、郑州铁路职业技术学院以及大连交通运输职业技术学院有限公司的大力支持，在此表示感谢！

张 洲

2016年10月21日

教材编写过程中,得到了西南交通大学、大连交通大学、石家庄铁道大学、上海地铁维护保障有限公司、郑州铁路职业技术学院以及人民交通出版社股份有限公司的大力支持,在此一并表示感谢。

以羽扣钟,既有总结之意,也有求证之心,还请业内人士不吝赐教。

是为序。

张 洲

2016 年 10 月 21 日

FOREWORD 前言

随着社会的发展，城市化建设进程越来越快，现代城市交通问题成为各大城市重大难题，在寻求解决这一难题的办法的过程中，人们的目光逐渐聚焦在城市轨道交通上。城市轨道交通可改善交通困局、节省土地、优化城市区域布局、促进国民经济的发展和改善市民生活质量等，是解决大城市和特大城市交通拥堵的首要选择。近年来，城市轨道交通建设在我国发展异常迅猛，各大城市都在如火如荼地建设。

轨道是城市轨道交通运营的主要技术装备之一，是行车的基础。轨道质量的好坏，将直接影响列车的运行安全，直接关系到旅客乘车的舒适度。为满足我国各大城市轨道交通蓬勃发展带来的轨道线路设备维护人才的需要，特组织编写本书。

本书按照由理论到实践的思路编写，强调轨道设备知识与管养技能的系统性。内容既前后呼应，相互联系，又自成体系，相对独立；既可供读者全面、系统地学习，又便于读者有针对性地查阅与选学。

本书由赵运臣担任主编，程明、柴宇飞担任副主编，黄守刚担任主审。其中，第一、二章由魏常友编写，第三、十四章由赵阳编写，第四、七章由杨文广编写，第五、八、九章由买东城编写，第六、十三章、附录由郭志民编写，第十、十一章由李永编写，第十二章由巫朝亮、黄略编写。黄守刚来自石家庄铁道大学，其余人员来自郑州市轨道交通有限公司。

本书编写过程中，得到西南交通大学、大连交通大学、石家庄铁道大学、上海地铁维护保障有限公司、郑州铁路职业学院以及人民交通出版社股份有限公司的大力支持，在此表示诚挚的感谢！

由于编者水平有限，不妥之处在所难免，敬请批评指正！

作　者
2016 年 10 月

FOREWORD 前言

随着社会的发展，城市化进程越来越快，现代化城市交通问题成为各大城市重大难题。不可来解决这一难题的办法的近年中，人们的目光逐渐聚焦在城市轨道交通上。城市轨道交通可以改善城市交通困局，节省土地，优化城市区域布局，促进国民经济的发展和改善市民生活质量等，是缓解各大城市和特大城市交通拥堵的首要选择。近年来，城市轨道交通建设在我国发展极为迅猛，各大城市都在如火如荼地建设。

轨道城市轨道交通运营的主要其未来希望之一，是行车的基础。轨道质量的好坏，将直接影响列车的运行安全、直接关系到旅客乘车的舒适度。为满足我国各大城市轨道交通迅猛发展带来的轨道建设养护维护方面对人才的需要，特组织编写本书。

本书按照由理论到实践的思路，强调轨道建设和保养管理技能的系统性。内容既有前后呼应，相互联系，又自成体系，相对独立，既可供读者初学、系统地学习，又便于读者有针对性地查阅自选学。

本书由地运输集团主编，程刚、梁学飞担任副主编，黄学阳担任主审。其中，第一、二章由魏蒙及继编写，第三、四、十四章由赵团编写，第五章由乔宇编写，第七章由杨斌、孔文松编写，第八、九章由张成翔及继编写，第六、十三章由韩晓志编写，第十、十一章由李永海编写，第十二章由王子琛、黄玉编写。

本书编写过程中，得到西南交通大学、大连交通大学、石家庄铁道大学、上海地铁维修事业部有限公司、郑州铁路职业学院以及人民交通出版社股份有限公司的大力支持，在此表示衷心的感谢！

由于编者水平有限，不妥之处在所难免，敬请批评指正！

作者
2016 年 10 月

INTRODUCTION 学习指导

课程学习方法及重点难点

在完成城市轨道交通线路基础知识学习后，首先要熟悉城市轨道交通专业设施设备的组成、功能及技术标准，其次需要掌握城市轨道交通设施设备管理、维修标准、常用维修工具和维修方法等，最后能掌握轨道专业设施设备故障发生机理和主要故障处理方法。

本书基础知识篇的学习难点是城市轨道交通的组成以及钢轨探伤，实务篇的难点是针对各种故障的处理方法，需要多看书本内容并结合现场操作进行学习。

一、岗位职责

轨道检修工是从事城市轨道交通道床、轨枕、扣件和钢轨等轨道专业设施巡视、保养、维护、故障处理、技术改造等项目的工作人员。其岗位职责包括安全职责和工作职责。

（一）安全职责

（1）对相应的生产工作负直接责任，做好生产第一现场的安全把控工作。

（2）保证安全生产的各项规章制度贯彻执行。

（3）学习并落实公司的各项安全管理规定和安全操作规程。

（4）负责所辖范围内设施的安全管理工作，确保特种作业、特种设备操作人员持证上岗。

（5）参加公司组织的各项培训工作，努力提高业务技能水平，增强安全意识。

（6）定期开展自查工作，落实隐患整改，保证生产设备、安全装备、消防设施、救援器材和急救用具等处于完好状态，并能够正确使用。

（7）及时反映生产过程中存在的各类问题，及时找到解决途径确保安全生产，保障人身、设施安全。

（8）负责轨道专业设施的巡视、维修维护以及应急抢险工作。

（二）工作职责

（1）积极主动地完成上级安排的各项任务。

（2）严格遵守公司的各项安全生产制度，不违章作业。

（3）按照上级制定的生产组织程序及技术标准，保质保量地完成对所负责设施的巡视、检查、养护、维修等工作，并按要求如实填写相关记录，做好现场资料的收集。

（4）在现场生产过程中，发现问题、隐患及时上报。

（5）协助工班长对故障进行分析、确认。

（6）积极参与设施的技改、工程整改、QC工作。
（7）参与新线介入、新线设施的验收等工作。
（8）不断学习新技术，新业务知识，提升自身综合能力。
（9）积极参与党、工、团开展的员工活动，针对工班建设或现场作业情况提出合理化建议。
（10）参与工班6S建设，并保持工班6S工作（6S：整理、整顿、清扫、清洁、素养、安全）。
（11）及时有效地完成上级交办的其他事项。

二、课程学习方法及重难点

在完成城市轨道交通线路基础理论知识学习后，首先要熟悉城市轨道交通轨道专业设施设备的组成、功能及技术标准，其次需要掌握城市轨道交通线路的维修管理、维修标准、常用维修工具和维修方法等，最后能掌握轨道专业设施设备故障发生原因及处理方法。

本书基础知识篇的学习难点是城市轨道交通轨道的组成及钢轨探伤，实务篇的难点是常见的故障处理和分析。在学习过程中，应结合日常的工作实践，反复学习理论和实务部分内容，才能达到全面掌握相关知识与技能的目的。

三、岗位晋升路径

根据人员情况，定期对满足职级要求（工作年限、职称、学历、绩效考评）的人员，按照一定比例进行晋级。员工晋升通道划分方法如下。

（一）操作类序列

由低到高依次为：初级工、中级工、高级工一、高级工二、技师一、技师二、高级技师。

（二）技术类职级序列

由低到高依次为：技术员、助理、工程师一、工程师二、工程师三、主管。

CONTENTS 目录

第一篇 基础知识篇

第一章 城市轨道交通线路概述 ... 2
第一节 城市轨道交通线路的形式与特点 ... 2
第二节 城市轨道交通线路的限界 ... 3
第三节 线路标志 ... 3
第四节 路基 ... 4

第二章 轨道 ... 10
第一节 轨道组成与类型 ... 10
第二节 钢轨技术参数与技术标准 ... 16
第三节 钢轨连接零件与技术标准 ... 22
第四节 轨道扣件与技术标准 ... 27
第五节 轨枕类型与技术标准 ... 32
第六节 道床类型与技术标准 ... 34

第三章 轨道几何形位 ... 40
第一节 平面形位与技术标准 ... 40
第二节 线路纵断面与技术标准 ... 65

第四章 道岔 ... 77
第一节 道岔的类型 ... 77
第二节 单开道岔的构造与技术标准 ... 79
第三节 道岔形位与技术标准 ... 87
第四节 导曲线支距及附带曲线与技术标准 ... 94
第五节 影响道岔通过速度的因素 ... 96

第五章　无缝线路 ……………………………………………… 98

第一节　无缝线路基本知识 ……………………………………… 98
第二节　基本温度力图和伸缩区长度计算 …………………… 101
第三节　胀轨、跑道和钢轨折断 ……………………………… 104

第二篇　实务篇

第六章　城市轨道交通线路维修养护管理 …………………… 116

第一节　维修概论 ……………………………………………… 116
第二节　线路养护维修管理 …………………………………… 121
第三节　养护维修技术标准 …………………………………… 123
第四节　轨道铺轨的规定 ……………………………………… 131

第七章　道岔铺设与养护 ………………………………………… 134

第一节　道岔铺设、更换与技术标准 ………………………… 134
第二节　道岔养护探讨 ………………………………………… 142

第八章　无缝线路养护维修 ……………………………………… 152

第一节　无缝线路养护维修规定 ……………………………… 152
第二节　无缝线路的应力调整与应力放散 …………………… 157
第三节　无缝线路位移观测 …………………………………… 159

第九章　线路设备养护维修 ……………………………………… 161

第一节　线路养护维修 ………………………………………… 161
第二节　轨道维修作业 ………………………………………… 165
第三节　道岔维修作业 ………………………………………… 179

第十章　钢轨铝热焊 ……………………………………………… 186

第一节　钢轨铝热焊知识 ……………………………………… 186
第二节　钢轨铝热焊焊接作业 ………………………………… 188

第十一章　钢轨打磨 ……………………………………………… 197

第一节　钢轨打磨车 …………………………………………… 197
第二节　钢轨打磨车的运用 …………………………………… 198

第三节　CMC-20型道岔打磨车 ································· 199

第十二章　钢轨探伤 ································· 284

　　　第一节　钢轨探伤基本知识 ································· 284
　　　第二节　钢轨常规(母材)探伤 ································· 287
　　　第三节　钢轨探伤手工检查 ································· 299
　　　第四节　钢轨焊缝超声波探伤 ································· 303

第十三章　常用轨道维修机具及保养 ································· 309

　　　第一节　液压维修机具 ································· 309
　　　第二节　内燃维修机具 ································· 311

第十四章　故障案例及分析 ································· 316

　　　第一节　弹条断裂故障 ································· 316
　　　第二节　轨行区打火故障 ································· 317
　　　第三节　道岔转辙部分异常故障 ································· 318
　　　第四节　路基沉降故障 ································· 320

附录　城市轨道交通轨道检修工考核大纲 ································· 323

参考文献 ································· 325

第一篇 基础知识篇

第一章　城市轨道交通线路概述

岗位应知应会

1. 掌握线路相关的基本知识。
2. 了解城市轨道交通线路的概况。
3. 了解城市轨道交通目前的几种形式及特点。
4. 掌握城市轨道交通的线路限界。
5. 熟悉线路标志的设置。
6. 掌握路基、轨道的组成等基本知识。

重难点

重点:轨道交通的线路限界、线路标志、路基。
难点:轨道的组成及特点。

第一节　城市轨道交通线路的形式与特点

一、城市轨道交通线路的基本形式

城市轨道交通线路正随着城市的繁荣而快速延伸。线路的结构以及线路维护技术和方法都在随之不断地完善和更新。

城市轨道交通线路的铺设,在市区由于既有条件的限制,一般以地下为主;郊区线路由运营正线通往后方基地时,轨道才由地下延伸至地面。随着城市轨道交通的迅猛发展,现代的城市轨道交通线路又由地下发展到空中,在高架桥梁上铺设轨道。

城市轨道交通线路结构形式,主要分为三大类:

第一类,地面线路,其上部结构保留了铁路线路的特点,轨下基础也基本保留了传统的碎石道床。

第二类,地下线路,铺设于隧道内,轨下基础为带枕浇筑的整体道床。

第三类,高架线路,铺设于高架桥面,轨下基础为支撑块式的整体道床。

二、城市轨道交通线路的划分

城市轨道交通线路,大致可以划分为两大类:正线与车厂线。

（一）正线

正线是指连接车站并贯穿线路始点、终点的线路。绝大多数正线均设计为复线，分为上行线、下行线。在设计和建设过程中，分为左右线，进入运营期后，其上下行线，由该城市主管运营的主管部门决定。在正线上的沿线各站，没有铁路那种"正线""站线""到发线"的区分。但城市轨道交通线路，除始、终点以外，必须选择几个重要车站，用于列车折返，铺有折返线、联络线和存车线，专门用于特殊情况下应急使用，不属于正线的范畴，可以称为正线辅助线。

（二）车厂线

车厂线是指基地用于停车、调车、修车、试车、装卸货物及指定用途的其他各种线路的总称。

第二节　城市轨道交通线路的限界

限界是使运行主体的动轮廓线与周围建筑设备的轮廓线在空间范围内安全间隔的警戒线。

限界包括三个方面：

1. 建筑限界

建筑限界是指沿线一切建筑物外轮廓严禁向车辆运行空间方向侵入的安全警戒线。

2. 设备限界

设备限界是指在沿线建筑物上所安装的一切设备，其外轮廓严禁向车辆运行空间方向侵入的安全警戒线。

3. 车辆限界

车辆限界是指车辆任何部位以及工程列车上所装载的施工料具不得向建筑物方向超出的安全警戒线。

第三节　线路标志

一、种类

城市轨道交通线路上设置下列线路及信号标志：公里标、百米标、坡度标、曲线要素标、圆曲线和缓和曲线始终点标、竖曲线始终点标、水准基点标、停车位置标、进站预标（分别设于距站界100m、200m、300m位置）、警冲标、联锁分界标等。其中信号标志和百米标为反光标志。

二、设置方法

地面线的标志埋设于线路路肩以外，隧道的标志安装于隧道的侧墙，高架桥面的标志安装于桥面的整体道床，但不管哪种标志的安装，都必须严格执行限界的规定，并安装牢固。线路标志设置方法如下：

(1) 线路标志在单线上顺计算里程方向设于线路右侧，在双线上各设于本线列车运行方向右侧。

(2) 信号标志顺列车运行方向设于线路右侧。

(3) 各种标志（警冲标除外）应设在钢轨头部外侧不小于2m处。不超过钢轨顶面的标志，可设在距离钢轨头部外侧1.35m处。

(4) 警冲标设在会合线路两线间距为4m的起点处中间，有曲线时按照限界加宽办法加宽；两线间距不足4m时应设在两线最大间距的起点处中间。

第四节　路　　基

一、路基概述

（一）路基的断面形式

路基横断面是指垂直于线路中心线截取的断面。依其所处的地形条件不同，**路基分为路堤、路堑、半路堤、半路堑、半路堤半路堑、不填不挖等基本形式**，如图1-1所示。

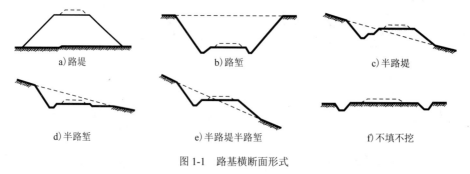

图1-1　路基横断面形式

(二)路基的组成

路基由路基本体(如路堤、路堑、路基基床、路基地基、路基防护和加固建筑物)、路基排水设备、防护和加固设备三部分组成。

1. 路堤

路堤由路基面、路堤边坡、天然护道和取土坑等组成,如图1-2所示。

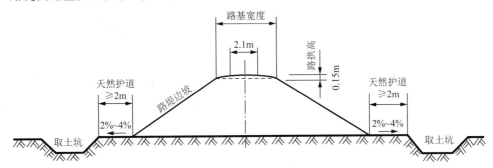

图1-2 路堤组成示意图

(1)路基面是指路基顶面,包括铺设轨道的部分。从路基面边缘向中间拱起的部分称为路拱,路拱大部分或全部被道砟覆盖。非渗水土路基均需设路拱,便于横向排水。单线路基采用梯形拱,拱高为0.15m,顶宽为2.1m,底宽等于路基面宽。双线路基采用三角形拱,拱高为0.2m。渗水土路基一般不设路拱。

(2)路基面宽度是指路基面两侧边缘间的距离。路基面宽度按轨道类型及土质情况等确定。曲线地段路基外侧应按要求加宽,加宽值要在缓和曲线范围内递减。

(3)路基面两侧未被道砟覆盖的部分为路肩。正线路肩宽度不得小于0.6m。当路肩埋有设备时,路堤及路堑宽度均不得小于0.6m,路肩未埋设备时路堤路堑宽度均不得小于0.4m。站场线路宽度不小于0.4m。

(4)路堤边坡坡度是指路肩边缘至路堤坡脚的垂直高度与路肩边缘至路堤坡脚的水平距离之比。路堤边坡坡度应按相关要求设置。

(5)为确保路堤稳定,在路堤坡脚和取土坑(或排水沟)之间留出一道天然地面,称为护道。护道宽度不小于2m,并向外做成2%~4%的斜坡。在护道内不许开垦或引水灌溉,以保持路堤边坡稳定。

(6)取土坑是指为填筑路堤而取土所挖出的坑,可用作排水沟,坑底应保持平顺,纵向设置不小于2‰的坡度,困难地段不小于1‰。

2. 路堑

路堑由路基面侧沟、路堑边坡、路堑隔带和弃土堆等组成,如图1-3所示。

路堑的路基面技术标准均与路堤相同,在此不再叙述。

(1)侧沟为路基面两侧的排水沟,用以排除路堑边坡和路基面上的地表水。侧沟的深度和宽度均不应小于0.4m,土质边坡坡度为1∶1~1∶1.5,沟底纵向坡度应不小于2‰,困难地段应不小于1‰。

在侧沟与路堑坡脚间留出的带状地面为侧沟平台。平台宽度一般为0.5～1.0m,并向侧沟方向做成2%～4%的斜坡。当路堑边坡比较稳定时,也可不设侧沟平台。

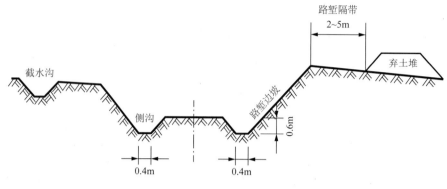

图1-3 路堑组成示意图

(2)路堑边坡坡度应根据路堑深度和地层构层等因素综合考虑。

(3)路堑隔带是指在堑顶与弃土堆之间留出的带状地面,其宽度一般为2～5m。

(4)弃土堆为挖掘路堑时堆放在隔带外的弃土。在路堑上坡方向的弃土堆要连续堆放,使之起拦水作用;在路堑下坡方向的弃土堆要分段堆放,适当地留出缺口,以利于排水。

3. 路基基床

路基面以下受到列车荷载作用和水文、气候变化影响的深度范围称为基床。 基床状态直接影响列车运行的平稳和速度的提高,基床厚度、填料及压实度、排水等是设计及施工控制的关键因素。

4. 路基地基

路基面上所承受的列车和轨道荷载及路基本体自重都由地基承受,因此地基的稳固与否对路基本体的稳固性至关重要。**路堤的地基系指天然地面以下的路堤基底,路堑地基系指基床面以下的土体,路基的地基应稳固可靠,以保证路基的稳固。**

5. 路基防护和加固建筑物

路基防护设备用以防止或削弱风霜雨雪、气温变化及流水冲刷等各种自然因素对路基体所造成的直接或间接的有害影响。其种类众多,类型各异。**常用的防护设备包括坡面防护设备和冲刷防护设备。** 为了防止路基边坡和坡脚受坡面雨水冲刷,防止日晒雨淋引起土的干湿循环,防止气温变化引起土的冻融变化等因素影响边坡的稳固,常采用坡面防护设备。为了防止河水对边坡、坡脚或坡脚处地基不断的冲刷和淘刷,应设冲刷防护设备,防护设备设置的位置和所采用的类型视水流的运动规律和防护要求而定。特殊条件下的路基防护,应根据路基环境等条件采用特殊设计。

路基加固建筑物是用以加固路基或地基的工程设施,主要包括护堤、挡土墙、抗滑桩和其他地基加固设施等。设置路基加固设备是提高路基稳定性的一种有效措施。

二、路基设备及养护

(一) 路基排水设备及养护

路基排水设备是为了排除路基本体及其附近的地面水和地下水,保证路基经常处于干燥状态,避免因排水不良而造成路基沉陷、边坡滑坍、翻浆冒泥和寒冷地区的路基冻害等。

路基排水设备分为地面排水设备和地下排水设备两种。

1. 地面排水设备

常用的地面排水设备有排水沟、侧沟、天沟、截水沟、矩形水槽、跌水沟和急流槽等。

(1) 侧沟设置于路堑的路肩外侧,用以汇集及排除路堑边坡面及路基面范围内的地表水,在线路不挖不填地段亦须设置侧沟。侧沟的纵坡一般与铁路纵坡相同,但在线路坡度小于2‰的平坦地带,侧沟与截水沟、天沟的出水标高又不受控制时,纵坡应为2‰;出水口受标高度控制时,可不小于1‰。

(2) 天沟位于堑顶边缘以上适当距离处,用以截排堑顶上方流向路堑的地表水。堑顶上方有弃土堆时,天沟应改在弃土堆坡脚以外不少于1~5m;无弃土堆时,离堑顶边缘不少于5m。

截水沟设在天沟的上方,可设置一道或几道。

(3) 排水沟位于路堤护道外侧,用以排除路堤范围内的地面水及截排自田野方面流向路堤的地面水。一般当地面横坡明显时,设置于路堤上方一侧;地面横坡不明显时,设置于路堤的两侧。

排水沟纵坡的特点基本上与天沟相同。

(4) 当水沟所在地段的地质不良、易变形、不能保持水沟的稳定时,就可以采用浆砌片石或混凝土修筑的矩形水槽,这样既可保持稳定,又能防渗漏。其断面形式如图1-4所示。

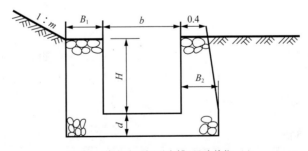

图1-4 浆砌片石矩形水槽(尺寸单位:m)

B_1、B_2- 水槽壁厚;b- 内槽宽度;H- 水槽内深度;d- 水槽宽度

(5) 在地形较陡地段的排水沟,当其地层易受水冲刷而不能采用较陡的纵坡时,就需要建成一段一段分开的缓坡段,以不高的跌水沟与急流槽连接。

2. 地下排水设备

处理地下水的常用措施有拦截排除、引出排除（包括降低地下水位和疏干土体）、封闭隔水三种类型，主要设备有明沟与槽沟、渗沟、渗水隧洞和渗井等。

(1) 明沟与槽沟是敞开的地下排水设备，用于拦截、引排埋藏不深的地下水，并可兼排地面水。明沟断面常用梯形；槽沟断面常采用矩形。

(2) 边坡渗沟适用于不陡于1:1的土质路堑边坡，也用于加固由于潮湿容易发生表土坍滑的土质路堤边坡。

(3) 支撑渗沟用于支撑可能滑动的不稳定土体或山坡，并排除在滑动面附近的地下水和疏干潮湿土体。

(4) 渗水隧洞用于截断或引出深层地下水，渗水隧洞与立式渗井（或渗管）配合使用，接收并排出立式设备等集引的地下水。

(5) 立式集水渗井与渗管：用于集引多层含水层和潮湿土体中的地下水，一般成群布置成与地下水水流方向垂直，并与渗水隧洞配合使用。

（二）坡面防护设备及养护

路基坡面防护的方法很多，这里仅介绍铺草皮、干砌片石护坡两种常用的防护方法。

1. 铺草皮

铺草皮就是用草皮覆盖边坡表面的局部或全部，防止地表水冲刷，防止坡面风化剥落，以达到固结土壤、稳定边坡的目的。铺草皮常用于坡度不陡于1:1或局部不陡于1:0.75的各种土质边坡和严重风化的岩石及软质岩石边坡的防护。铺草皮常用的形式有以下三种：

(1) 平铺草皮是指在需要加固的边坡，将整个坡面以草皮作平行覆盖。

(2) 叠砌草皮是指将草皮水平铺设，并沿着坡面作台阶式的叠加，稳定性好。

(3) 铺方格式草皮是指将草皮在边坡上铺成与边坡边缘线呈45°的斜方格，也可采用土工格网，在格网内植草。

2. 干砌片石护坡

干砌片石护坡适用于坡度不陡于1:1.25的土质或土夹石的边坡防护，在土质路堑边坡的下部也可用作嵌补。为了防止冲蚀和保持坡面平整，需要在片石的下面铺设不小于0.1m厚的碎石或砂垫层。

（三）路基冲刷防护

路基冲刷防护措施主要有草皮护坡、抛石护坡及柔性混凝土板等防护措施。

1. 草皮护坡

草皮护坡多用于周期性浸水路堤的边坡防护，适用于洪水容许流速小于1.8m/s、波浪高小于0.4m的地段。草皮护坡一般采用叠砌式铺设。

2. 抛石护坡

抛石防护可解决水下施工的困难,还可以起到防止水下边坡遭受水流冲刷和水浪的侵袭破坏与掏空坡脚的作用,如图 1-5 所示。

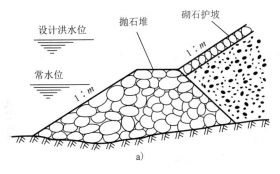

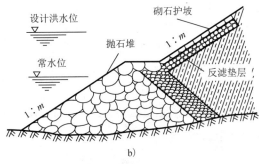

图 1-5 抛石防护

第二章　轨道

> **岗位应知应会**
>
> 1. 掌握钢轨技术参数与技术标准。
> 2. 掌握钢轨连接零件与技术标准。
> 3. 掌握轨道扣件与技术标准。
> 4. 熟悉轨枕类型与技术标准。
> 5. 了解道床类型与技术标准。
>
> **重难点**
>
> 重点：钢轨技术参数与技术标准。
> 难点：钢轨、轨道连接零件、轨道扣件等技术标准的识记。

轨道是线路的上部结构，由钢轨、零部件、轨枕、道床及道岔等组成，是行车的基础技术设备。轨道直接支承和引导列车运行，并直接承受着竖向、横向、纵向的作用力，承受由车轮传来的巨大压力，并把它传给路基或桥隧建筑物。轨道必须坚固稳定，并具有正确的几何形状、相对位置和基本尺寸，以确保车辆的安全运行。

第一节　轨道组成与类型

一、轨道组成

铁路轨道由钢轨、轨枕、道床、连接零件和道岔等主要部件组成。它的作用是引导机车车辆运行，直接承受由车轮传来的巨大压力，并把它传给路基或桥隧建筑物。轨道必须坚固稳定，并具有正确的几何形状、相对位置和基本尺寸，以确保车辆的安全运行。

二、轨道类型

轨道类型的划分有两种方法，一是按铁路等级划分，二是按运营条件划分。

按铁路等级划分时,要求同一级铁路必须采用同一种类型的轨道。但实际上,同属一个等级的铁路,由于近期运量及其增长速度不同,会造成轨道使用的不合理。

按运营条件划分时,同一级铁路可以采用不同类型的轨道,同样,不同等级的铁路,也可以采用同一类型的轨道,使轨道类型与运营条件相适应。按运营条件可以将轨道划分为特重型、重型、次重型、中型和轻型 5 种。

轨道各组成部件均产生应力和变形。不同构造的轨道各部件的应力和变形有很大的差异,为使各部件产生的应力和变形不超过本身允许值,必须确定各类型轨道的钢轨重量、轨枕配置根数及道床厚度等铺设标准,以保证各类型轨道在规定的运营条件下,具有足够的强度和稳定性。

在轨道构造中,钢轨是最主要的部件。在划分轨道类型时,首先要根据运营条件选定钢轨重量,然后确定相应的轨枕配置根数、道床材料和断面尺寸,使轨道的各组成部分互相配套,充分发挥各自的功能。选定钢轨重量时考虑的主要因素是运量、行车速度、最大轴重、合理的大修换轨周期和养护维修工作量。轨枕配置标准应与运营条件相适应,并与轨道各部件综合考虑,合理配套,以求在最经济的条件下,保证轨道具有足够的强度和稳定性。道床应有足够的厚度,使由钢轨、轨枕传下来的车轮压力经过道床的扩散而大大减小,在列车重复荷载作用下,所产生的道床下沉,道砟和路基面应力均不超过允许值,以保证轨道不发生永久变形。所以在确定道床的厚度时,必须考虑机车车辆荷载的大小,钢轨、轨枕的类型,轨枕间距,道砟的粒径和级配对压力传递的特征,以及路基面的允许承载能力。

三、轨道加强

(一)轨道加强设备

木枕线路,正线半径 600m 及以下曲线,车厂线半径 450m 及以下曲线应按表 2-1 的规定设置加强设备。

加强设备设置规定　　　　　　　表 2-1

曲线半径 R	轨距杆(根)		轨撑(对)	
	25m	12.5m	25m	12.5m
R≤350m	10	5	14	7
350m<R≤450m	10	5	14	7
450m<R≤600m	6～10	3～5	6～10	3～5

轨道加强设备有:

1. 防爬器

为增加木枕线路的纵向阻力,防止线路纵向爬行,在轨底安装防爬器,防爬器与木枕之间加设隔离板,再用防爬销打紧。

防爬器，25m 轨，顺向 4 对，反向 4 对；12.5m 轨，顺向 2 对，反向 2 对，但接头不宜安装。防爬支撑可以安装在钢轨底下，也可以安装在道心。防爬器与轨枕之间应设承力板，防爬支撑与承力板都应与轨枕密贴。

2. 轨距拉杆

通常在碎石道床线路的小半径曲线地段、岔前基本轨接头附近、导曲线以及其他薄弱地段或线路状态不良处安装轨距拉杆，用以保持轨距，加强轨道框架结构的刚度。设有轨道电路时，应使用绝缘轨距杆。

3. 防爬撑

防爬撑是与防爬器配套使用的设备，有防爬木撑和防爬石撑两种形式，安装的位置可以在线路道心，也可以在轨底部位，但必须安紧，不能留有空隙。

防爬器与防爬木撑的布置有一定的规定，为单方向运行的布置方式，中间部分两组为双方向锁定组，两端部分各有一组为单方向锁定组。车厂线路的各股道，基本上不存在单向运行的情况，可以对称布置，即双向锁定。

（二）轨道加强的条件

在列车运行过程中，车轮作用于钢轨，不仅产生竖向力和横向力，由于车轮在钢轨上的滚动磨擦和纵向滑动磨擦，列车的制动力，在坡道和曲线上的附加力，车轮对钢轨的冲击力以及其他因素，还会使钢轨产生纵向力，由于纵向力而使钢轨沿着轨枕或带动轨枕发生纵向移动的现象，称为轨道爬行。引起爬行的纵向力叫爬行力。

形成爬行的原因很多，也比较复杂，一般有钢轨在动荷载作用下的挠曲，列车运行的纵向力，钢轨温度力，车轮在接头处撞击钢轨以及列车的制动等。一般认为钢轨挠曲是形成轨道爬行最基本的因素，其他原因只影响爬行量的大小。

轨道爬行的一般规律是，在双线地段，爬行方向与列车运行方向基本相同，列车运行方向的下坡道爬行量较大。两方向运量大致相等的单线地段，两方向都会发生爬行，且易向下坡道方向爬行。两方向运量显著不同的单线地段，运量大的方向爬行量较大，在运量大的下坡道方向爬行量会更大一些。双线或单线的制动地段，均易向制动方向爬行。

列车通过曲线时，由于离心力的作用，对外轨产生较大的向外横向推力，会发生钢轨横移和向外倾斜，钢轨磨耗，轨距扩大，影响曲线圆顺。在曲线轨道上横向力的大小，与曲线半径成反比，与行车速度成正比。随着运量的增长，大型机车的行驶，轴重的增加，需要加强的范围有向较大半径曲线扩大的趋势。

图 2-1 表示钢轨的波形挠曲引起的爬行过程。以 a、b 表示钢轨某一断面的上下两点，当列车驶近，钢轨各断面依次发生转动，a 点向前，b 点向后；当车轮滚过，钢轨恢复时，b 点开始收缩，但因前面已被车轮压住，这种收缩只能在车轮已离开的一端实现，结果，钢轨被拉向前移动，造成与列车运行方向一致的爬行。但在机车牵引时，由于机车车轮黏着力的作用，会产生一种与行车方向相反的力，所以多机牵引的上坡地段，有时反而会产生方向相反

（向下坡方向）爬行的现象。

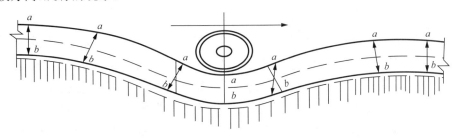

图 2-1　钢轨的波形绕曲

在普通线路上，钢轨爬行是线路的主要病害之一，对轨道结构的整体性和稳定性起破坏作用。线路爬行的主要危害是：连续多处挤压轨缝会发生胀轨跑道，拉大轨缝，造成钢轨、夹板螺栓伤损或拉断螺栓，也易产生和加剧钢轨接头病害；拉斜轨枕造成轨距、轨向不良，扣件、道钉和轨枕损坏，故质量不能保持，轨枕吊板增多，产生和加大轨面坑注；在道岔上会影响尖轨与基本轨靠贴或尖轨的扳动，甚至涉及联锁装置；在桥上会带动桥枕，扩大桥枕间距，甚至会带动钢梁并涉及支座和墩台，严重危及行车安全。

（三）轨道加强的作业方法

线路爬行对轨道结构的整体性、稳定性的破坏是严重的，因此，必须从设备上采取措施予以防止。**防止线路爬行的措施主要是加强轨道中间扣件的扣压力和接头夹板的夹紧力，以加大钢轨与夹板之间以及钢轨与垫板之间的阻力。**在维修工作中，在保证道床丰满的前提下，要求拧紧螺栓，打紧浮起道钉，以防止线路的爬行。但在爬行严重地段，单靠接头和扣件的阻力还是不够的，还必须采用以防爬器和防爬支撑组成的防爬设备来共同抵抗钢轨的爬行力。

防爬器有穿销式和弹簧式两种。我国广泛使用的是穿销式防爬器。它由带挡板的轨卡和穿销组成。

为了充分利用穿销式防爬器的防爬能力（每对防爬器的防爬阻力为 30～40kN），并使两股钢轨上的防爬阻力相等，防爬器要成对安装，并将 1 对防爬器和 3～4 根轨枕用防爬支撑联系起来，组成一组防爬设备，从而增强防爬能力，共同抵抗由防爬器传来的轨道爬行力，如图 2-2 所示。

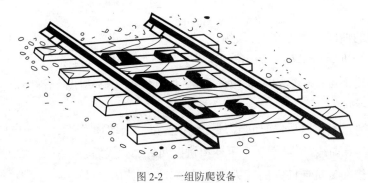

图 2-2　一组防爬设备

防爬支撑可用木制,也可用石料或混凝土制造。防爬支撑断面应不小于120cm,若断面面积过小,则不易保持稳定,不能充分发挥支撑作用。防爬支撑安装在钢轨底下。铺设混凝土枕的线路、道岔,使用弹条扣件时,因扣件的技术性能好,能保持较大的防爬阻力,故可不安装防爬设备。使用其他扣件时,如扣板式扣件,虽在胶垫压缩以后,保持的防爬阻力比弹条扣件小,但在坡度较小的一般条件下,仍能阻止爬行,故亦可不安装防爬设备。对线路坡度大的地段,制动地段,列车经常通过的道岔、绝缘接头、桥梁(明桥面)前后各75m地段,因非弹条扣件阻力不足以阻止爬行,仍需根据具体情况安装防爬设备,安装数量可比照木枕线路适当减少。

在碎石道床地段,每组防爬设备的组成为单方向锁定为1对穿销式防爬器和3对支撑,双方向锁定为2对穿销式防爬器和3对支撑。以正方向4对防爬器和反方向2对防爬器为例,其安装方式如图2-3所示,安装数量和方式可简单地以×3~6,×8~11×,×13~16×,×18~21来表示。

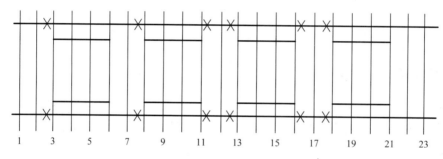

图2-3 碎石道床地段防爬器和防爬支撑的组合

无论是单方向锁定组还是双方向锁定组,相邻两组不宜接在一起,以免互相影响。防爬设备应安装在轨节的中部,应距钢轨接头尽量远一些,以减少对钢轨两端伸缩的影响。

目前采用的防爬设备,基本上是穿销式防爬器和防爬支撑相结合的方式。铺设木枕的线路和道岔,防爬设备的安装分为三类,地面正线、车厂线和道岔,应按照标准安装足以锁定线路和道岔的防爬设备。车厂线和车厂道岔,应根据爬行情况按实际需要,适当安装防爬设备。车厂线内线路坡度较大地段,线路容易爬行,需要较一般线路增加防爬设备。车厂线咽喉区道岔,为避免因其前后线路爬行影响到其本身的稳定,均应在前后各75m地段增加防爬设备。

通常采用的曲线加强方法有:采用重型的线路上部建筑,当曲线半径小于800m时,每公里轨枕可比标准数量另外增加160根;安装轨距杆或轨撑,当曲线半径小于800m时,圆曲线及缓和曲线上可按标准安装轨距杆或轨撑,以保持线路轨距;铺设防磨护轨,必要时换用耐磨的合金钢轨。

在按标准数量安装以后,如加强力量仍不足,可适当增加设备数量。半径为350m及以下的曲线和道岔导曲线,亦可安装轨距杆和轨撑两种加强设备。

混凝土枕扣件抵抗横向力的能力为木枕道钉的几倍,故对混凝土枕地段较小半径的曲线上可根据需要加强,主要考虑机车类型、轨道类型、行车速度、运量大小等因素。

扣件有刚性与弹性之分。刚性扣件本身缺乏弹性,例如70型扣板式扣件。弹性扣件垂向和横向有弹性或只在垂向有弹性,行车时扣压力小,保持轨距能力较强,例如弹条Ⅰ型扣件。在曲线半径较小的混凝土枕地段,如采用保持轨距能力较强的弹性扣件,则可不安装轨距杆和轨撑。

四、车挡

为保证行车安全,所有线路的尽头都必须设置车挡。

车挡的类型主要有三大类:

第一类为简易式钢结构车挡(月牙形),见图2-4,用于停车库内行车速度极低的股道,在轨腰钻孔后直接安装。

第二类为片石混凝土结构的车挡,见图2-5,用于野外轨道的尽头。

图2-4 简易式车挡

图2-5 片石混凝土车挡

第三类为缓冲式钢结构车挡。为保证列车进入线路终端时的安全,在正线、折返线及试车线的终端设置滑移式缓冲挡车器,设计时应考虑列车失控撞击挡车器的瞬时速度为15km/h,车辆重量为2160kN(6辆编组)。挡车器设置在线路有效长度范围外,并且根据信号的需要,在挡车器的前端加设24.5m长度的信号安全区。挡车器的滑移距离根据计算确定为13.5m,设计采用24m,增加部分安全余量。滑移式缓冲车挡通常用在比较重要的处所,考虑到车辆有一定的速度,车挡上应设有缓冲装置,能起缓冲作用,而且车挡还能有一定的滑动距离,比较安全可靠,但造价较高。目前,这类的车挡已有多种类型。此外,还有磁力式车挡、液压式车挡和滑动式车挡等,前两种构造复杂、造价高,后一种较为简单、实用。

五、防脱护轨

(一)防脱护轨的设置范围

高架桥上,在下列地段宜设置防脱护轨:

（1）半径小于500m曲线的缓圆（圆缓）点，缓和曲线部分35m、圆曲线部分15m的范围内曲线下股钢轨内侧。

（2）双线高架桥跨越城市干道和铁路地段及其以外各20m范围内，在靠近高架桥中线侧的钢轨内侧；单线高架桥上述地段两股钢轨内侧。

（3）竖曲线与缓和曲线重叠处，重叠范围内两股钢轨内侧。

（二）新型防脱护轨的结构

新型防脱护轨是由护轨、护轨支架、扣板、弹性绝缘缓冲垫片和连接紧固部件（螺栓、螺母）等组成。

（三）新型防脱护轮轨的功能与特点

（1）能可靠地防止列车车轮在小半径曲线轨道上发生爬（或跳、滑）轨脱线事故。

（2）能提高小半径曲线轨道整体结构抗横向变形的承载能力，增强其稳定性，可改善轮轨相互作用的横向动力学效应，以减少其线路养护维修工作量。

（3）通用性好，护轨不与轨下基础（含轨枕）发生直接连接紧固关系。

第二节　钢轨技术参数与技术标准

一、钢轨的基本介绍

（一）钢轨概述

1. 钢轨的作用与外形

钢轨是轨道的主要组成部件，它的功能如下：

(1)引导车辆的车轮前进。

(2)直接承受列车的荷载，并将荷载传递到轨下结构。

(3)在电气化与城市轨道交通的线路上，钢轨兼作供电触网的回流线及信号轨道电路。

钢轨的外形可分为轨头、轨腰和轨底三部分，截面为工字型。

2. 钢轨的性能要求

（1）轨面要求

为引导车辆的车轮前进，要求钢轨能为车轮提供可连续、平顺地滚动的轨面。既要求轨面粗糙，以增加轮轨黏着力，又要求轨面光滑，以减少阻力。

（2）刚度要求

在列车动荷载作用下，钢轨产生纵向弹性挠曲和横向弹性变形，因此钢轨应具有足够的承载能力，既要求钢轨有相当刚度，以抵抗挠曲，又要求钢轨具有可挠性，以减轻车轮的冲击力。

（3）强度与硬度要求

钢轨直接与车轮接触，为减少磨耗和伤损，既要求钢轨具有足够的强度、硬度，以抵抗磨耗，延长使用寿命，又要求具有一定塑性、韧性，以防脆性碎裂和折断。

上述相互矛盾的要求，是由于钢轨复杂的受力所引起的。钢轨所受的力除了垂直方向的力以外，还有横向水平力、弯曲力、扭曲力及温度拉压力，并且各种受力随时发生变化。

（二）钢轨的类型

1. 按每米质量分类

钢轨的类型通常按每米长度的大致质量数表示，如60轨表示每米60kg。

我国铁路钢轨类型主要有75kg/m、60kg/m、50kg/m、45kg/m、43kg/m、38kg/m等，分别记为P75、P60、P50…，其中，60kg/m及以上的为重型钢轨，50kg/m及以下的为轻轨。

目前，我国铁路的钢轨类型主要采用60kg/m、50kg/m两种，主要干线采用60kg/m轨，次要线路及基地车厂采用50kg/m轨，少数运量特大的线路已开始采用75kg/m轨。城市轨道交通的线路，正线采用60kg/m轨，车厂线除试车线、出入厂线采用60kg/m轨以外其余均采用50kg/m轨。

2. 按单根轨道的长度分类

（1）标准轨

按单根钢轨的长度分类，标准钢轨有25m和12.5m两种。

钢轨的平面连接有两种形式，第一种是通过夹板和连接零件进行连接，第二种是进行焊接，前者称为普通线路，后者称为无缝线路。铺设普通线路的钢轨一般都预制螺栓眼孔，而铺设无缝线路的钢轨都不预制眼孔。在整体框架上，钢轨通过扣件与轨枕连接紧固，成为一个框架整体。

（2）标准缩短轨

在曲线轨道中，由于曲线内股的长度短于外股的长度，为避免内外股钢轨接头过大错开，方便铺设钢轨，常使用厂制标准缩短轨。对应于12.5m标准轨的标准缩短轨有缩短量为40mm、80mm、120mm三种，对应于25m标准轨的标准缩短轨有缩短量为40mm、80mm、160mm三种。各类标准缩短轨如下：

规格25.0m钢轨的缩短轨长度分别为：24.96m、24.92m、24.84m。

规格12.5m钢轨的缩短轨长度分别为：12.46m、12.42m、12.38m。

3. 按钢轨的化学成分分类

钢轨的化学成分是钢轨质量的第一特征。钢轨除含铁（Fe）以外还含有碳（C）、锰（Mn）、硅（Si）及磷（P）、硫（S）等元素，其抗拉强度、耐磨性及硬度随含碳量的提高迅速提高，但含碳量过高,会使钢轨的延伸率、断面收缩率和冲击韧性显著下降。锰可以提高钢的强度和韧性,硅易与氧化合,能去除钢中的气泡,增加密度,提高含硅量能提高钢轨的耐磨性能,磷与硫在钢轨中均属有害成分,所以磷、硫含量必须严加控制。

目前我国研制钢轨的科研部门及厂家所生产钢轨有如下类型:

①U71Mn 钢轨;②U74 钢轨;③PD2 钢轨;④PD3 钢轨;⑤稀土钢轨;⑥U75V 钢轨。城市轨道交通线路建设前期采用 U71Mn 钢轨,但 U75Mn 钢轨的耐磨性能差,难以适应线路小半径曲线的运行要求,后改用 PD3 耐磨轨,并将该类钢轨改制为 U75V 型,目前已在我国各大城市轨道交通中广泛使用。

(三)钢轨标志

钢轨标志轧制在轨腰上,凸起的标志为厂标、钢轨类型、钢种代号、制造日期,凹下的标志为炉罐号。下面是鞍钢、攀钢 2 个厂家的钢轨标志,传统上有凸标和凹标两种。近年来也有将部分标志采用标签的形式贴于钢轨端部,各厂家不尽相同。关于凸标中没有各钢厂代号的解决方法,代号保留在凸标中,此处不再赘述。

1. 鞍钢标志

(1)凸标

→ 50 PL 2003| | | | U71Mn

其中:

→:表示连续铸锭顶端。

50:表示 50kg/m 轨。

PL:表示平炉铝脱氧炼钢。

2003 | | | |:表示生产年月,2003 年 4 月。

U71Mn:钢种代号。

工:鞍钢代号。

(2)凹标

91 2 0663 5

其中:

91:生产年份。

2:平炉号,表示第 2 号平炉所炼的。

066:炉次号,该平炉炼出的第 066 炉钢。

3:罐号,从平炉中倒出第 3 罐钢水。

5:表示轧制生产的班别。

2. 攀钢标志

(1)凸标

U71Mn 60 91 Ⅶ

其中：

U71Mn：钢种代号。

60：表示 60kg/m 轨。

91Ⅶ：表示生产年月。

⬦PZH⬦ 攀钢代号。

（2）凹标

P 91 3 222 5 0

其中：

P：攀钢代号。

91：年份。

3：平炉号。

222：炉次。

5：罐号。

0：表示班别。

3. 钢轨断面几何尺寸

钢轨断面几何尺寸见表 2-2～表 2-4。

50kg/m 钢轨标准断面几何尺寸　　　　　　　　　　表 2-2

钢轨类型(kg/m)	50	轨腰厚度 c（mm）	15.5
每米质量 m（kg）	51.514	螺栓孔高度(mm)	68.5
钢轨截面 s（cm²）	65.8	螺栓孔直径(mm)	31
钢轨高度 h（mm）	152	轨端至1孔中心距离(mm)	66
轨头宽度 a（mm）	70	1孔至2孔中心距离(mm)	150
轨底宽度 b（mm）	132	2孔至3孔中心距离(mm)	140

60kg/m 钢轨标准断面几何尺寸　　　　　　　　　　表 2-3

钢轨类型(kg/m)	60	轨腰厚度 c（mm）	16.5
每米质量 m（kg）	60.64	螺栓孔高度(mm)	79
钢轨截面 s（cm²）	77.45	螺栓孔直径(mm)	31
钢轨高度 h（mm）	176	轨端至1孔中心距离(mm)	76
轨头宽度 a（mm）	73	1孔至2孔中心距离(mm)	140
轨底宽度 b（mm）	150	2孔至3孔中心距离(mm)	140

钢轨重量、各部分尺寸及钢轨螺栓孔距汇总表　　　　　表 2-4

项　目	钢 轨 类 型(kg/m)				
	75	60	50	43	38
每米质量(kg/m)	74.414	60.64	51.514	44.653	38.733
横截面面积(cm²)	95.037	77.45	65.8	57	49.5
钢轨高度(mm)	192	176	152	140	134
轨头宽度(mm)	75	73	70	70	68

续上表

项 目	钢 轨 类 型(kg/m)				
	75	60	50	43	38
轨底宽度(mm)	150	150	132	114	114
轨头高度(mm)	55.3	48.5	42	42	39
轨底高度(mm)	32.3	30.5	27	27	24
轨腰厚度(mm)	20	16.5	15.5	14.5	13
螺栓孔高度(mm)	80.4	79	68.5	62.5	59.5
螺栓孔直径(mm)	31	31	31	29	29
轨端至1孔中心距离(mm)	96	76	66	56	56
1孔至2孔中心距离(mm)	220	140	150	110	110
2孔至3孔中心距离(mm)	130	140	140	160	160

二、钢轨的伤损

(一)钢轨伤损的基本类型

1. 钢轨伤损分类

根据国家铁路对钢轨投入运营后的伤损探索经验积累,将钢轨伤损分为如下几类:

(1)轨头表面金属碎裂或剥离。

(2)轨头横向裂纹。

(3)轨头纵向的水平和垂直裂纹。

(4)轨头压陷或磨耗。

(5)轨腰伤损。

(6)轨底伤损。

(7)钢轨折断。

(8)钢轨锈蚀。

(9)其他伤损。

2. 钢轨伤损原因

国家铁路将造成钢轨伤损的原因,归纳为如下几个方面:

(1)钢轨制造方面的缺陷造成。

(2)钢轨金属接触疲劳造成。

(3)断面或接头连接结构缺点造成。

(4)钢轨保养使用方面的缺点造成。

(5)车轮碾压造成。

(6)外来撞击或机械作用造成。

(7)钢轨焊接工艺缺陷造成。
(8)钢轨淬火工艺缺陷造成。
(9)钢轨焊补工艺缺陷造成。
(10)其他原因造成。

3. 城市轨道交通的钢轨伤损

各类伤损有很多是不易发生的,根据现场调查,城市轨道交通的钢轨伤损,**最常见的有钢轨裂纹、轨面压溃、钢轨磨耗、内部核伤四类。**

(1)轨头下颚透锈是指在轨头与轨腹的连接小圆弧部分,由于轨头内部偏析,以及调边过晚钢轨受力不合理所形成的轨头下颚纵向小裂纹,因氧化而生锈。透锈长度超过30mm,一般不致影响行车安全。

(2)轨面压溃表现在小半径曲线的内股钢轨,由于车轮踏面对轨顶面产生的垂直和水平方向的挤压力,钢轨表面压溃而发生外侧飞边、表面金属碎裂或剥离等现象。

(3)钢轨磨耗是钢轨另一种伤损形式。它主要有垂直磨耗、侧面磨耗和波形磨耗等。垂直磨耗不论在直线或曲线上都存在。侧面磨耗主要发生在曲线的钢轨上,但随着列车速度的提高,列车左右摆动使直线上的两股钢轨也产生交替侧磨。波形磨耗是指钢轨踏面因磨耗而形成的有规律性的高低不平顺,波长为30～80mm称为波状磨耗,80～200mm称为波浪磨耗。它主要发生在曲线、制动、轨道刚度比较大及养护不良的地段。波浪磨耗产生的原因比较复杂,与轨道弹性和钢轨的屈服强度有关。在波浪磨耗较重时,轮轨之间作用力大,对轨道的破坏性也大,不但增加养护维修工作量,而且养护维修困难,在地铁整体道床小半径曲线地段常发生此类磨耗。在城市轨道交通线路上,由于小半径曲线的因素,曲线外轨内侧面磨耗是主要的,其中包括正常磨耗和非正常磨耗,非正常磨耗就是钢轨侧面的不均匀磨耗和钢轨表面波浪磨耗。

钢轨磨耗后断面积减小,强度和抗弯性能有所减弱。规定的轻伤标准主要是考虑再用和调边使用,允许磨耗量少一些;重伤标准主要是考虑在垂直磨耗以后,通过踏面磨耗的车轮时不致碰撞夹板,并考虑在轨头断面积减小以后,钢轨应具有的强度和抗弯性能。

(4)内部核伤为钢轨在经历多年使用后,通过探伤仪所发现的内部伤损(如钢轨接触疲劳所形成的核伤)。

4. 钢轨伤损的原因

在钢轨伤损的原因中,厂家原因所占的比例极低,其他方面的主要原因可以归纳为三大类:线路条件限制、施工或养护不当、意外非正常因素。

(1)线路条件限制

如小半径曲线,必然加剧磨耗,属正常因素,但可以采取一系列有效办法降低磨耗。

(2)施工或养护不当

由于施工或养护不当,轨道的形位异常,轮轨磨合关系发生变化,加剧了轮对和钢轨的不正常磨耗和伤损。

（3）意外非正常因素

指非人为不可抗拒因素。

第三节　钢轨连接零件与技术标准

一、钢轨接头

普通线路在钢轨与钢轨之间用夹板连接,称为钢轨接头。

（一）钢轨接头的位置

钢轨的接头按其平面位置关系可分为**相对式和相错式**两种。

1. 相对式接头

线路上的两股钢轨接头一般应采用相对式,即两股钢轨的接头相对。相对式接头在每根钢轨上相差量一般应不大于 3mm,并前后、左右抵消,在两股钢轨上累计相差量不得大于 15mm。两股钢轨的接头错距,在直线上,不应超过 ±40mm;在曲线上,不应超过 ±40mm 加缩短量的一半。如果钢轨的接头错距超出允许范围,应在一股钢轨上或两股钢轨之间用钢轨公差进行调整,不允许用增减轨缝尺寸的方法进行调整。钢轨串动后,轨枕间距的误差和偏斜,正线不得超过 50mm,车厂线不得超过 60mm,超出允许范围,应对轨枕进行方正,如图 2-6 所示。

图 2-6　相对式接头示意图

2. 相错式接头

在次要线路上,钢轨接头也可采用相错式,其相错量**不得小于 3m**,如图 2-7 所示。

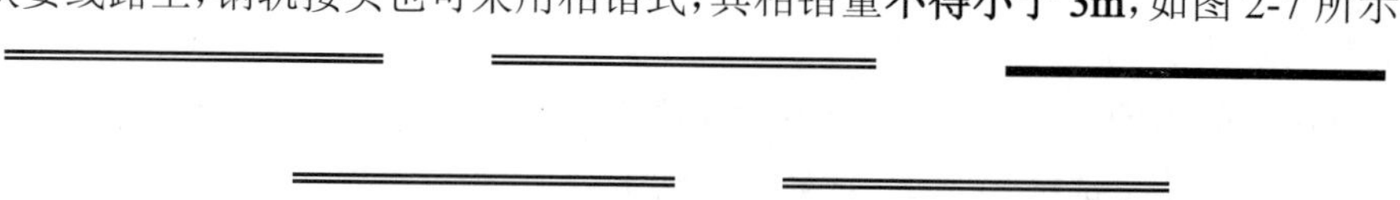

图 2-7　相错式接头示意图

（二）钢轨接头的形式

接头连接的形式,按其相对于轨枕的位置,可分为**悬空式和承垫式**两种。我国一般采用相对悬空式为标准形式。

（三）钢轨接头的类型

钢轨接头的类型有**普通接头**、**绝缘接头**、**冻结接头**、**异型接头**、**胶结接头**等。

1. 普通接头

普通接头的结构如图2-8所示。

2. 绝缘接头

在自动闭塞区段，绝缘接头设于区段两端的钢轨接头处，它的作用是保证轨道电路不能从这一闭塞分区传到另一闭塞分区。

3. 冻结接头

冻结接头是通过机械手段将螺杆与螺栓孔之间的空隙全部进行填塞，使接头部分的所有构件实现冻结，不能产生任何位移。先在钢轨螺栓孔内插入月牙形垫片，再用高强度螺栓将接头夹板与钢轨夹紧，强制两根钢轨的轨端密贴，使轨缝不再发生变化。目前，此种接头已在高架无缝线路中应用。

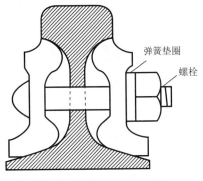

图2-8　普通接头结构示意图

4. 胶结接头

胶结接头是把绝缘接头部分全部胶结为一个整体，由厂家制作为成品或者于现场胶结。目前，已有胶结绝缘接头代替普通绝缘接头，不仅改善了绝缘性能和受力状态，还有利于增强钢轨接头阻力。

5. 异型接头

不同类型的钢轨互相连接时，应使用异型夹板（目前也普遍使用异型钢轨，如用P60钢轨一端轧制成P50轨的断面，将该异型轨作过渡，衔接60kg/m轨线路和50kg/m轨线路）。异型夹板的两端，分别与不同型钢轨相吻合。异型接头的连接，应使两钢轨工作面轨距线与轨顶最高点水平线都相吻合。

（四）普通接头连接零件

钢轨接头连接零件主要包括接头夹板、接头螺栓、螺母及垫圈。接头夹板和接头螺栓将钢轨的端部两两连接，使钢轨接头部位共同承受弯矩和横向力。同时，普通线路利用接头夹板与钢轨之间的摩擦力，将钢轨接头处前后两根钢轨的间隙即轨缝控制在一定的范围内。

1. 接头夹板（又称鱼尾板）

接头夹板是钢轨接头处连接钢轨的钢质夹板。其标准形式为优质钢轧制的六孔双头式接头夹板。

2. 接头螺栓（又称鱼尾螺栓）

接头螺栓使接头夹板同钢轨夹紧，以保持钢轨接头的整体性和强度。高强度钢轨接头螺栓分为10.9级和8.8级，10.9级螺栓直径为24mm，8.8级螺栓直径分为24mm和22mm

两种,螺母均为 10 级。

接头螺栓的颈部设计有椭圆形凸台,可卡于接头夹板的椭圆形螺栓孔中,在拧紧螺母时,能避免螺栓跟着旋转。为使接头螺栓受力均衡,并且防止它在列车意外脱轨时被车轮全部切断,应朝线路内、外交错安装,使螺杆、螺母分别位于两股钢轨的两侧。如图 2-9 所示为 60kg/m 钢轨接头夹板及螺栓尺寸图。

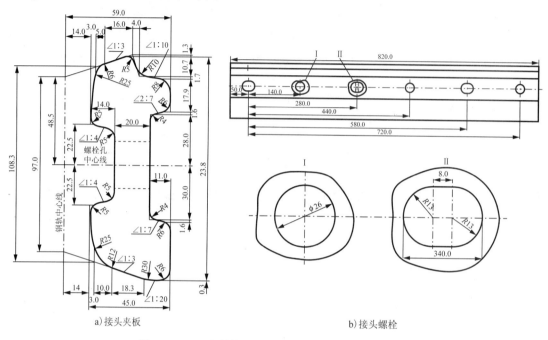

a) 接头夹板　　　　　　　　　　　　b) 接头螺栓

图 2-9　60kg/m 钢轨接头夹板及螺栓尺寸图(尺寸单位:mm)

3. 垫圈

接头垫圈分为弹簧垫圈和高强度平垫圈两种。弹簧垫圈是由断面形状为矩形或圆形的弹簧钢制成的具有一定弹性的单层开口垫圈。高强度平垫圈是经过热处理的高硬度圆孔平垫圈。垫圈能改善螺母与接头夹板间的受力状态,并可防止螺母松动。

(五) 其他接头连接零件

1. 绝缘接头连接零件

绝缘接头除夹板与螺栓外,用于绝缘的零件有绝缘槽、轨端绝缘片、绝缘套管、绝缘垫片等。

2. 异型接头连接零件

异型钢轨的连接,除使用异型夹板外,在接头枕木上还应铺设异型垫板,以保持与轨枕的密贴。

(六) 接头轨缝

普通轨道为适应钢轨的热胀冷缩,在两钢轨接头处留有一定的缝隙,这个缝隙称为轨缝,轨缝预留不应太大或太小。轨缝太大,不但给列车通过时增加额外的冲击和阻力,加速轨道结构的破坏，而且在轨温降低钢轨缩短时，还有可能把夹板螺栓拉弯或拉断。轨缝太小，轨温升高时钢轨无伸长的余地，势必形成瞎缝，当轨温继续升高时，钢轨内部将产生很大的挤压力，这个挤压力在道床缺少道砟，道床夯拍不实或作业不当等阻抗力薄弱的处所，容易发生胀轨跑道。因此，轨缝的大小是有限制的，合理设置轨缝就显得十分重要。普通线路接头预留轨缝必须按照规定计算，绝缘接头轨缝不得小于 6mm。

轨缝需要进行平均值计算，如单个轨缝与平均轨缝误差大于 2mm，即视为"不均匀"。如在连续 20 个轨缝中，大于 2mm 者占一半及以上，或一部分偏大，另一部分偏小，即视为"严重不均匀"。

轨缝如出现以下情况时，必须及时调整：
(1) 轨缝严重不均匀。
(2) 线路爬行量超过 20mm。
(3) 连续 3 个瞎缝大于构造轨缝。

对于轨道爬行量大于 20mm 的地段，轨缝总误差大于规定标准的地段及在轨温限制范围以外更换钢轨的地段都应及时进行轨缝调整。轨缝的调整一般安排在春秋二季进行。

需要调整轨缝的地段，应事先全面检查接头错距（又称直角错差），测量现场轨缝。检查时，以两股钢轨接头对准处为起点，选定其中标记齐全的一股为基准股，以轨端头部为准，每隔 4~5 节钢轨量取两股钢轨的接头错距。当非基准股超前时，测量值为正值，反之为负值。

二、钢轨接头轨缝与病害整治

(一) 接头轨缝

1. 轨缝设置原则

轨缝应设置均匀。每千米轨缝的总误差：25m 长的钢轨地段不得大于 ±80mm，12.5m 长的钢轨地段不得大于 ±160mm。

2. 预留轨缝计算公式

普通线路应根据钢轨长度和钢轨温度预留轨缝，轨缝的标准尺寸按下列公式计算

$$a_0 = aL(t_z - t_0) + \frac{1}{2}a_g \tag{2-1}$$

式中：a_0——更换钢轨或调整轨缝时的预留轨缝（mm）；

a——钢轨钢线膨胀系数为 0.0118mm/（m·℃）；

L——钢轨长度（m）；

t_z——更换钢轨或调整轨缝地区的中间轨温（℃）；

t_0——更换钢轨或调整轨缝时的轨温（℃）；

a_g——构造轨缝（mm），对于 38、43、45、50、60kg/m 钢轨，a_g 均采用 18mm。

$$t_z = \frac{1}{2}(T_{\max} + T_{\min}) \tag{2-2}$$

式中：$T_{\max}$、$T_{\min}$——当地历史最高、最低轨温（℃）。

对于预留轨缝计算公式的使用，要注意以下几点事项：

（1）最高、最低轨温不大于85℃地区，在按上式计算以后，可根据具体情况将轨缝值减少1～2mm。

（2）对于25m长的钢轨，只允许铺设在当地历史最高、最低轨温差为100℃以下地区，否则应个别设计。

（3）在12.5m长的钢轨地段，更换钢轨或调整轨缝时的轨温不受限制。25m长的钢轨地段，更换钢轨或调整轨缝时的轨温限制范围为（T_z+30℃）～（T_z-30℃）；最高、最低轨温不大于85℃地区，如将轨缝值减1～2mm，轨温限制范围相应地降低0～7℃；特殊情况下，在轨温限制范围以外更换25m长的钢轨，必须在轨温限制范围以内调整轨缝。

（4）轨缝应设置均匀。每千米线路轨缝总误差：25m钢轨地段不得大于±80mm；12.5m钢轨地段不得大于±160mm。绝缘接头轨缝不得小于6mm，最大轨缝不得大于构造轨缝。

（二）钢轨接头病害及整治措施

1. 接头病害

由于钢轨接头的存在，在很大程度上破坏了轨道的连续性。当车轮通过钢轨接头时，产生剧烈冲击和振动，造成接头病害丛生，如低接头、钢轨鞍形磨耗、钢轨伤损、夹板弯曲或断裂、混凝土枕损坏或破裂、道床板结、溜坍、翻浆冒泥等。接头处轨道的破坏，远较其他部分大而快。据统计，钢轨在接头处的破损占全部破损的一半以上；接头下混凝土枕的失效数为其他部分的3～5倍；接头处的道床振动加速度，也比钢轨中间部分大几倍。运营中为整治接头病害而耗费的工作量占维修总工作量的35%～50%。接头对行车的平稳性影响最大，更严重的是接头伤损的破坏直接威胁行车的安全。只要有一个接头严重破坏而未及时修理好，就有可能引起重大事故。

2. 整治措施

减小接头的不平顺，及时消灭永久变形，切实加强接头，通常采取如下措施：

（1）锁定线路防止爬行，上紧螺栓，保持接头紧固不使轨缝拉大。

（2）加强接头捣固，保持道床饱满并加以夯实，及时更换接头处的失效轨枕，且接头处相邻的两根轨枕应同时更换，以保持支承条件一致。

（3）及时清筛接头范围的脏污道床，更换接头处的道砟，以免造成板结，失去弹性，或引起翻浆冒泥，造成显著的不平顺。

（4）使用钢轨打磨机对鞍形接头进行打磨，消灭接头不平顺。用1m直尺检查，要求达到平整均匀。

（5）及时消灭高低、左右错牙，轨面及其轨距线内侧错牙不得超过1mm，可采用液压直轨器矫直接头小硬弯,上紧接头螺栓达到规定的紧固力矩,保持接头坚固。

(6)适当使用上弯夹板整治低接头,上弯夹板的上弯量以 2～4mm 宜。当换上上弯夹板后,接头处 2～6 根轨枕范围内轨面抬高,容易出现空吊板及螺栓松动,因此应加强捣固,拧紧螺栓。

(7)及时调整轨缝。大轨缝是造成接头病害的重要原因,因此轨缝必须符合规定要求。

(8)枕底下垫胶垫整治低接头。利用特制的枕底大胶垫整治低接头,效果显著,翻浆冒泥接头先要进行清筛,枕底稳定后方可进行垫入。特制大胶垫垫入一年后必须撤出,重新捣固好。

(9)拧紧轨枕扣件,更换失效轨底大胶垫。整修木枕轨底坡,使之保持 1∶40 的轨底坡。

(10)根据支嘴程度,适当增加外股道床宽度,并分层次夯拍,以增加道床阻力,调整支嘴内外口夹板,利用夹板的反弯控制接头支嘴。拨道作业中,对支嘴接头只能压,不能挑。如必须上挑时,要采用拨动小腰带动接头的方法,不要直接拨动接头,以防止支嘴扩大。

(11)做好路基排水工作,防止路基发生永久变形。

第四节 轨道扣件与技术标准

一、扣件概述

钢轨与轨枕之间的连接零件称为扣件。扣件应具有足够的强度、耐久性和一定的弹性,能长期有效地保持钢轨与轨枕的可靠连接,阻止钢轨相对轨枕而移动,此外,还要构造简单,便于安装及拆卸。

随着城市轨道交通的飞跃发展以及国家主要干线提速,在各专业设计院的不断开拓和努力下,大量新型扣件不断推陈出新。将近十多年来在国家铁路和地方城市轨道交通所采用的各类轨道扣件进行分类,大致可以归纳为五大系列,第一为传统系列,第二为 DT 系列,第三为 WJ 系列,第四为弹簧系列,第五为减振系列。

传统系列为国家铁路尚未提速前的系列扣件,主要有木枕扣件和混凝土扣件。由于国家铁路等级的划分,这些扣件并没有完全淘汰,仍然在未提速的线路上继续使用。城市轨道交通的线路在局部范围内,如地面线和站场线等,仍然可以参照国家铁路的设计,继续使用传统系列的扣件。城市轨道交通线路绝大部分都采取了新型的结构和新型的轨下基础,为使扣件满足轨面调高、调整轨距和减振的要求,各专业研究院、设计院通过许多年的研究和试验,设计出符合各类特点的新型扣件,主要有 DT 系列、WJ 系列、弹簧系列和减振系列等。DT 为地铁的意思。该系列的扣件有 DT-Ⅰ、DT-Ⅱ、DT-Ⅲ、DT-Ⅲ-2 至 DT-Ⅶ等形式。这些扣件在北京、上海、广州、深圳、南京、武汉等地的轨道设计中得到采用,并一直受到专业人员的广泛关注。WJ 系列中的 WJ 为无挡肩的意思,该系列扣件有 WJ-1、WJ-2 至 WJ-5 等形式。其中 WJ-1 曾使用于国铁无砟桥面的线路,WJ-2 使用于上海地铁及武汉地铁的高架线路。弹簧系列有单趾弹簧扣件和双趾弹簧扣件两种,目前使用于广州地铁。减振系列扣件是为减少地铁振动对周边建筑的影响而专门设置的。由于城市轨道交通的正线穿越市区中心,地铁运行所产生的振动和噪音常常给周边的建筑群带来一定的影响,为使这种影响减少到最低程度,必须在特殊的地段进行特殊的设计,加设减振设备。

二、木枕扣件

扣件主要有分开式、混合式和 DT-IV-1 型三种。

（1）分开式扣件

所谓分开式就是分开分别扣紧,即将钢轨与扣板、垫板与木枕分别单独扣紧。分开式扣件零配件包括垫板、螺纹道钉、轨卡（接头与中间）、轨卡螺栓、螺母、轨下垫板、弹簧、弹簧垫圈、平垫圈等。

（2）混合式扣件

混合式扣件是使用最广泛的一种扣件,用道钉将钢轨、垫板与木枕一起扣紧。

（3）DT-IV-1 型扣件

木枕的传统型扣件存在扣压力不足、防爬能力低等缺点。T-IV-1 型扣件为分开式扣件,钢轨、垫板、木枕三者之间分开扣紧。铁垫板与木枕之间的连接设置为螺旋式道钉,铁垫板与钢轨之间的连接设置为弹条式扣件。这样,克服了普通木枕道钉的缺点,提高了扣件的扣压力,提高了线路的强度。

三、地面正线混凝土枕扣件

（一）扣板式扣件

在国铁上用于次要线路和站场线路。在城市轨道交通车厂线混凝土轨枕部分线路上也有使用。

扣板式扣件的主要特点在于扣板既能扣压钢轨又能调整轨距。

为适应轨距的需要,扣板有六种不同规格,每块板上下两面的尺寸不同,可以翻转使用。

（二）弹条式扣件

弹条式扣件广泛应用于国家铁路的正线,它是自 20 世纪 70 年代始至 90 年代,我国碎石道床线路扣件的主要形式。

城市轨道交通,无论是正线还是基地的车厂线路,无论是碎石道床线路,还是整体道床线路,都是以弹条式扣件为基础进行研制和开发的。实际上所有的扣件都使用了弹条,只不过弹条的形式以及与其他零部件的组合方式上都进行了不断的改良和创新。

国家铁路的提速干线,也在扣件设计上进行了同步更新,在引进国外新型扣件技术的基础上,通过研制开发,推出适应我国高速铁路特点的新型弹条式扣件。

为体现新型扣件的特色,避免新老扣件名称的混淆,凡扣件进行了设计更新的,都由设计部门重新进行了命名。

常规所指的弹条式扣件,为最原始的传统的弹条式扣件。其应用最广的是弹条Ⅰ型扣件。弹条Ⅰ型扣件主要由ω弹条、螺旋道钉、轨距挡板、挡板座及弹性垫板等组成。

混凝土枕在制作时预留有道钉锚固孔,组装或铺设前先进行硫磺锚固,将螺旋道钉固定。钢轨通过ω弹条扣压固定,螺栓紧固力矩必须达到80~120N·m才能使线路稳定,阻止钢轨在轨枕上纵向爬行,同时,弹条还能提供一定程度的弹性。轨距通过轨距挡板及挡板座加以控制和调整。挡板座也称尼龙挡肩,在新型线路扣件设计中,当不设置轨距挡板时,以不同规格的尼龙挡肩来调整轨距,故其新名称为轨距垫。轨底与轨枕承轨台之间加设10mm厚度的橡胶垫,以提高弹性。当左右两股钢轨的水平发生变化时,可以在轨底和橡胶之间增加薄型竹木垫层来进行调整。

根据扣件安装在钢轨上的部位来区分,有中间扣件和接头扣件两种。普通线路,钢轨通过夹板进行连接,该位置的扣件受到夹板的影响,必须将其几何尺寸进行修改,设计成接头扣件,钢轨的其余部位,均为中间扣件。

目前,弹条Ⅰ型扣件在国家铁路和城市轨道的碎石道床线路上,仍然广泛采用。

四、地下线路扣件

(一)DT-Ⅲ型扣件

该扣件由设计科研部门在DT-Ⅰ型扣件基础上进行改制而成,为全弹性分开式,适用范围是60kg/m钢轨,减振要求一般的地段,轨枕式点支撑整体道床。

1. 组装方式

用螺旋道钉将铁垫板固定于轨枕,再通过T型螺栓及弹条将钢轨固定于承轨槽。在铁垫板上下,分别设置弹性垫层,以增加轨道的弹性。

零部件分为两个部分。

第一部分扣紧钢轨与铁垫板,由如下部件所组成:

①T型螺栓;②螺母;③弹簧垫圈;④螺母罩;⑤平垫圈;⑥B型弹条;⑦轨距垫;⑧轨下橡胶垫板。

第二部分扣紧铁垫板与轨枕或支承块,由如下部件所组成:

①螺旋道钉;②弹簧垫圈;③玻璃钢套管;④螺旋钢箍;⑤铁垫板;⑥铁垫板下槽型橡

胶垫。

2. 结构特点

DT-Ⅲ扣件的主要特点是通过轨下平式橡胶垫板和铁垫板下的槽型橡胶垫板双重弹性缓冲,减振效果比较良好。

DT-Ⅲ扣件主要适宜于隧道内一般减振地段的带枕浇筑式整体道床线路,根据对使用情况的调查发现,各方面效果基本良好。

DT-Ⅲ型扣件采取分开固定式,用螺旋道钉将铁垫板与轨枕固定,再用T型螺栓通过弹条将钢轨与铁垫板固定,对于日常养护维修比较方便。在调整线路的轨距、水平、方向和高低时都不需要松动螺旋道钉,只需要松拆T型螺栓便可以操作。在减振方面,效果也比较理想。

(二)DT-Ⅲ-2型扣件

DT-Ⅲ-2型扣件是在DT-Ⅲ型扣件基础上的改进型,因此,基本上要优越于DT-Ⅲ型扣件,也是今后地下线路最常用扣件之一。

该扣件为无挡肩弹性分开式,适用于60kg/m钢轨隧道内一般减振地段的枕式点支撑混凝土整体道床。

五、高架线路扣件

(一)WJ-2型扣件

1. 扣件的组成

第一部分:铁垫板、板下缓冲胶垫、板下调高胶垫、锚固螺栓、弹簧垫圈、平垫块、绝缘套管。

第二部分:T型螺栓、螺母、平垫圈、弹条、轨下胶垫、轨下调高胶垫。

2. 结构特点

(1)采用铁垫板分开式弹性扣件,由预埋于混凝土支承块的绝缘套管和锚固螺栓配合紧固铁垫板。

(2)扣压件采用弹条形式,弹条尾部弯成竖向平直段,使螺栓作用点后移,不仅在同样扣压力时,增大了弹条弹程,而且可同时保证扣件按设计要求拧紧时有足够大的螺母力矩,不易松动,减少维护工作量。

(3)轨下使用复合胶垫,降低扣件阻力,以减小桥梁与焊接长钢轨的相互作用力。

(4)具有较大的调高能力,扣件通过铁垫板下和轨下垫入调高垫板实现钢轨调高。

(5)具有较大的调整轨向和轨距的能力,调整轨距通过移动带有长圆孔的铁垫板来实现,为无级差调节。

(6)无砟无枕,混凝土承轨台不设挡肩,无轨底坡。铁垫板上设置1/40轨底坡。

(7)铁垫板上布设肋台,钢轨调高时,轨下调高垫板不易窜出。

(二)WJ-1型扣件

该扣件研制于WJ-2型扣件之前,由于尚存在各种缺陷,没有推广应用,在城市轨道交通线路设计过程中,WJ-2型扣件成为适合于高架线路的新型扣件。

六、减振器扣件

为减少轨道在列车运行过程中的冲击作用对地面重要建筑群的影响,降低地铁的振动和噪声,在特殊地段的轨下安装了减振器。

轨道减振器扣件是一种高弹性扣件,其减振是通过橡胶的剪切弹性变形来实现,可减振10dB左右。

扣件为全弹性分开式,三阶减振。由金属承轨板、底座与橡胶圈硫化为一整体,橡胶圈承受压力与剪力,具有垂向和横向弹性,用于减振要求较高地段。

1. 克隆蛋

克隆蛋和轨道减振器是国内轨道减振新的扣件形式,根据减振原理,结合地铁特点,确定外形为椭圆形,并从结构形式上进行理论分析和刚度计算。减振器扣件的弹条、轨距垫等均与DT-Ⅲ型扣件相同。扣件与轨枕连接方式,均采取在轨枕中预埋玻璃钢套管。

2. Vanguard扣件

Vanguard轨道减振器是英国Pandrol公司开发的一种新型减振扣件,通过采用弹性楔形支承块支承在钢轨轨头下颚,从而使轨道轨底离开轨座,而楔形支承块则由固定在轨下基础的侧板托架支承定位,该扣件系统既可用于有砟轨道,也可用于无砟轨道。Vanguard轨道系统的每个扣件节点由1个铸铁底座、2个铸铁侧板托架、2个铸铁楔形固定件、2个橡胶楔形钢轨支撑块、1个轨下安全支承橡胶垫和2个弹簧夹片组成。正常情况下,安全支承橡胶垫不与钢轨接触,这样可以有效限制荷载引起的过量变形。

Vanguard扣件结构简单,稳定性有保证,易于安装,养护维修方便。扣件节点垂直动刚度可以达到6kN/mm,刚度动静比为1.5~1.6,减振效果好。通过调整铁垫板及楔形支承块,扣件调高量和轨距调整量可以分别达到36mm和51mm。

现有的Vanguard扣件系统有两种形式:底板型和嵌入型。两种形式均具有很低的刚度,达到高效的减振效果。嵌入型Vanguard扣件,主要部件有橡胶楔块、侧挡板、铸铁锁紧楔块、挡肩,其次还有锁紧弹条、锯齿状可调垫圈、防撞垫板。底板型Vanguard扣件主要部件有橡胶楔块、侧挡板、铸铁锁紧楔块、活动挡肩。

3. 洛德扣件

该扣件为近年来国内所引进的新扣件,由于它的减振效果比较明显,所以在近年建设的新线中,凡减振要求较高的地段,均采用了本扣件。但缺点是调高量太小,对于沉降量较大的地段,不宜采用。

第五节 轨枕类型与技术标准

轨枕承受来自钢轨的竖向垂直力、横向和纵向的水平力,并弹性地传布于道床,有效地保持轨道钢轨方向、轨距和位置等几何形位。因此,轨枕应具有一定的坚固性、弹性和耐久性。轨枕规格尺寸应便于固定钢轨,有抵抗线路纵、横向位移的能力。同时,轨枕还应造价低廉,制作简单,便于铺设及养护。**轨枕的种类有木枕、混凝土枕两大类。**

一、木枕

(一)木枕的优缺点及分类

木枕的优点是富有弹性,可缓和列车的动力冲击作用;容易加工制造;便于运输、铺设和养护维修;有较好的绝缘性能;扣件和木枕连接简单;木枕与碎石道砟间有较大的摩擦系数,能保证轨道的稳定。

木枕的主要缺点是使用寿命短,其失效原因很多,主要是腐蚀、机械磨耗及劈裂,三者之间又互为因果;其次是弹性和耐久性不完全一致,在机车、车辆作用下容易出现轨道不平顺,尤以无缝线路铺设木枕地段稳定性较差;再次是木材资源贫乏,各方面需用量又很大,无论数量还是质量,都不能满足使用要求。

木枕轨道几何形位不易持久保持。目前城市轨道交通车厂线地面碎石道床线路仍使用木枕。木枕根据其在线路上使用的部位不同,分为普通木枕、岔枕及桥枕3种。

(二)木枕的防腐

防腐油剂应符合铁路轨枕的相关要求,应用时按1∶1的比例,将两种油充分混合均匀。

浸注深度用空心钻检验,钻取边材木芯时,应在木枕两端0.5m内的中央部位的边棱上垂直钻取,钻后用木塞封孔。钻取心材木芯时,应在木枕外露心材的材面纵向中心线的中点上垂直枕面钻取,钻后同样封孔。每50根防腐木枕取2根心材木芯和1根边材木芯。若2根心材木芯试件中有1根不达标,允许在另1根木枕上再取一次试件,仍不合格者,全批(50根)作为次品处理。

使用新木枕应先钻孔,孔径12.5mm,孔深110mm。改道用的道木塞长110mm,宽15mm,厚5~10mm,并应经过防腐处理。

(三)木枕的失效标准

(1)腐朽后失去承压能力,钉孔腐朽无处改孔,不能持钉。
(2)折断或拼接的接合部分离,不能保持轨距。
(3)机械磨损,经削平或除去腐朽木质后,不足100mm。
(4)劈裂或其他伤损,不能承压、持钉。

二、混凝土枕

混凝土枕不受气候、腐朽的影响,使用寿命长,具有较高的道床阻力,对提高线路稳定性十分有利。其缺点是质量大,弹性差,更换困难。

混凝土枕,根据其使用部位的不同,可以分为**一般混凝土枕(简称混凝土枕)、混凝土岔枕、混凝土桥枕三种。**

一般混凝土枕分为普通混凝土枕和预应力混凝土枕两种。普通混凝土枕强度低,易开裂,不能在正线上使用。预应力混凝土枕(简称PC轨枕),采用了高强度材料,由于预应力的作用,使轨枕受拉区的混凝土在未承受荷载之前,就预先受到压应力,因而提高了抗裂能力。

我国先后投产的混凝土枕有十多种,大部分为先张法混凝土枕,有弦Ⅱ-61A、弦61、弦65B、筋69、弦69、筋81、丝81、弦79等型号。其中符号"弦"、"丝"表示采用的钢筋为高强度钢丝,"筋"表示采用的钢筋是粗钢筋,"61"、"69"、"79"、"81"表示设计年份。原铁道部于1984年颁发了文件,对轨枕的名称作了统一要求。目前,我国混凝土枕统一为三个级别:Ⅰ型枕——丝79型PC轨枕、Ⅱ型枕——丝81型PC轨以及Ⅲ型混凝土轨枕。我国各类混凝土枕的外形尺寸长度为250cm,截面为梯形,上小下大,有利于增加轨枕支承面积和在轨下截面配置较多的钢筋以抵抗正弯矩。枕底面两端为双楔形,中间为矩形,枕底做出凹槽式花纹,以提高道床阻力。轨枕的厚度在全长范围内不一致,轨下截面厚,中间截面薄。这样做是因为轨枕内系直线配筋,各截面配筋相同,要使预应力钢筋合力作用线在轨下截面处位于截面形心之下,在中间截面处位于截面形心之上,以便利用钢筋对混凝土施加应力。

三、混凝土枕的失效标准

(一)混凝土枕的失效标准(含混凝土宽枕、混凝土岔枕及短轨枕)

(1)明显折断。
(2)纵向通裂:
①挡肩顶角处缝宽大于1.5mm。
②纵向水平裂缝基本贯通(缝宽大于0.5mm)。

(3)横裂(或斜裂)接近环状裂纹(残余裂缝宽度超过 0.5m 或长度超过 2/3 枕高)。
(4)挡肩破损,接近失去支承能力(破损长度超过挡肩长度的 1/2)。
(5)严重掉块。

(二)混凝土枕的严重伤损标准

(1)横裂裂缝长度为枕高的 1/2～2/3。
(2)纵裂:
①两螺栓孔间纵裂(挡肩顶角处缝宽不大于 1.5mm)。
②纵向水平裂缝基本贯通(缝宽不大于 0.5mm)。
(3)挡肩破损长度为挡肩长度的 1/3～1/2。
(4)严重网状龟裂和掉块。
(5)承轨槽压溃,深度超过 2mm。
(6)钢筋(或钢丝)外露(钢筋未锈蚀,长度超过 100mm)。
(7)斜裂长度为枕高的 1/2～2/3。

第六节 道床类型与技术标准

道床铺设于路基之上,轨枕之下,起承受、传布荷载,稳定轨道结构的作用。道床有碎石道床、整体道床两大类型。

一、碎石道床

碎石道床优点是结构简单,容易施工,减振、减噪性能较好,造价低。

(一)碎石道床的功能

(1)将列车荷载均布于路基面上,并起保护路基的作用。
(2)提供抵抗轨排纵横向位移的阻力,阻止轨枕发生纵向和横向移动,保持轨道的稳定。
(3)提供了良好的排水性能。
(4)为轨道提供必要的弹性,缓冲机车车辆的冲击作用。
(5)通过起道、拨道等手段,便于调整轨道的几何尺寸,校正轨道的平面和纵断面。

(二)碎石道床的断面结构

道床在线路外侧的部分,称为道床边坡,其中坡底处称为坡脚,坡顶处为砟肩。宽度为轨枕端部至道砟顶面外侧的水平距离,正线不小于0.3m。

道床以下的部分为路基,为利于排水,路基面通常设计为人字坡的断面形式,称为路拱,路拱拱高0.2m。

路基两侧,在道床坡脚以外的部分称为路肩,可供养护维修人员沿线走行。路肩宽度不小于0.6m。

(三)砟肩宽度与高度

(1)正线、联络线、出入线和试车线无缝线路地段碎石道床道砟肩宽不应小于400mm,非无缝线路地段道砟肩宽不应小于300mm。

(2)无缝线路半径小于800m、非无缝线路半径小于600m的曲线地段,曲线外侧道砟肩宽应增加100mm,道床边坡均为1∶1.75。

(3)车厂线碎石道床道砟肩宽不应小于200mm,半径小于300m的曲线地段,曲线外侧道砟肩宽应增加100mm,道床边坡均为1∶1.5。

(4)无缝线路砟肩应在碎石道砟上堆高150mm,堆高道砟的坡度为1∶1.75。

(5)混凝土枕碎石道床顶面应与轨枕中部顶面平齐,木枕碎石道床顶面应低于木枕顶面30mm。

(6)轨枕端部至道砟顶面外侧的水平距离,正线0.3m,砟肩堆高0.15m,车厂线按城市轨道交通设计要求办理。

二、整体道床

(一)整体道床的类型

整体道床分为五大类型:
(1)带枕浇筑式整体道床,其轨枕包括混凝土长枕、短枕和短木枕三种情况。
(2)承轨台式整体道床。
(3)平过道式整体道床。
(4)坑道式及立柱式整体道床。
(5)弹性整体道床。

(二)整体道床的特点

混凝土整体道床,也称无砟轨道,是在坚实基底上直接浇筑混凝土以取代道砟层的新型轨下基础,常用于地下铁道、无砟桥梁及检修库内的轨道。

整体道床的优越性如下:
(1)结构稳定,几何尺寸变化小,从而日常维修工作量小。

(2)外观整洁。

整体道床不可避免地存在一定的缺点,如几何尺寸的调整没有碎石道床方便。除此以外,由于沉降引起的道床开裂和变形等,给维修工作带来极大的难度。

(三)混凝土长枕式整体道床结构

混凝土长枕式整体道床(长枕浇筑式整体道床)为我国城市轨道交通建设的初期所采用,主要应用于隧道内的线路。

道床内布有纵横交错的钢筋。一般长轨枕预留圆孔,纵向钢筋从圆孔内穿过,每枕间隔布置一根横向钢筋,通过铺设轨排、布扎钢筋、立模等程序,最后浇筑混凝土,结构强度非常理想。道床的两侧设置纵向水沟,作为排水设施。

(四)短枕式整体道床结构

短枕式或称预制块式。近年来城市轨道交通的线路,无论是地下隧道内的线路还是高架线路,甚至库内的整体道床线路等,都广泛采用了短枕式的设计方案。这种道床轨道建筑高度一般为550mm左右,道床混凝土强度等级为C30,轨下道床厚度一般小于160mm,常设中心排水沟。

短轨枕在工厂预制,混凝土强度等级为C50,其横断面为梯形,底部外露钢筋钩,以加强道床混凝土的连接。这种道床稳定、耐久,结构比较简单,造价较低,施工容易,进度较快。也有的设计方案,在短枕与道床间设橡胶减振套,称为套靴式预制块,经过弹性试验,可以降低道床应力,减少振动。但也存在一定的缺点,由于设置了橡胶减振套,预制块底部不能预留钢筋与其下部的钢筋进行连接和浇筑,这样,结构强度要大大低于无橡胶减振套的轨道。隧道内使用预制的混凝土短枕,先进行拼装,然后进行整体浇筑,轨道结构高度为560mm。

(五)承轨台式整体道床结构

承轨台式就是高架的短枕式,与地下隧道的短枕式非常接近,铺设方案也基本相似。这是当前城市轨道交通高架线路常用的结构形式,与WJ-2扣件配套使用。先由厂家预制支承块,施工现场将支承块通过扣件与钢轨连接,然后浇筑纵向混凝土承轨台,把支承块与高架桥面上预留的垂直钢筋浇筑为一体。

1. 支承块

支承块直接支承钢轨及轨道连接部件,并埋设在承轨台中,为C50钢筋混凝土预制块。支承块底部外露钢筋与整体道床的钢筋连接。

为固定铁垫板锚固螺栓,每块支承块预埋聚酰胺绝缘套管。考虑养护维修及排水需要,相邻两支承块间距按不大于600mm标准设计,数量按1680组/km级配标准设置。

为加强支承块与承轨台的连接及防杂散电流,支承块底部伸出钢筋与承轨台钢筋焊接。

2. 承轨台

支承块式承轨台是在每股钢轨下面沿纵向铺设条形分段的钢筋混凝土结构,混凝土强度等级为C40,相对于混凝土长枕式整体道床而言,承轨台结构简单、自重轻(其自重为30kN/双线延米,仅为长轨枕式整体道床的一半)、排水性能好、工程造价低、方便施工及养护维修作业,是高架桥上无砟轨道较好的轨下基础形式之一。当桥梁施工完毕,经过一段时间桥梁结构的最终变形(含徐变及墩台沉降变形)后基本稳定,并控制在一定范围时即可施工承轨台。因承轨台与梁体系两次浇筑,为加强其整体性能,通过预埋钢筋与梁体相连。当桥梁施工时,预先将承轨台与桥梁连接钢筋埋置在梁体内,预埋钢筋采用$\phi 12$螺纹钢筋。

3. 承轨台的布置

承轨台平面按不同梁跨分别布置,即从梁两端分别往梁的跨中排列,其结构宽度为800mm,长度分为A、B、C三种基本类型。

A型承轨台长400mm,为无支承块式承轨台。布置在梁的端部,用以避开梁端伸缩缝。

B型承轨台长2300mm,为标准型支承块式承轨台,支承块间距为600mm,相邻承轨台间净距为100mm。

高架桥每跨的结构不一,长度也不一,在梁的中部,承轨台的长度受相邻支承块间距、梁跨及曲线半径的影响,必须对承轨台的几何尺寸进行调整(C形承轨台)。

4. 整体道床的过渡段

整体道床与碎石道床连接处设过渡段,长度为6.25m,采用C15素混凝土槽形基础,上铺设钢筋混凝土轨枕,碎石道床厚25cm。

5. 整体道床道岔

短岔枕根据铺设部位进行分类:转辙器滑床板部分、辙叉护轨部分、辙叉部分、辙后及辙叉趾跟端前后部分,根据铁垫板尺寸进行设计。其余部分采用与DT弹条I型扣件配套使用短轨枕。短轨枕采用在铺轨基地预制的C50混凝土,轨枕内预埋螺纹套管。

道床采用C30钢筋混凝土,顶面设1%~3%横向排水坡,道床两侧设侧沟排水。道床内钢筋设计为3m左右网片,在现场按防迷流要求进行焊接。

(六)弹性整体道床

浮置板式整体道床由于造价极高,而且维修困难,所以通常很少采用,城市轨道交通在特殊地段,由于减振的需要,设计有少量的浮置板式轨道。

浮置板板宽3m左右,板厚0.3~0.4m,长度根据现场情况决定设计方案。浮置板有就地灌注和预制两种施工方法。

在过去的设计中,**根据浮置板的长度一般可分为长型和短型两种结构形式。**

1. 长型浮置板轨道

长型浮置板是一个长15~20m的钢筋混凝土板,板厚300mm,在地铁隧道内现场浇筑,靠橡胶支座支承。浮置板的自振频率不高于10Hz。长型浮置板自重大,轨道结构横向稳定性较高。由于混凝土道床板须现场浇筑,通常采用GRC永久性模板进行灌注。其施工工期长,与主体结构施工干扰大,施工计划缺乏灵活性。此外,这种结构板下橡胶支座不具备维修和更换条件。

2. 短型浮置板轨道

短型浮置板轨道由独立的短型浮置板单元组成,浮置板由橡胶支座支承。浮置板厚一般为300mm,长1.5～3.0m,宽度与隧道底部的凹槽宽度一致。自振频率在12～15Hz之间。

标准段浮置板为一块3m×3m的预制钢筋混凝土板,重约6.6t,板厚300～335mm,在顶面形成1:40的横坡,便于排水。现代设计的浮置板总长度有几百米,分隔成20～30m的单元。

浮置板底面及纵向端面处均设有凹槽,用于放置橡胶垫,侧面有预留孔,用于固定侧向支座。由于道床板前后左右均设置了橡胶垫支承,因而与主体结构完全分离。在浮置板顶面留有伸出钢筋,通过浇筑来加强与纵向承轨台的连接。整体道床轨道结构高度因隧道断面的不同而异,分述如下:

(1)矩形隧道:直线地段轨道结构高度为560mm,曲线地段轨道结构高度为$560+\frac{A}{2}$(A为曲线超高值)。

(2)圆形隧道:直、曲线地段轨道结构高度均为740mm,在小半径曲线地段,外侧水沟沟底至钢轨顶面高度按限界不能满足设计的400mm要求,在整体道床施工前的线路调线调坡时,要线路专业人员在限界许可的范围内尽可能按780mm的结构高度进行调整,基本上解决了外侧水沟高度不足的问题。

三、道口

(一)概述

当轨道与道路平面交叉时应设置道口。城市轨道交通地下线路和高架线路都是全封闭式的运营线路。城市轨道交通地面线路均设有栏杆,为半封闭式,因运营密度大,不能设计为与道路平面交叉,所以,城市轨道交通正线均有道口设备。站场线路,轨道与站场内机动车辆通行的道路避免不了要发生平面交叉,设计为平交道口。其有整体浇筑式和道口板拼铺式两种,均按照定性设计图铺设。

(二)一般规定

(1)正线不设置道口,优先考虑设置立体交叉。站场线路可以设置道口,道口宜设置在瞭望条件良好的地点。在距道口不小于7m范围内,应能看到两侧各400m(双线500m)以外的列车,列车在800m以外可以看见道口。

(2) 道口铺面宽度应与道路路面宽度相同,且不应小于 2.5m。

(3) 铁路钢轨头部外侧 50mm 范围内,道口铺面应低于轨面 5mm。

(4) 道口上道路与铁路应正交,有困难时,其交角应大于 45°。

(5) 道口采用木制、石制、钢制或混凝土制等铺面板,材质及规格应符合设计要求,铺砌应平整稳固。

(6) 护轨轮缘槽宽度,直线上应为 70～100mm,曲线内股应为 90～100mm;轮缘槽深度应为 45～60mm。护轨两端做成喇叭口,距护轨端 300mm 处弯向线路中心,其终端距钢轨工作边应不小于 150mm。

(7) 在道口处的道路上应设置道口标志和护桩(路堑内及城市市区内可不设护桩),道口标志设在通向道口、距道口最外股钢轨不小于 20m 处的道路右侧,护桩设在道口附近的道路两侧。在铁路上距道口 500～1000m 处设置司机鸣笛标志(站内或站内道口两端不设)。根据需要在通向道口、距道口最外股钢轨 5m 处的道路右侧设置道口自动信号机;未设道口信号机的无人看守道口,应在安设道口信号机的位置设置停车(止步)让行标志。道口标志和停车(止步)让行标志应使用反光材料。

(8) 有人看守道口除按以上规定办理外,还应修建道口看守房,在距最外股钢轨不小于 3m 处设置带有标志(标志为红色圆牌,有条件的地方夜间可安设红灯)的栏杆或栏门,根据需要可安装自动显示装置和自动栏木,并应设置道口照明、道口自动信号及报警装置、道口与车站及机车联控的通信装置和电铃等设备,备有防护信号用具、钟表和扩音器。繁忙道口与瞭望条件不良道口应设置遮断色灯信号机,其位置距道口不小于 50m。

(9) 平过道应根据站、段、场、所的作业需要适当设置。平过道不设置标志和护桩,其铺面根据具体情况可参照道口铺面办理。

(10) 道床的杂散电流腐蚀防护

杂散电流腐蚀防护采取"防排结合、以防为主、以排为辅"的设计原则,确保钢轨对道床的漏电电阻不低于 $15\text{Ω}/\text{km}$。采取的主要措施如下:

防止牵引馈电电流和信号传输电流从钢轨向道床泄漏,连接钢轨和道床的扣件均设计为 3 次电气绝缘结构,即钢轨对扣件铁垫板的电气绝缘、铁垫板对连接螺栓的电气绝缘和螺栓对道床的电气绝缘,扣件绝缘电阻值不低于 10^8Ω。

(11) 短轨枕承轨面涂刷环氧树脂。

(12) 为了防止运营中轮轨磨耗的金属粉屑覆盖扣件,降低扣件的绝缘性,定期用高压轨道冲洗车冲洗轨道。

(13) 利用道床内结构钢筋作为排流钢筋,收集道床内泄漏电流,再通过测防端子和馈电电缆把杂散电流排回牵引供电所的负极。

第三章　轨道几何形位

> **岗位应知应会**
>
> 1. 了解轨道曲线平、纵断面形位的相关知识，熟悉曲线正矢、超高、缩短轨配置的计算及测量方法，掌握轨距、水平、轨向、高低的定义及测量方法。
> 2. 熟记轨距、水平、轨向、高低等线路几何尺寸以及轨底坡、曲线超高、竖曲线的定义，并能够对轨距、水平、轨向、高低进行熟练测量。
> 3. 了解曲线的定义以及曲线中所涉及的相关概念，对于曲线能够有整体的了解。
> 4. 能够对缩短轨配置、曲线超高、竖曲线设置进行计算。
>
> **重难点**
>
> 1. 几何尺寸相关概念、测量方法。
> 2. 曲线缩短轨配置、曲线超高的计算方法。

　　轨道几何形位是指轨道的几何形状、相对位置和基本尺寸。轨道几何形位的正确对机车车辆的安全运行、乘客的旅行舒适及设备的寿命和养护费用等起着决定性的作用。

　　轨道直接承受机车车辆的轮重并引导其运行，为确保列车的安全运行，轨道的两股钢轨之间，应保持一定的距离。两股钢轨的顶面应位于同一水平或保持一定的相对高差。轨道的轨向必须正确，直线上应保持顺直，曲线上应保持与半径相适应的圆顺度。为使钢轨顶面在锥形踏面的车轮荷载作用下受力均匀，轨道的两股钢轨均应向内侧倾斜，使之有适当的轨底坡。所以，轮与轨是一组相互作用、相互配合的不同结构体系。轨道结构的许多标准和几何尺寸是根据机车车辆的有关尺寸和性能确定的。

第一节　平面形位与技术标准

　　线路平面是线路中心线在水平面上的投影，由直线和曲线组成。

一、直线轨道

（一）轨距

　　轨距是左右两股钢轨内侧顶面以下 16mm 范围内，两作用边之间的水平距离。

我国铁路直线轨距标准规定为 1435mm，称为标准轨距。我国城市轨道交通也同样采用 1435mm 为标准轨距。

轨距可用轨距尺（也叫道尺）进行测量。根据规定，轨距允许误差：宽不得超过 6mm，窄不得超过 2mm。 所以在线路直线部分轨距不应宽于 1441mm，不应窄于 1433mm。在日常检查中，通常每 6.25m 检查一处，即每节 25m 钢轨的接头、中间（俗称大腰）及 2 个四分之一处（俗称小腰），共检查 4 处；每节 12.5m 的钢轨的接头及中间各检查 1 处。

在日常管理上采用的标志符号：大于标准的误差用"+"号，小于标准的误差用"-"号。另外，轨距的变化率不得超过 2‰。因在短距离内如有显著的轨距变化，即使不超过允许误差，也会使机车车辆发生剧烈的摇摆。限制轨距变化率，对于保证行车平稳、保持轨道方向非常重要，特别是在高速行车地段尤为重要。

为了使列车在轨道上顺利运行，轨距应略大于轮对宽度，两者之间留有间隙，称为游间。游间大，可防止车轮被轨道楔住，减少行车阻力及轮轨磨耗，但游间必须有一个限度，如果游间过大，会有很多副作用，如车辆蛇形幅度大，横向加速度大，轮缘对钢轨冲击角大，钢轨所受的横向力大，列车运行时会产生剧烈的摇摆，影响行车的平稳性和轨道的稳定性，同时还会带来钢轨侧面不均匀磨耗等。游间过小，轮对易被两股卡住，增加行车阻力和轮轨间磨耗。

轮轨关系如图 3-1 及图 3-2 所示，车辆轮轴断面如图 3-3 所示。

如图 3-4 所示，当轮对中的一个车轮轮缘与钢轨贴紧时，另一个车轮轮缘与钢轨之间的间隙为游间。

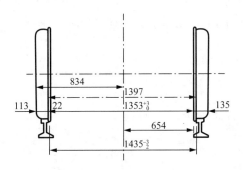

图 3-1 轮轨关系示意图一（尺寸单位：mm）

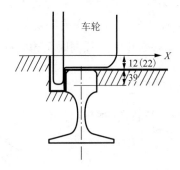

图 3-2 轮轨关系示意图二

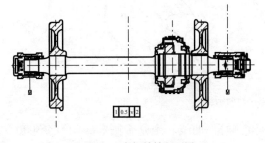

图 3-3 车辆轮轴断面图

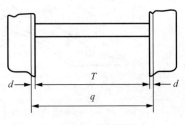

图 3-4 轮轨游间

表 3-1 为直线轨道计算的正常、最大及最小游间。

直线轨道游间（单位：mm） 表 3-1

车轮名称	最大游间	正常游间	最小游间
机车轮	45	16	11
车辆轮	47	14	9

1. **测量方法**

在轨顶面以下 16mm 处测量轨距。

为适应车辆轮缘踏面倾斜坡度的需要，钢轨在铺设时，底部通过轨枕设置了轨底坡，使钢轨微微向内倾斜，钢轨内侧作用边并不垂直，另外，轨顶面边缘本身也是一曲面，所以，轨距应在钢轨头部内侧面下 16mm 处量取。

2. **技术标准**

（1）标准值

城市轨道交通轨距采用国家标准，直线轨距为 1435mm。

（2）允许误差

轨距是保证车辆轮对平稳运行的重要因素之一，目前，城市轨道交通行业标准规定正直线轨距误差的允许范围：**作业验收标准正线及试车线 +4 ～ -2mm，车厂线 +6 ～ -2mm；经常保养标准正线及试车线为 +7 ～ -4mm，车厂线 +9 ～ -4mm；临时补修标准正线及试车线为 +9 ～ -4mm，车厂线为 +10 ～ -4mm。并规定轨距的变化率不大于 2‰，即 1m 范围内轨距不得有 2mm 以上的差异。车站与区间相同。**

当轨距不符合要求或发生变化时，通常采用改道的方法处理，即调整轨距垫，使之得到矫正，但调整轨距时必须同时考虑它的变化率。

（二）轨向

轨向就是轨道的前进方向，日常口语称方向，如图 3-5 所示。

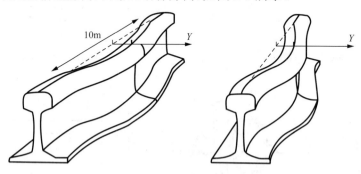

图 3-5 轨向示意图

通俗地说，轨向的好坏就是直线轨道是否顺直，曲线轨道是否圆顺。如有变形就称为轨向不好。轨向不好会引起列车蛇形振动。

直线轨道实际上并不是一条理想的直线，而是由许多波浪形曲线组成，不过这些曲线的长度为10～20m,一般肉眼不易辨认。对于钢轨来说,轨道方向是主要的,如果直线不直,方向不良,势必引起列车的剧烈摇晃和超常蛇形运动。而只要方向保持在允许范围内,则轨距变化对车体振动的影响就不致很大。在无缝线路地段,若轨道方向不良,则到了高温季节,在一定条件下,会引起胀轨跑道,严重威胁行车安全。

为了确保行车的平稳和安全,必须定期检查轨道方向,并及时整正,使之恢复到原来的设计位置上。《线路检修规程》规定:**直线方向目视顺直、无甩弯。用10m弦测量矢度,允许误差对正线及试车线不超过4mm,车厂线误差不超过6mm。**

测量线路直线方向时,测试者首先跨站一股钢轨或站在一股钢轨的里侧,目视前方(根据视力可远可近)找出方向不良的位置,在该处的前后轨内侧拉10m长的弦线,测量轨头侧面与弦线间的水平距离,以左股为基准轨,在轨头内侧轨顶下16mm处测量。偏向轨道外侧时用"+"偏向道心时用"-"号。

1. 测量方法

轨向一般通过目视法观测,如有异常,直线段轨道,用10m弦线在轨头侧面测量其矢度,曲线轨道,用20m弦线在轨顶面以下16mm处测量其正矢,其矢度必须符合规定。

2. 技术标准

(1)标准值

直线段矢度0mm。

(2)允许误差(车站与区间相同)

维修标准:≤4mm。

保养标准:≤6mm。

临时补修:≤10mm。

曲线段正矢应符合该曲线的设计值。

(三)高低

轨道在前进的方向上纵断面的平顺程度称为轨面前后高低(图3-6),简称高低。

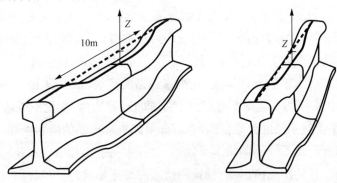

图3-6 高低示意图

轨面的平顺程度,即轨道的纵断面线形的优劣程度。前后不平顺时,列车通过这些地段,冲击力增加,使轨道变形加速,进一步扩大不平顺,从而再次增加列车对轨道的冲击力、破坏力。

前后高低,要求目视平顺。在日常检查时,对直线地段两股钢轨的高低分别进行检查,检查时,先俯身目视不少于 20m 处钢轨下颚线的高低平顺情况,后对误差量较大处用 10m 弦量取最大矢度,在钢轨顶面中间测量。(如高低是向上凸起者,应同时使用 30mm 厚垫块,将弦的两端垫起)。**最大矢度是弦线与钢轨顶面之间的距离最大者。前后高低差用 10m 弦量取且不超过 4mm。**

轨道在短距离范围内的轨面不平顺称之为小洼,长距离范围称为漫洼。处理"高低"及"水平"的方法根据高程误差的大小而不同,误差在 20mm 以内,采用垫板作业的方式。一般来说,整体道床线路,正常性的沉降,在局部范围,不可能有 20mm 以上的偏差,通过垫板作业完全能够解决,碎石道床线路,误差在 20mm 以上的偏差,可以采取起道作业方法,但要考虑轨面的顺坡率。当起道量超过 30mm 时,必须申报供电系统的接触网专业部门予以配合。

1. 测量方法

轨面要求目视平顺,如有坑洼,用 10m 弦线在轨面测量矢度。

2. 技术标准

(1)标准值:0mm。

(2)允许误差(车站与区间相同):

维修标准:≤4mm。

保养标准:≤6mm。

临时补修:≤10mm。

(四)水平

水平指的是轨道上两股钢轨顶面的相对高程差。线路上两股钢轨顶面,在直线段,应保持同一平面。

在日常检查时,水平也用道尺进行检查,通常每 6.25m 检查一处,与轨距的检查位置相同。在日常管理上采用的标志符号:直线部分按公里前进方向,以左股钢轨为基准,右股钢轨顶面高时的误差用"+"号,低时的误差用"-"号;在曲线部分(含直线上顺直地段)以里股钢轨为基准,外股钢轨顶面高度比超高大时的误差用"+"号,比超高小时的误差用"-"号。《线路检修规程》中规定:**水平的允许误差,在维修线路的正线、试车线上,不得大于 4mm,其他线不得大于 6mm。水平的变化率不得超过 1‰,即 1m 范围内,变化不得超过 1mm**,否则,即使两股钢轨的水平误差不超过允许范围,也将会引起机车车辆的剧烈振动。

现实中,有两种性质不同的钢轨水平误差,对行车的危害程度也不相同。第一种称水平差,就是在一段相当长的距离内,一股钢轨的轨顶面高度始终较另一股高。另一种称为三角坑,即在 6.25m 范围内,先是左股钢轨高,后是右股钢轨高,且前后两点的水平正负误差的代数差超过 4mm 这时就会出现车轮不能全部压紧钢轨的情况,在最不利的情况下甚至可以爬上钢轨,引起脱轨事故。因此,这种误差必须立即予以消除。

1. 测量方法

用轨距尺测量水平。

2. 技术标准

(1)标准值:0mm。

(2)允许误差(车站和区间相同):

维修标准:≤4mm。

保养误差:≤6mm。

临时补修:≤10mm。

(五)三角坑

左右两根钢轨顶面的高程差发生交错性的变化称为三角坑。

三角坑在最不利的情况下能导致列车脱轨。因此,在延长15m的范围内不允许出现三角坑(注:15m为地铁车辆前后轮轴之间的距离)。

(六)轨底坡

为使钢轨顶面与车轮踏面斜坡相吻合,将钢轨适当向内倾斜,由此所产生的钢轨底面相对于轨枕顶面的倾斜度称为轨底坡(图3-7),实际上就是钢轨的内倾度。由于车轮踏面(图3-8)主要部分为1:20的圆锥面,列车运行时,车轮踏面与钢轨顶面接触,故直线上的钢轨不应竖直铺设,而要适当地向道心倾斜。

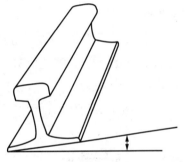

图3-7 轨底坡示意图

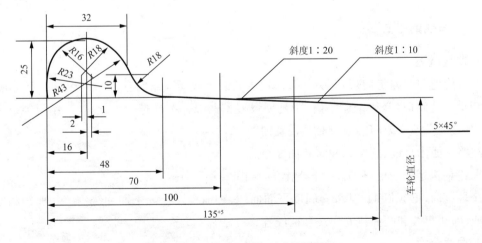

图3-8 车轮踏面示意图(尺寸单位:mm)

如果钢轨保持竖直,车轮的压力将离开钢轨的中心线而偏向道心一侧,稍微向外倾斜,使钢轨头部磨损不均,腰部弯曲,轨头与轨腰连接处易发生纵裂,甚至折损。因此钢轨的倾斜度必须与车轮踏面的倾斜度基本吻合。轨面上车轮辗压,会形成明亮的光带,如果光带居中,说明轮轨接触点良好,轨底坡适宜,如果光带偏向内侧,轨底坡偏小,如不纠偏,就会加剧钢轨内侧的磨耗。反之轨底坡则过大。在任何情况下,轨底坡的允许误差,不应大于1:20或小于1:60,否则,都会使轨头磨耗,应及时进行调整。

在我国铁路运营的实践中,规定轨底坡为1:40,地铁也采用此规定。在曲线地段,要根据超高的不同情况加以调整。这是因为在机车车辆的动力作用下,轨道由于弹性被挤开,轨枕产生挠曲和弹性压缩,加上垫板与轨枕不密贴,道钉的扣压力不足等原因,车轮踏面经过一段时期的运行后,原来1:20的踏面被磨耗成接近1:40的坡度,故将直线轨道的轨底坡标准规定为1:40。

轨底坡的设置,是通过混凝土的制作过程来实现的,混凝土轨枕的承轨台已按规定设计有一定的坡度,对于线路的各种特定地段,还必须在轨下增设斜行垫片加以改善。设置轨底坡后,不但可以使车轮压力更集中于钢轨的中轴线,减少荷载的偏心距,降低轨腰应力,而且还可以减小轨头由于接触应力而产生的塑性变形,因为在轨头中部塑性变形的积累远较两侧缓慢。

在木枕地段,轨底坡由带斜坡的铁垫板做成,如没有铁垫板,就必须砍削枕木。混凝土枕的轨底坡,一般在灌注混凝土枕时直接做在承轨台上。在曲线地段,里股钢轨的轨底坡由于轨枕随外轨超高而抬高,使曲线里股钢轨向轨道外侧倾斜,这种情况称为"小反",必须避免,否则将影响列车运行的安全与平稳。

二、曲线轨道

(一)曲线的平面形位

1. 曲线概述

经济价值对线路走向规划的影响,决定了要经常改变线路的方向,另一方面,遇到地形、地物和重大建筑时,必须绕避障碍,于是便设置了曲线。不管是什么线路,都不可能永远是直线,凡是需要改变方向的地方必须设置曲线。

线路平面由直线、圆曲线和缓和曲线组成。

曲线是轨道的薄弱环节之一。地铁线路由一个方向转向另一个方向、由一个坡度转向另一个坡度时,必须圆顺过度,其间以平面曲线、竖曲线连接。平面曲线由缓和曲线和圆曲线组成,即在直线和圆曲线间用缓和曲线连接。本书主要介绍平面曲线,简称曲线。

2. 曲线分类

按曲线半径的数目分为单曲线、复曲线。

单曲线是只有一个半径的圆曲线。复曲线是转向角方向相同、直接相连或用缓和曲线连接的几个半径不同的圆曲线。

按相邻两曲线的转向角方向分为同向曲线、反向曲线。

同向曲线的两相邻圆曲线转向角方向相同。反向曲线的两相邻圆曲线的转向角方向相反,反向曲线一般称"S"曲线。

一般条件下,两相邻曲线间夹直线最小长度应不小于50m。地铁因在城市地面下方走行,不可避免受到管线等影响,但两曲线间的夹直线最小长度也不能小于30m。

由于有时线路方向得连续变化,连续设置曲线,前进方向在同一侧的称为同向曲线(图3-9),前进方向在不同侧的称为反向曲线(图3-10)。通常,两条曲线之间设有一条直线做过渡,称为夹直线,这段线路由两条曲线和夹直线组成。如果在两条曲线之间未设置夹直线,它就称为复曲线。

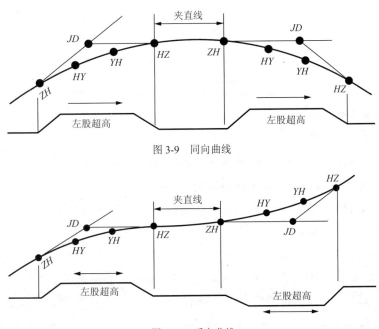

图 3-9　同向曲线

图 3-10　反向曲线

3. 曲线的平面结构

线路平面圆曲线与直线之间应根据曲线半径、超高及设计速度等因素设置缓和曲线,其长度应符合有关规定。

曲线一般又分为圆曲线和缓和曲线。曲线的主体部分为圆曲线,当圆曲线半径较大时,圆曲线直接与直线相连,一般情况下,圆曲线与直线之间都要以缓和曲线做过渡。这样,一般曲线的平面形式为:**直线→缓和曲线→圆曲线→缓和曲线→直线**。

按线路的前进方向,直线和缓和曲线的连接点称为直缓点,依此类推,其余各点分别为缓圆点、圆缓点、缓直点,分别记为 ZH、HY、YH、HZ,见图3-11。

曲线中间的点称为曲中点,记为 QZ。

ZH、HY、QZ、YH、HZ 为曲线的 5 个关键控制点。

两条直线的相交位置称为交点,记为 JD。

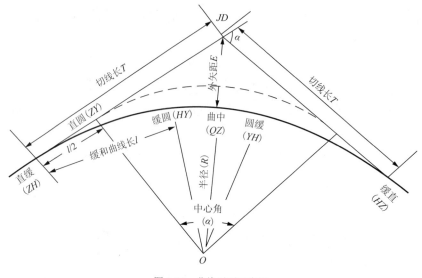

图 3-11 曲线平面示意图

4. 曲线要素简介

曲线的基本要素如下:

曲线中心角,用符号 α 表示。和曲线交角相等,中心角的大小决定了曲线的长度。

曲线半径,用 R 表示。它决定了轨道转向的程度。

切线长,用 T 表示。交点至切点的长度称为切线长。

5. 缓和曲线

曲线外轨超高,不能在圆曲线起始点实现突变,必须有一个顺坡的长度,同时,车辆由直线向圆曲线行驶,也需要有一个过渡的范围。因此,无论从平面关系还是从空间立体关系上来说,除特殊圆曲线以外,一般都要设置一条曲率渐变的连接曲线做过渡,这种用于过渡的曲线称为缓和曲线。

我国铁路常用缓和曲线为三次抛物线型,亦称为放射螺旋形的近似参变数方程式。

(二) 曲线半径

1. 曲线半径的规定

理想的城市轨道交通线路平面上应是由直线和很少数量的曲线组成,而且每一条曲线采用尽可能大的半径,在圆曲线和直线之间由缓和曲线过渡。小半径的线路有许多缺点,如需要较大的建筑接近限界去容纳车辆端部和中部偏移距离,加速了轮缘和轨道的磨耗,增加了噪声和振动公害,还必须限制行车速度。限制行车速度,往往会增加运营费用和维修费用。

在城市中，两个车站不可能都用一条直线连接，线路中有时要避开障碍物，曲线是不可避免的，曲线半径应按照规范或公式计算选取。为了保证列车运行的平顺，满足曲率过渡、轨距加宽和超高过渡的要求，保证乘客舒适、安全，在正线上当曲线半径等于或小于2000m时，圆曲线与直线间应根据曲率半径和行车速度按表3-2所示的曲线半径设置缓和曲线。缓和曲线可以是放射螺旋形、三次抛物线型。圆曲线的最小长度不应小于15m，相邻曲线间的夹直线长度，在偶有缓和曲线时，也不小于15m。缓和曲线的最小长度为20m，主要是从不短于一节车辆全轴距确定。全轴距系指一节车辆第一位轴至最后位轴之间距离，目前我国车辆的全轴距最大不超过20m。

(1) 城市地下铁道

曲线半径要按标准从大到小合理选用。实际工程中最大半径很少超过3000m。300m以下的曲线半径轮轨磨耗大，噪声大，应尽量少用，尤其位于两站中间更应少用。线路平面最小曲线半径，根据《地铁设计规范》(GB 50157—2013)按表3-2选用。

最小曲线半径(m)　　　　　　表3-2

线 路	一般情况	困难情况
正线	300	250
辅助线	200	150
车厂线	150	80

参考国内外经验，一般情况下地下铁道正线最小半径为300～600m，困难情况下250～300m。考虑到在城市修建地下铁道时，限制线路定线的因素多，如果最小半径标准定得太高，会给设计和施工带来很大的困难，并大幅度增加工程投资。

辅助线一般为列车不载客运行路线，而且通过的列车对数较少，行车速度比较低，应比表3-2规定的最小曲线半径标准略低。

车厂线的最小曲线半径，是根据道岔的导曲线半径及车辆构成允许的最小曲线半径等因素确定的。

车站的站台段线应设在直线上，在困难的地段可设在曲线上，其半径不应小于800m。

道岔应设在直线地段，道岔端部至曲线端部的距离不宜小于5m，车厂线可减少到3m。

(2) 高架轻轨线

高架轻轨线路运营速度低，车辆性能、养护和维修的困难程度与地下铁道线路有区别，因此高架线和地面线对曲线半径、缓和曲线长度、外轨超高值等标准，较地铁线路适当降低，计算原理和方法与地铁线路平面设计基本相同。线路平面要与规划道路平面保持一致，曲线半径参照最小曲率表选用。正线上最小曲线半径一般不小于200m（控制速度15km/h），困难条件下不小于100m（限速40km/h），特殊困难条件个别半径小于60m（限速30km/h），场线上最小曲线半径30m，但应尽可能使用较大半径。联络线可比正线标准再降低一级使用，但最小曲线半径不受限制地段，曲线半径选择应尽可能大些。

正线与联络线上曲线半径小于1500m时,直线与圆曲线间要设缓和曲线。场线上由于运行速度低,可不设缓和曲线和超高。当曲线半径小于150m时,按3‰的变坡率设置过渡段,其长度不应小于表3-3所列数据。

过渡段长度　　　　　　　　　　　　　　　　表3-3

R (m)	30	40	50	60	80	90
过渡段	5	4	3	2	1	1

两曲线间夹直线,一般情况下不短于50m,困难情况下不短于25m,车厂线上两曲线夹直线不短于12.5m(均不含过渡段)。圆曲线最小长度为12.5m,不小于最大转向架中心轴距11.0m,进整为标准轨长的一半。

2. 曲线有关长度

正线及辅助线的圆曲线最小长度,一般规定两相邻曲线之间夹直线最小长度为20m,在困难条件下不得小于一个车辆的全轴距;车厂线上的夹直线长度不得小于3m。

线路平面圆曲线与直线之间应根据曲线半径、超高及设计速度等因素设置缓和曲线,其长度应符合有关规定。如表3-4所示

最小曲线半径表　　　　　　　　　　　　　　　　表3-4

线路 \ 车型		一般情况(m)		困难情况(m)	
		A型车	B型车	A型车	B型车
正线	v≤80km/h	350	300	300	250
	80km/h<v≤100km/h	550	500	450	400
联络线、出入线		250	200	150	
车厂线		150	110	110	

注:除同心圆曲线外,曲线半径宜为10m的倍数取值。

圆曲线最小长度为20m,困难条件下为一个车辆的全轴距。两相邻曲线之间夹直线长度为20m。

缓和曲线长度,按曲线半径及行车速度确定。区间正线按行车速度80km/h选配,车站两端按70km/h选配。

对于不同类型的车辆,取值有所不同。**地铁列车的车辆有A型车和B型车,圆曲线最小长度:A型车不宜小于25m,B型车不宜小于20m(不含超高顺坡及轨距递减段的长度)。**

地铁线路不宜采用复曲线。在困难地段,有充分技术经济依据时可采用复曲线。当两圆曲线的曲率差大于1/2500时,应设置中间缓和曲线,其长度根据计算确定,在困难情况下不得小于20m。

小半径的曲线,增加了轮、轨的磨耗,加大了线路养护维修的工作量。因此,设计常规取值为:

地面线铺设无缝线路的最小曲线半径为600m。

地下隧道内,区间正线最小曲线半径为300m,辅助线、车厂线,一般地段不小于200m,困难地段不小于150m。

车站站台段线路一般设在直线上,困难条件下可设在半径不小于800m的曲线上。

地铁车站站间距离小,列车运营速度一般在40～80km/h,最高运行速度为80～120km/h。对于连接市中心区与周边卫星城的线路及开行大站快车线路,平均站间距离大,其最高运行速度应大于80km/h。

最小曲线半径是修建地下铁道的主要技术标准之一,它与地铁线路的性质、车辆性质、行车速度、地形地物条件等有关。最小曲线半径选定的合理与否,对地下铁道线路的工程造价、运行速度和养护维修都将产生很大的影响。

理论公式

$$R_{\min} = 11.8 \frac{v^2}{h_{\max} + h_{gy}} \tag{3-1}$$

式中：$R_{\min}$——满足欠超高要求的最小曲线半径(m)；

v——设计速度(m/s)；

$h_{\max}$——最大超高,120mm；

h_{gy}——允许欠超高,61.2mm。

(三)曲线正矢

1. 正矢计算

衡量曲线圆顺度通常采用测量正矢的方法。**曲线上两点间连成一条直线,称为弦,弦上任意点到曲线对应点的垂直距离叫作矢距,位于弦中央的点的矢距叫作正矢,弦长1/4处的矢距称为外矢距**,见图3-12。

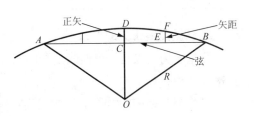

图3-12 曲线正矢示意图

正矢符号为f。

外矢距符号为E。

每10m长度设置一个测点,测点编号依次为:f_0、f_1、f_2、f_3、f_4、f_5…

特殊情况下,也可5m长度设置一个测点。

圆曲线半径、弦长与正矢的关系如下:

$$f = \frac{d^2}{8R} \tag{3-2}$$

式中：f——正矢(mm)；

d——弦长(m)；

R——半径(m)。

当弦长固定为 20m 时，$f=50000/R$（mm），可见圆曲线部分所有点的正矢都是相等的。

曲线的圆顺度用正矢检查，方法是用 20m 的弦线，在钢轨顶面下 16mm 处测量弦线中点至钢轨工作边的距离，即曲线正矢。

圆曲线正矢与曲线半径、弦长有关，如弦长为 20m，则圆曲线正矢为：

$$f = \frac{50000}{R}（\text{mm}） \tag{3-3}$$

（1）缓和曲线正矢是均匀递增的。在缓和曲线上，分段数 $d=\frac{l_0}{10}$，其中 l_0 为缓和曲线长度(m)。

（2）缓和曲线正矢递增量 $f_{增}=\frac{f_{圆}}{6}$，缓和曲线始点正矢为 $\frac{f_{增}}{6}$。

曲线要经常保持圆顺，当弦长为 20m 时，曲线正矢允许误差不应超过表 3-5 的规定。

曲线正矢允许偏差　　　　表 3-5

曲线半径 R（m）	缓和曲线的正矢与计算正矢差（mm）		圆曲线正矢连续差（mm）		圆曲线正矢最大最小值差（mm）	
	区间正线及站线	车厂线	区间正线及站线	车厂线	区间正线及站线	车厂线
$R \leq 250$	7	8	14	16	21	24
$250 < R \leq 350$	6	7	12	14	18	21
$350 < R \leq 450$	5	6	10	12	15	18
$450 < R \leq 650$	4	5	8	10	12	15
$R > 650$	3	4	6	8	9	12

2. 测量曲线正矢的要求

测量现场正矢是检查曲线是否圆顺、曲线整正计算前的准备工作，这项工作的质量好坏，直接关系到计算工作，并影响到整正后曲线的圆顺。因此在测量时要注意以下几点要求：

（1）测量现场正矢前，先用钢尺在曲线外股按计划的桩距（一般为 10m）丈量，并划好标记和编出测点号，测点应尽量与直缓、缓圆、圆缓、缓直点重合。

（2）测量现场正矢时，应在好天气下进行，弦线必须拉紧，弦线的两端位置和量尺位置要正确。测量时应在轨距线处量，有肥边应在肥边处测量，肥边大于 2mm 时应铲除再量。每个曲线至少要丈量 2～3 次。取其平均值，精确到 mm。

（3）尺在下，弦在上。尺不要顶弦，也不要离开。读数时，视线、弦线、量尺三者保持垂直；要读弦线靠钢轨一侧的数，如图 3-13 所示。

（4）如果直线方向不直，就会影响整个曲线，应首先将直线拨正后再量正矢；如果曲线头尾有反弯（鹅头），应先进行整正；如果曲线方向很差，应先粗拨一次，但应在新拨动部分经列车滚压以后，再量取现场正矢，以免现场正矢发生变化，而影响拨动量计算的准确性。

（5）在现场测量正矢的同时，应注意线路两旁的建筑物的界限要求，桥梁、隧道、道口等建筑物的位置,以供制定施工方案时考虑。

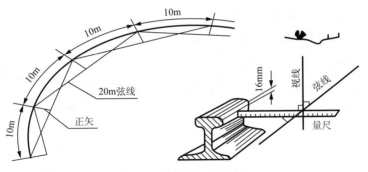

图 3-13 现场测量曲线正矢

(四)曲线外轨超高

1. 曲线外轨超高原理与规定

列车在曲线轨道上运行时,会产生离心力,离心力过大会影响行车安全。为平衡离心力的作用,在曲线轨道上设置外轨超高,即把曲线外轨适当抬高,车身倾斜,车辆重力的水平分力可以抵消离心力,达到内外两股钢轨受力均匀、垂直磨耗均匀,减小离心加速度,增加旅客舒适感,保证线路稳定性和行车安全。曲线外轨超高如图 3-14 所示。

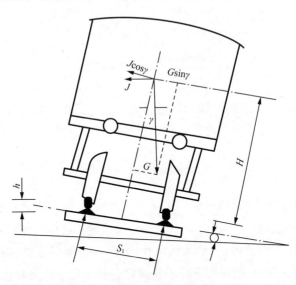

图 3-14 曲线外轨超高示意图

列车由直线进入曲线时,所产生离心力的大小,决定于列车前进的速度和曲线半径。速度越高半径越小,则离心力就越大,作用在外轨的横向力也越大。外轨磨耗加剧、钢轨外挤。

为了克服离心力对车辆的影响,应该有一个与离心力相反,大小相等的向心力。这就需要将曲线外轨抬高(即设置超高),使车体内倾,产生一个向心力,以平衡这个离心力。

设置曲线外轨超高能达到下列三个目的:

（1）减少曲线外股钢轨所受的垂直力和水平力，使两股钢轨受力均匀，垂直磨耗均等。
（2）保证轨道稳定，防止车辆倾覆。
（3）将离心力限制在一定范围内，保证旅客的舒适度。

2. 曲线外轨超高计算公式

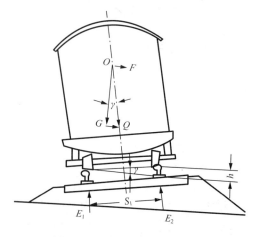

图 3-15 曲线外轨超高设置示意图

为了平衡这个离心惯性力，需在曲线轨道上设置外轨超高，即把曲线外轨适当抬高，借助车辆重力 G 的水平分力平衡离心惯性力，从而达到内外两股钢轨受力均匀，垂直磨耗均等，使旅客不因离心加速度而感到不适，提高线路横向稳定性，保证行车安全。列车在曲线上运行时，产生离心力 F，若将曲线外股钢轨超高设置为 h，如图 3-15 所示，使车体的重力 G 与离心力 F 的合力 Q 恰好通过轨道中心，此时里外两股钢轨所受的垂直压力等于钢轨的支撑反力，根据图 3-15 可以看出：

当速度 v 以 km/h 计、超高 h 以 mm 计，且将两股钢轨中心间的距离 $S_1=1500$mm 代入 $h=\dfrac{S_1 v}{gR}$，可得：

$$h = \frac{1500 \times (\frac{1}{3.6})^2 v^2}{9.81 \quad R} = 11.8 \frac{v^2}{R} \tag{3-4}$$

上式是列车以速度 v 通过曲线时的超高计算公式。实际上通过曲线的各次列车的轻重不同，速度不一样，因此，上式中的速度 v 应采用各次列车的平均速度 $v_\text{平}$，即：

$$h = 11.8 \frac{v_\text{平}^2}{R} \text{（mm）} \tag{3-5}$$

对一定半径的曲线来说，超高与列车速度的平方成正比，所以选用何种速度来设置超高是至关重要的问题。根据近几年我国铁路的既有线提速和客运专线设置外轨超高的经验来看，在确定设置超高的列车速度时，要考虑两个因素：**一是要保证旅客列车运行的舒适度和安全性；二是要考虑在列车长期作用下减小轨道设备的维修工作量和延长其使用寿命。**

3. 允许未被平衡欠超高

曲线的外轨超高按平均速度 v 计算确定后，若列车以速度 $v_\text{平}$ 通过曲线，里外两股钢轨所受的垂直压力大致相等。当速度比平均速度 v 高的列车通过曲线时，未被平衡的离心力使外股钢轨所受的垂直压力大于里股钢轨，超高对此列车来讲显得不足，这不足的超高称为未被平衡欠超高。为了不使内外两股钢轨产生过大的偏载，以及满足旅客舒适度要求，应对未被平衡欠超高加以限制。

任何一段曲线轨道,当按一定的平均速度设置超高后,除了行车速度能有较大的变化外,其他量一般是固定不变的。在已有超高的条件下,通过该段曲线的最高允许速度受欠超高的限制,据此可得出通过该曲线的允许最高速度。

$$v_{\max}=\sqrt{\frac{(h+\Delta h_{q})R}{11.8}} \tag{3-6}$$

式中：R——曲线半径；

h——按平均速度在线路上的实设超高(mm)；

Δh_q——允许欠超高(mm)。

未被平衡的离心加速度使旅客感到不舒适,根据测试,当离心加速度在 0.4 ~ 0.5m/s² 时,乘客还能够在车厢内自由走动,而当超过 0.6m/s² 时就感到行动困难了。将以上未被平衡的离心加速度的允许值代入上述公式,可得到未被平衡欠超高值如下：

Δa=0.4m/s²，$\Delta h_{\max}$=61mm

Δa=0.5m/s²，$\Delta h_{\max}$=76mm

Δa=0.6m/s²，$\Delta h_{\max}$=92mm

《地铁设计规范》(GB 50157—2013)规定,曲线的最大超高宜为 120mm,当设置的超高不足时,可允许有不大于 61mm 的欠超高。

4. 曲线轨道的最大外轨超高

在曲线上运行的车辆,受到离心力、向心力、重力及风力等的共同作用,当这些力的合力通过轨道中心时,车辆处于绝对稳定的状态。但是在一般情况下,超高与列车速度不相适应,再加上其他外界因素的影响,使作用在车辆重心上的合力作用线要偏离轨道中心一定距离,此距离称为偏心距。当列车在曲线上停车时,偏心距更大,而且超高越大,偏心距越大,有可能使车辆丧失稳定而颠覆。因此,我们不仅要通过未被平衡的欠超高来限定超高,使其不能太小,而且,为避免丧失稳定还需要限定超高最大值。

考虑到其他因素,诸如风力、车辆及轨道不良等因素的影响。此外,由于双线和单线的行车条件不同,双线按上下行分开行车,同一曲线上的行车速度相差较小,因而最大超高可以大一些。综合上述原因,为保证行车安全,《地铁设计规范》规定：实设最大超高,不得大于 120mm。

5. 速度的计算

线路平面曲线半径选择宜适应所在区段的列车运行速度要求。当不具备设置满足速度要求的曲线半径条件时,应按限定的允许未被平衡横向加速度计算通过的最高速度,可按下列要求计算：

(1)在正常情况下,允许未被平衡横向加速度为 0.4m/s²。当曲线超高为 120mm 时,最高速度限制应按式(3-7)计算,且不应大于列车最高运行速度。

$$v_{0.4} = 3.91\sqrt{R}\,(\text{km/h}) \tag{3-7}$$

(2)在瞬间情况下,允许短时出现未被平衡横向加速度为 0.5m/s²,当曲线超高为 120mm

时,瞬间最高速度限制应按(3-8)计算,且不应大于列车最高运行速度。

$$v_{0.5}= 4.08\sqrt{R}\,(\text{km/h}) \tag{3-8}$$

(3)在车站正线及折返线上,允许未被平衡横向加速度为 0.3m/s²。当曲线超高为 15mm 时,最高速度限制应按式(3-9)计算,且在车站正线上不应大于车站允许通过速度,折返线上不应大于道岔侧向允许速度。

$$v_{0.3}= 2.27\sqrt{R}\,(\text{km/h}) \tag{3-9}$$

6. 曲线超高的顺坡

曲线超高应在整个缓和曲线内顺完,速度不大于 120km/h 的线路,顺坡坡度一般不大于 $\dfrac{1}{9v_{\max}}$;如缓和曲线长度不足,顺坡可延伸在直线上,见图 3-16。

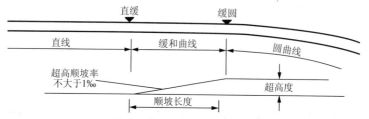

图 3-16　有缓和曲线时的顺坡

如无缓和曲线,速度不大于 120km/h 的线路,在直线上顺坡坡度一般不大于 $\dfrac{1}{9v_{\max}}$。

速度不大于 120km/h 的线路,在直线上顺坡的超高有缓和曲线时不得大于 15mm,无缓和曲线时不得大于 25mm。

圆曲线最小长度应满足表 3-6 的规定,特殊困难地段不应小于 25m。

圆曲线最小长度　　　　　　　　　表 3-6

行车速度(km/h)			120	100	80
圆曲线或夹直线最小长度(m)	工程条件	一般	80	60	50
		困难	50	40	30

同向曲线两超高顺坡终点间夹直线长度应满足表 3-6 的规定,特殊困难地段不应小于 25m,见图 3-17。

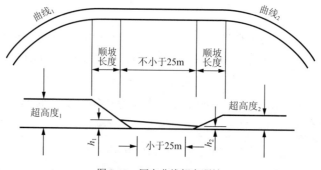

图 3-17　同向曲线超高顺坡

允许速度不大于120km/h线路在极个别情况下,不足25m时,在直线部分设置不小于25m的相等超高段,困难条件下可在直线部分从较大超高向较小超高均匀顺坡。反向曲线两超高顺坡终点间的夹直线长度应满足表3-7的规定,特殊困难地段不应小于25m。允许速度不大于120km/h线路在极个别情况下,不足25m时,正线上可不小于20m,站线上可不小于10m;困难条件下,可按不大于$\frac{1}{7v_{max}}$顺坡,见图3-18。

两圆曲线的曲率差　　　　表3-7

行车速度(km/h)	120	100	80
可不设中间缓和曲线的两圆曲线的最大曲率差	1/4000	1/2000	1/1000

复曲线中两圆曲线的曲率差大于表3-7规定的数值时,应设置中间缓和曲线。中间缓和曲线的长度应根据计算确定。

复曲线应在正矢递减范围内,从较大超高向较小超高均匀顺坡,见图3-19。

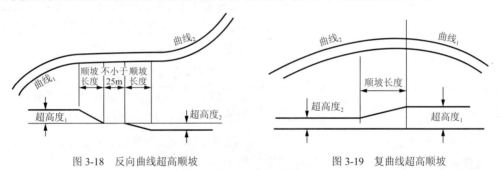

图3-18　反向曲线超高顺坡　　　　图3-19　复曲线超高顺坡

相邻两线采用反向曲线变更线间距时,如受圆曲线最小长度限制,可不设缓和曲线,但圆曲线半径不宜小于表3-8规定的数值。

不设缓和曲线的最小圆曲线半径　　　　表3-8

行车速度(km/h)	120	100	80
可不设缓和曲线的最小圆曲线半径(mm)	5000	4000	3000

相邻两线采用反向曲线变更线间距时,若受曲线偏角限制难以采用表3-6规定的圆曲线最小长度标准,可采用较短的圆曲线长度,但不得小于25m。

允许速度不大于120km/h的线路在特殊条件下的超高顺坡,可根据具体情况设置,但不得大于2‰。

(五)曲线轨距加宽

城市轨道交通采用我国《地铁设计规范》(GB 50157—2013)规定的曲线轨距加宽标准。见表3-9。

机车车辆由曲线外股钢轨导向,为保持曲线外股钢轨圆顺,规定曲线轨距加宽值应加在里股,即将里股轨向曲线内侧横移,曲线外股位置保持不变,使其与线路中线的距离等于

1435/2 加上轨距加宽值。

曲线轨距加宽标准　　　　　　　　　　　　　　　　表 3-9

曲线半径 R（m）	加宽值（mm）		轨距（mm）	
	B 型车	A 型车	B 型车	A 型车
$200 \geqslant R > 150$	5	10	1440	1445
$150 \geqslant R > 100$	10	15	1445	1450

有加宽的曲线轨距与直线轨距间，应使轨距均匀递减。由加宽了的曲线轨距向直线轨距的过渡，按下列规定处理。

（1）有缓和曲线时，轨距加宽应在整个缓和曲线内递减，使其与超高顺坡和正矢递减三者同步。无缓和曲线时，则由圆曲线的始终点开始向直线递减，递减率一般不得大于 1‰。

（2）复曲线的两曲线轨距加宽不相等时，应在正矢递减范围，即半径变化点前后各 10m 范围内，从较大轨距加宽向较小轨距加宽均匀递减，如图 3-20 所示。

（3）两曲线轨距加宽按 1‰ 递减，终点间的直线长度应不短于 10m，不足 10m 时，如直线部分的两轨距加宽相等，则直线部分保留相等的加宽；如不相等，则直线部分从较大的轨距加宽向较小的轨距加宽均匀递减，如图 3-21 所示。

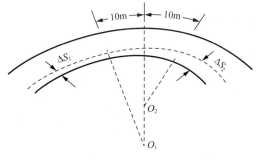

图 3-20　复曲线轨距加宽递减

在困难条件下，车厂线上的曲线轨距加宽，允许按不大于 2‰ 递减，曲线轨道的最大轨距，应能够确保行车安全，不会使列车掉道。在最不利的情况下，当轮对的一个车轮轮缘贴紧钢轨，另一个车轮的 1∶10 斜坡段部分应全部在轨头顶面范围内滚动，再根据轨距误差不超过 6mm 的规定，可以计算出曲线轨道最大允许轨距应为 1450mm，即曲线轨距最大加宽为 15mm。

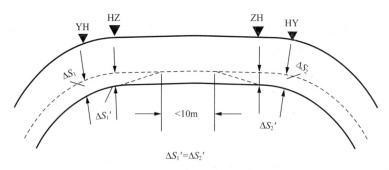

图 3-21　两曲线间有夹直线时轨距加宽递减

人们对于轨距大小优越性的认识始终没有统一，但近年来普遍认为，小轨距能保证轮对的相对稳定，减少车轮对钢轨的侧面冲击，从而减少钢轨与轮对的磨耗。

国家标准对于轨距的加宽标准做了调整,如表 3-10 所列。

曲线轨距加宽标准　　　　　　　　表 3-10

曲线半径(m)	轨距加宽(mm)	曲线半径(m)	轨距加宽(mm)	曲线半径(m)	轨距加宽(mm)
350 及以上	0	300～350	5	小于 300	15

(1)城市轨道交通正线的曲线,半径 300m 及以上的均不加宽。

(2)隧道内正线的曲线因半径均不小于 300m,故不设轨距加宽,车厂线路的曲线,加宽标准同国家铁路。

(六)曲线缩短轨

1. 缩短量的计算

(1)圆曲线缩短量按式(3-10)计算

$$\Delta L_1 = S_1 \frac{L_1}{R_1} \quad (3-10)$$

式中:ΔL_1——圆曲线内股缩短量;

S_1——两股钢轨中心线之间的水平距离(采用近似值 1500mm);

L_1——圆曲线长度(m);

R_1——圆曲线半径(m)。

(2)缓和曲线缩短量

$$\Delta L_2 = S_1 \cdot \frac{L_2}{2R} \quad (3-11)$$

式中:ΔL_2——缓和曲线内股缩短量(mm);

L_2——一端缓和曲线长度(m)。

(3)曲线总缩短量

$$\Delta L = \Delta L_1 + 2\Delta L_2 \quad (3-12)$$

(4)缩短轨需要量的计算

标准缩短轨的缩短量为:

①12.5m 钢轨:40mm、80mm、120mm。

②25.0m 钢轨:40mm、80mm、160mm。

首先选择缩短轨的规格将总缩短量除以单根缩短量,就是总根数。

2. 缩短轨铺设规定

直线段,两股钢轨接头相错量不得超过 40mm。

曲线段,两股钢轨接头相错量不得超过 40mm 加所采用的缩短轨缩短量的一半。

因此,凡曲线内股,累计缩短量超过标准缩短轨缩短量一半的时候即布置一根缩短轨。

3. 缓和曲线的要求

缓和曲线应符合下列要求:

(1)横向力与竖向力渐渐变动,不突然发生。
(2)外轨超高与轨距加宽在缓和曲线上全部完成。

4.缓和曲线的形位特征

(1)坐标,缓和曲线始终点坐标连续变化。
(2)偏角,缓和曲线始终点偏角连续变化。
(3)曲率,曲率连续变化。
(4)超高,超高随曲率变化而连续变化。
(5)曲率变化率,有直线型顺坡和曲线型顺坡两种。

5.缓和曲线设置长度(表3-11)

缓和曲线设置长度(m)　　　　表3-11

R\l	90	85	80	75	70	65	60	55	50	45	40	35	30
2000	30	25											
1500	40	35	30	25	20	20	20	20					
1200	50	40	35	30	25	20	20	20					
1000		50	45	35	30	25	20	20	20				
800	75		55	45	35	30	30	25	20	20			
700	75	70	65	50	40	35	30	25	20	20			
600	75	70	70	60	50	45	35	30	20	20	20		
500		70	70	65	60	50	45	35	20	20	20		
450			70	65	60	55	50	40	25	20	20	20	
400				65	60	60	55	45	25	20	20	20	
350					60	60	60	50	30	25	20	20	20
300						60	60	60	35	30	25	20	20
250							60	60	40	30	25	20	20
240									40	35	30	20	20
230									40	35	30	25	20
220									40	40	30	25	20
210									40	40	30	25	20
200									40	40	35	25	20
190									40	40	35	25	20
180									40	40	35	30	20
170									40	40	40	30	20
160										40	40	30	25
150										40	40	35	25

6.缓和曲线正矢

缓和曲线正矢是从直线向圆曲线方向渐渐由小变大的,其变化的大小称为缓和曲线正矢的递增率。

缓和曲线正矢递增率 = 圆曲线正矢 / 缓和曲线分段数。

缓和曲线任意点正矢 = 缓和曲线正矢递增率 × 自缓和曲线起点到所求点的距离 /10。

测点正好在缓和曲线始终点时的正矢：

缓和曲线始点正矢 = 缓和曲线正矢递增率 /6。

缓和曲线终点正矢 = 圆曲线正矢 - 缓和曲线始点正矢。

其余各测点的正矢 = 缓和曲线正矢递增率 × 由曲线起点到该测点的分段数。

例如，曲线半径 300m，缓和曲线长为 70m。

圆曲线正矢 =50000÷300=167（mm）

缓和曲线正矢递增率 =167÷7≈24（mm）

直缓点正矢 =24÷6=4（mm）

缓圆点正矢 =167-4=163（mm）

缓和曲线各测点的正矢：

1× 测点的正矢 =24×1=24（mm）

2× 测点的正矢 =24×2=48（mm）

3× 测点的正矢 =24×3=72（mm）

4× 测点的正矢 =24×4=96（mm）

5× 测点的正矢 =24×5=120（mm）

6× 测点的正矢 =24×6=144（mm）

三、曲线缩短轨配置及成段更换钢轨

（一）曲线缩短轨计算

线路上两股钢轨的接头应当对齐，而在曲线上由于外股轨要比里股轨长一些，所以要铺设同样长度的钢轨，里股钢轨接头必然比外股钢轨接头错前。为此，在曲线上里股应铺设缩短轨，里股轨线上的每根钢轨应比外股轨线上的钢轨略短，使两股轨线的接头可以对正。曲线外股轨线与内股轨线长度之差，即曲线里股的缩短量。其计算公式如下。

$$圆曲线里股缩短量(mm) = 1500 \times \frac{圆曲线长}{半径} \qquad (3\text{-}13)$$

同理：

$$一端缓和曲线里股缩短量(mm) = \frac{1500 \times (一端缓和曲线全长)}{2} \times 半径 \qquad (3\text{-}14)$$

$$缓和曲线里股任一点缩短量(mm) = \frac{1500 \times 缓和曲线起点至计算点长度的平方}{2} \times 半径 \times (一端缓和曲线全长) \qquad (3\text{-}15)$$

整个曲线里股轨线的缩短量,包括圆曲线和两端缓和曲线的缩短量的计算公式如下。

$$曲线总缩短量(mm) = \frac{15000 \times (圆曲线长 + 一端缓和曲线长)}{半径} \quad (3-16)$$

上述公式中,1500mm 为两股钢轨中心线间距离,圆曲线长、缓和曲线长和半径均以 m 为单位。

在使用这些公式时,若两端缓和曲线长度不等,可取平均值作为一端缓和曲线长;对于复曲线,据不同半径分别计算。由于曲线里股轨线在任意点都比外股轨线短,所以要里外股钢轨所有接头完全对齐,就必须使里股每根钢轨都缩短并且缩短量都不一样,这样就给施工和养护造成极大麻烦。为此,《铁路线路维修规则》允许正线直线段接头相错不超过 40mm,曲线地段不超过 40mm,加里股钢轨缩短量的一半。对于 12.5m 标准轨,有缩短量为 40mm、80mm、120mm 三种标准缩短轨;对于 25m 标准轨,有缩短量为 40mm、80mm、160mm 三种标准缩短轨。一个曲线根据其半径大小只能用一种缩短轨,见表 3-12。

标准缩短轨　　　　表 3-12

采用缩短轨类型 半径(mm)	12.5	25
400～1000	40	40、80
800～500	40	80、160
450～300	80	160
300～200	160	

每个曲线需要缩短轨的数量,是根据该曲线的缩短量和采用标准缩短轨类型确定的。

$$缩短轨根数 = \frac{总缩短量}{一根标准缩短轨缩短量} \quad (3-17)$$

(二)曲线缩短轨配置及成段更换钢轨

算出需用的缩短轨根数,取整数后,就可着手配置缩短轨。在运营线路上,可采用现场丈量的办法布置缩短轨,其方法如下:

(1)根据采用的缩短轨类型和算出的缩短轨根数配齐轨料。

(2)到现场,用皮尺或钢尺从曲线头附近钢轨接头量起,外股量一根标准轨长加一个轨缝长,里股也量同样长度。(图 3-22)。

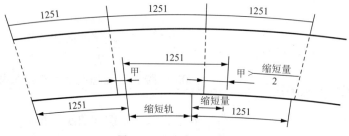

图 3-22　曲线缩短轨设置

(3)继续丈量,当数值甲大于采用的缩短轨缩短量的一半时,即在此根里股钢轨上作一记号,表示此轨要换缩短轨。

(4)然后把里股丈量起点向后退一缩短量的距离,按前面方法继续丈量,直到定出所有里股缩短轨的位置为止。

在新线,则只能通过计算来配置缩短轨。计算方法是逐根计算曲线范围内每个钢轨接头的里外股相错尺寸,即里股缩短量。当里股缩短量超过标准缩短轨缩短量的一半时,即配一根缩短轨,以保持里外股接头错开尺寸小于缩短量的一半。计算时一般用表格进行。计算步骤举例如下:

已知:缓和曲线长75m,圆曲线长28.27m,曲线半径400m,铺设长度12.5m的标准轨及缩短量为80mm的缩短轨。

① 计算曲线缩短量及缩短轨根数

曲线里股总缩短量 =1500×(28.27+75)÷4000=1549÷400=387.2mm

需用80mm缩短量的缩短轨根数 =387.2÷80=4.8 根,取5根。

② 计算由曲线起点到接头的距离(表3-13 第2栏)

第一根钢轨进入曲线的长度为7.06m,然后按照每节轨长为12.51m,包括轨缝10mm,逐根计算各个接头在曲线上的位置。缓和曲线内接头从缓和曲线起点算起,圆曲线内的接头从圆曲线起点算起。在计算第二缓和曲线的接头位置时,要先计算曲线上最后一根钢轨的接头位置,例中最后一根钢轨只有8.58m位在曲线上,然后再算出其他接头距缓和曲线起点,即曲线终点的距离。

③ 计算各个接头上的缩短量(表3-13 第3栏)

第一缓和曲线上的缩短量,即1~6号接头的缩短量,根据各接头距缓和曲线起点的距离,按公式(3-15)进行计算。第7号接头有5.39m,在第一缓和曲线内,有7.12m已进入圆曲线范围,因此它的缩短量应为缓和曲线总缩短量,再加上7.12m圆曲线的缩短量。圆曲线范围内接头总缩短量,应包括一个缓和曲线的缩短量,加圆曲线范围内的缩短量。第8号接头,如表3-13所示。

曲线短轨枕布置计算表 表3-13

接头号数	由缓和曲线或圆曲线起点到接头的距离(m)	应有的缩短量 (mm)	钢轨的类型	实际缩短量 (mm)	接头错开量 (mm)	附注
1	2	3	4	5	6	7
1	7.06	(1500×7.06²)÷(2×400×75)= 0.025×7.06²=1.2	0		−1.2	进入缓和曲线 7.06m
2	19.57	0.25×19.75²=9.5	0		−9.5	
3	32.08	0.025×32.08²=25.7	0		−25.7	
4	44.59	0.025×44.59²=49.7	×	80	+30.3	
5	57.10	0.025×57.10²=81.5	0		−1.5	

续上表

接头号数	由缓和曲线或圆曲线起点到接头的距离(m)	应有的缩短量（mm）	钢轨的类型	实际缩短量（mm）	接头错开量（mm）	附注
6	69.61	$0.025 \times 69.61^2 = 121.1$	×	160	+38.9	
7	5.39 7.12	$0.025 \times 75^2 = 140.6$ $140.6 + (7.12 \times 1500) \div 400 = 167.3$	0		-7.3	进入圆曲线7.12m
8	17.63	$140.6 + (17.63 \times 1500) \div 400 = 206.7$	×	240	+33.9	
9	8.46	$387.2 - 0.025 \times 71.13^2 = 260.71$	0	320	-2.2	进入缓和曲线3.87m
10	58.62	$387.2 - 0.025 \times 58.62^2 = 301.29$	×		+18.7	
11	46.11	$387.2 - 0.025 \times 46.11^2 = 334.0$	0		-14	
12	33.60	$387.2 - 0.025 \times 33.60^2 = 359.0$			-39.0	
13	21.09	$387.2 - 0.025 \times 21.9^2 = 376.1$	×	400	+23.9	
14	8.58	$387.2 - 0.025 \times 8.58^2 = 385.4$	0		+14.6	

注：其中"×"代表缩短轨，"0"代表标准。

第二缓和曲线上各接头的缩短量，从缓和曲线的起点或终点开始，各个接头的缩短量用整个曲线的缩短量减去由缓和曲线起点或终点至接头位置的缩短量。要注意第9号接头只有3.87m位于第二缓和曲线中。

1. 布置缩短轨

采用的标准缩短轨为12.420m，当计算的缩短量超过40mm时，即应配置一根缩短轨。表3-14中4、6、8、10、13为缩短轨，如图3-23所示。

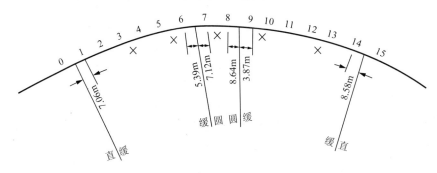

图3-23 曲线缩短轨布置图

2. 曲线上成段更换钢轨

轨道线路在运营中，经过一定的通过总重，线路就要按周期进行换轨大修，受投资不足的影响，在一些次要线路上，还要成段更换再用轨。成段更换钢轨可采用机械或人工施工两种方法。

人工换轨一般不动轨枕，只更换钢轨和连接零件。一般做法是：先把新换入轨连接成一定长度的轨组，并在轨组的轨缝中设置轨缝片，便留出轨缝。然后，在遵守限界要求的前提下,把新轨组布置在道心或枕木头上。

新旧轨长度应相等,为避免施工时大量串动钢轨,在布置轨组时,必须在两新轨组间留出一定的空头或搭头,如图3-24所示。

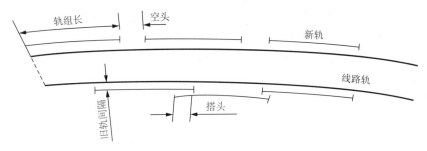

图3-24 换轨现场轨组布置示意图

根据半径不同,弧长不同的原理,空头和搭头长度计算方法如下:

$$\text{新旧轨组钢轨中心线弧线差} = \text{轨组长} \times \frac{\text{新旧轨组间的间隔} + \text{新旧轨头平均宽度}}{\text{曲线半径}}$$

(3-18)

新旧轨组间的间隔,新轨组放在轨枕头上时不小于150mm,新轨组放在道心时不小于300mm,为便于施工时拨起道方便,此距离一般为400mm左右。由于混凝土枕两端有些为斜坡枕面,这样新轨组只能放在道心。计算时,轨组长和曲线半径单位均为 m,轨组间隔和轨头宽度单位均为 mm。

$$\text{空头} = \text{新旧轨组弧线差} + \text{一个轨缝} \qquad (3-19)$$
$$\text{搭头} = \text{新旧轨组弧线差} - \text{一个轨缝} \qquad (3-20)$$

[例3-1] 在曲线半径为600m的轨道内侧散布和连接43kg/m钢轨,每段轨组长为100m,新旧轨的间隔为300mm,旧轨头宽60mm,43kg/m钢轨头宽70mm,如果预留轨缝为8mm时,求空头和搭头数值?

解:弧线差 $= 100 \times \dfrac{300 + \dfrac{60+70}{2}}{600} \approx 61\text{mm}$

空头 =61+8=69mm

搭头 =61-8=53mm

第二节 线路纵断面与技术标准

线路纵断面是线路中心线展直后在纵向垂直面上的投影。线路纵断面是由坡段及连接相邻坡段的竖曲线组成,坡段的特征由坡段长度和坡度值表示。线路坡度以轨面高程升降的高度与其长度之比的千分率来表示,上坡为正,下坡为负,平坡为零,不同坡段的分界点称为变坡点。

从行车角度来说,线路坡度应尽可能平缓,但受城市地质条件以及穿越市区的河流等地理条件的影响,有时必须要设置较大的坡度。再则,轨道由地下延伸到地面的时候,也需要爬坡。除了这些特殊情况以外,隧道内由于排水的需要,也不宜设置平坡。

由于区间隧道施工采用盾构法,因此有条件采用"高站位、低区间"纵断面形式。"高站位、低区间"纵断面具有如下优点:

(1)节省车站工程费用。

(2)列车进站上坡有利于制动,出站下坡有利于加速,节能省电,减少隧道温升。

这种线型必须在区间线路的最低处设置排水泵房,以排除区间隧道渗漏水和其他积水。

一、线路坡度

(一)坡度的概念

坡度发生变化的衔接部位称为变坡点。对于同一坡段来说,上坡的起点称为坡底,终点称为坡顶。同一坡度所持续的水平长度或距离称为坡长。

线路坡度是轨道线路重要的经济技术指标之一,轨道交通线路按地面高程差异分为地面线、地下线、高架线。地面线的坡度应与城市道路相当,以减少工程量。地下线的埋深受到所在地区工程地质、水文地质条件限制,还与隧道施工方法、地面建筑物和地下构筑物的情况等因素有关。高架线路应充分注意城市景观,考虑机车牵引能力,坡度尽量延长。

地铁由于高密度行车和大运量,为了保证行车安全和正点,设计原则要求列车失去部分(最大可达到一半)牵引力条件下,仍能用另一部分牵引力将列车从最大坡度上启动。因此最大坡度阻力以及各种阻力之和,不宜大于列车牵引力的一半。

列车在线路上运行,在某种情况下可能会停在最不利的地段上,如该地段不仅坡度大,而且处于小半径曲线上,再加上单位基本阻力和起动阻力,则空车和重车的最大坡度值为45‰~50‰。

另外从设置进出站合理加速度方面考虑,出站加速度的坡度取15‰~30‰;进站制动坡度也可在此范围内选择,但其值以偏小为宜。如果车站坡度太大,将增加列车进站制动力,会使乘客感到不舒适。

(二)坡度值

在同一坡度上,两点高程差与水平距离之比称为坡度值。坡度值上坡为正,下坡为负,平坡为零。坡度值的大小与列车运行的关系十分密切。由于轨道与列车之间的轮轨关系决定其摩擦阻力极小,远远不同于公路交通,所以轨道交通线路的坡度值有严格的规定。

(三)坡度表示法

线路坡度示意图的表示法如图3-25所示。

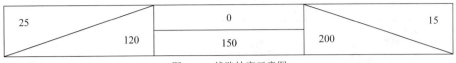

图3-25 线路坡度示意图

方框内斜线或水平线为坡度线,坡度线上方数据为坡度值,下方数据为坡长。方框下方数据为前进里程读数(单位:m),有的还在方框的角落里进一步标注更具体的数据。区间隧道的坡度设计规范规定:

1. 最大坡度

正线的最大坡度不宜大于30‰,困难地段可采用35‰,联络线、出入线的最大坡度不宜大于40‰(均不考虑各种坡度折减值)。

2. 最小坡度

隧道内和路堑地段的正线最小坡度不宜小于3‰,困难地段在确保排水的条件下,可采用小于3‰的坡度,个别地段为2‰;地面和高架桥上正线最小坡度在采取了排水措施后不受限制。

车站站台计算长度段线路应设在一个坡道上。有条件时车站宜布置在纵断面的凸形部位上,并设置合理的进、出站坡度。车站站台计算长度段线路,如确实有必要设计坡度时,坡度宜采用2‰,在困难条件下,可设在不大于3‰的坡道上。

地下车站一般设在3‰的坡道上,困难时设在2‰或不大于5‰的坡道上。

地面和高架桥上的车站站台计算长度段线路宜设在平坡道上,在困难地段应设在不大于3‰的坡道上。

车厂线宜设在平坡道上,条件困难时,库外线可设在不大于1.5‰的坡道上。

道岔宜设在不大于5‰的坡道上,在困难地段可设在不大于10‰的坡道上。折返线和停车线应布置在面向车挡或区间的下坡道上,隧道内的坡度宜为2‰,地面和高架桥上的折返线、停车线,其坡度不宜大于1.5‰。

线路坡段长度不宜小于远期列车长度,并应满足相邻竖曲线间的夹直线长度的要求,其夹直线长度不宜小于50m。最小坡段长度为一列车长,取为140m(列车6辆编组时,全长139.480m)。

(四)坡度标志

轨道线路根据地形变化,有上坡、下坡和平坡。在坡度标上用箭头表示坡度的变化,坡度值用每1000m的水平距离与线路升高或降低的数值之比的千分率表示。例如"4↗",就表示每1000m的水平距离线路升高4m。线路坡度标志如图3-26所示。

地下车站站台线路应在一个坡道上,最好为平坡,考虑到纵向排水沟的坡度,最大坡度一般为3‰,困难条件下为5‰。车站线路应尽量接近地面,这样不仅可以减少工程量,节约工程造价,也可以方便乘客进出车站。车站在有条件时,应尽量布置在纵剖面的凸形部位上,即车辆进站上坡、出站下坡,有利于列车的起动和制动。

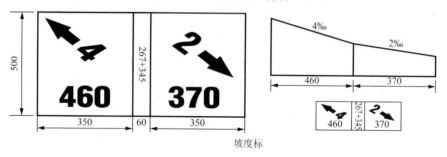

图3-26 线路坡度标志

地面和高架桥的车站站台段线路应设置在平道,在困难地段可设在不大于8‰的坡道上。设在隧道内的车站线路纵坡尽可能平缓,根据相关技术标准不宜大于5‰。隧道内的最小坡度主要为了满足纵向排水需要,一般情况下线路的坡度与排水沟坡度取一致,隧道内线路坡度一般不小于3‰。车厂线设在不大于1.5‰的坡道上,较大的坡度会使停车不稳,易发生溜车的危险事故。为了便于道岔的养护与维修,道岔应铺在较缓的坡道上,一般规定设在不大于5‰的坡度上,在困难的条件下可设在不大于10‰的坡度上。隧道内折返线和存车线,既要保持隧道内最小的排水坡度,又需满足停放车辆和检修作业的要求,一般选取20‰。

二、竖曲线

规范规定,坡段与坡段相连,相邻两坡段的坡度值,二者代数差大于等于2‰时,必须在变坡点设置竖曲线(表3-14)。这样,在垂直面上,用圆顺的曲线连接前后坡段,可以改善列车的运行条件。车站站台计算长度内和道岔范围内不得设置竖曲线,换而言之,该地段相邻坡度的代数差不大于2‰,竖曲线离开道岔端部的距离不应小于5m。

竖 曲 线 半 径　　　　　　　　　　表3-14

线　　别		一般情况(m)	困难情况(m)
正线	区间	5000	3000
	车站端部	3000	2000
联络线、出入线		2000	
车厂线		2000	

碎石道床线路竖曲线不得与平面缓和曲线重叠;当不设平面缓和曲线时,竖曲线不得与超高顺坡段重叠。

正线、联络线、出入线的直线和半径大于等于200m曲线的整体道床地段、半径大于等于 400m 曲线的碎石道床地段,以及长度大于 1000m 的试车线宜铺设温度应力式无缝线路。高架桥上无缝线路应在适当位置设置钢轨伸缩调节器。

三、竖曲线的计算

《地铁设计规范》明确规定,两相邻坡段的坡度代数差等于或大于 2‰ 时应设圆曲线形竖曲线连接。正线区间竖曲线半径一般情况下不小于 5000m,困难情况下不小于 2500m;车站端部竖曲线半径不小于 3000m,困难条件下不小于 2000m。

(一)圆曲线形竖曲线计算

圆曲线形竖曲线的几何要素按以下公式计算,如图 3-27 所示。

设 i_1、i_2——竖曲线两端切线的坡度(‰),上坡取(+)号,下坡取(-)号;

$i_1 \pm i_2 = s$——两相邻坡度的代数差;

T——切线长度 AV、BV(m);

C——竖曲线长度 AB 弧(m);

α——竖曲线中心角。

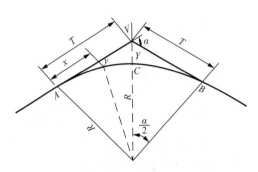

图 3-27 圆曲线形竖曲线的几何要素

计算公式

$$T = \frac{1}{2}R\tan\alpha = R \cdot \frac{s}{2000}$$
$$C = 2T = R \cdot \frac{s}{1000}$$
(3-21)

当 $R=20000$m 时,$T=10s$,$C=20s$;

$R=10000$m 时,$T=5s$,$C=10s$;

$R=5000$m 时,$T=2.5s$,$C=5s$。

为了使圆曲线形竖曲线不侵入平面曲线两端的缓和曲线之内或无砟桥梁上,设计时应保持变坡点距缓和曲线的始点或终点及无砟桥梁两端的距离不小于如下 T 值:相邻坡度代数差每 1‰,当 R 为 20000m、10000m 及 5000m 时,相应的 T 值为 10m、5m 及 2.5m。纵断面两变坡点之间的最小距离应保证竖曲线设置而不重叠,即应等于或大于 $2T$。

根据《铁路技术管理规程》对"各级铁路加力牵引坡度可用至 20‰"的规定,当相邻坡度的代数差为 20‰ 时,竖曲线半径采用 10000m,$2T$ 值等于 200m。故纵断面的坡段长度,即使在困难条件下,也不应短于 200m。

竖曲线纵距值计算公式如下

$$y = \frac{x^2}{2R}$$
(3-22)

在竖曲线的中央点

$$y = \frac{T^2}{2R} = \frac{1}{2R} \cdot \left(\frac{C}{2}\right)^2 = \frac{C^2}{8R} \tag{3-23}$$

式中：x——竖曲线上任意点距竖曲线始点或终点的距离(m)；

y——对应工值的纵距(m)。

圆曲线形竖曲线的切线长度及纵距值也可查表求取。

例如：

已知 i_1=+2‰，i_2=-4‰，s=6‰，V=K24+400，H_v=65.70m，试计算竖曲线上每20m点的高程？

解：当 R=10000m 时，据公式：

$T=5s=5×6=30$m

$L=10s=10×6=60$m

L 应为"C"竖曲线长。

竖曲线起点 A——K24+400-30=K24+370

竖曲线终点 B——K24+400+30=K24+430

各点坡度高程计算

K24+370　　h=65.70-30×2‰=65.64m

K24+380　　h=65.70-20×2‰=65.66m

K24+420　　h=65.70-20×4‰=65.62m

K24+430　　h=65.70-30×4‰=65.58m

各点纵距计算

K24+380 及 K24+420，$y = \dfrac{10^2}{2 \times 10000} = 0.005$m

K24+400，$y = \dfrac{30^2}{2 \times 10000} = 0.045$m

核对中央点纵距 $E_0 = \dfrac{C^2}{8R} = \dfrac{60^2}{8 \times 10000} = 0.045$m

竖曲线高程＝坡度高程纵距

具体内容见表 3-15。

竖 曲 线 计 算　　　　表 3-15

里程	坡度高程 h（mm）	纵距 y（m）	竖曲线高程 H（m）	附注
K24+370	65.640	0	65.640	i_1=+2‰
K24+380	65.660	0.005	65.655	i_2=-4‰ R=10000m
K24+400	65.700	0.0450	65.655	V=K24+400
K24+420	65.620	0.005	65.615	A=K24+370
K24+430	65.580	0	65.580	B=K24+430

当 $R=20000$m 或其他数值时,同本例计算步骤。竖曲线计算,也可用查表法,对切线长度、坡度高程和纵距等均可查表求取,简化计算手续。

(二) 抛物线形竖曲线计算

应用于铁路线路上的抛物线形竖曲线为二次抛物线(图 3-28),其基本性质:一为抛物线平行弦中点的轨迹为平行于抛线轴的直线即抛物线的直径;二为抛物线成对切线交点的轨迹是在直径上;三为在抛物线顶点所作的切线平行于被直径平分的弦;四为以 Ax、Ay 为坐标轴,抛物线的方程式为 $y=Ax^2$。

1. 对称式抛物线形竖曲线计算方法

据变坡率定义,可得出竖曲线的关系式,成为计算竖曲线的 3 个基本公式

$$C = \frac{i_1 \pm i_2}{\gamma} \times 20 = \frac{s}{\gamma} \times 20 \qquad (3-24)$$

$$\lambda = \frac{20}{C}(i_1 \pm i_2) = \frac{20}{C} \times s \qquad (3-25)$$

$$(i_1 \pm i_2) = s = \frac{C\gamma}{20} \qquad (3-26)$$

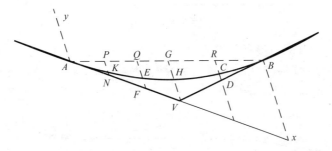

图 3-28 抛物线形竖曲线计算图

图 3-29 中,设

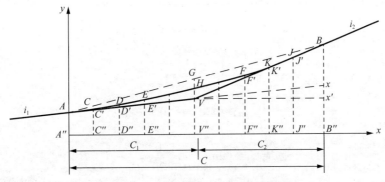

图 3-29 对称式抛物线形竖曲线计算图

V- 坡度线交点;i_1- 切线 AV 的坡度(‰);i_2- 切线 VB 的坡度(‰);C- 竖曲线水平长度 $C=A''B''$;C_1、C_2- 竖曲线 AH 及 HB 部分的水平长度

$$C_1 = C_2 = A''V'' = V''B'' = \frac{C}{2} \tag{3-27}$$

式中：h——坡度线上各点的高程(m)；

H——竖曲线上各点的高程(m)；

x——自竖曲线起点或终点至竖曲线上任意点的水平距离(m)；

y——切线至竖曲线上任意点的纵距(m)；

γ——每20m竖曲线长度的变坡率(‰)。

竖曲线上任意点的纵距计算，通用公式为

$$y = \frac{\gamma}{40} \times x^2 \tag{3-28}$$

竖曲线上任意点的高程计算：

实际高程 = 原坡度高程 + 纵距

为简化计算，求竖曲线上各20m点的纵距，可用下述算式

$$y_1 = 10\gamma = \frac{10}{n} \times s \tag{3-29}$$

$$y_2 = 2^2 \times y_1 = 4y_1 \tag{3-30}$$

$$y_3 = 3^2 \times y_1 = 9y_1 \tag{3-31}$$

$$y_4 = 4^2 \times y_1 = 16y_1 \tag{3-32}$$

[例3-2] 对称式凸形抛物线竖曲线计算：

图3-30中，$i_1 = +4.6$‰，$i_2 = -5.4$‰，$s = 10$‰，$y = $ K15+100，$H_v = 50.00$m，$\gamma = 1$‰。试计算竖曲线内每20m点的高程。

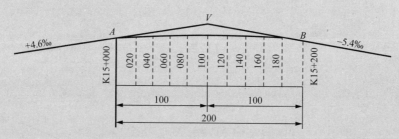

图3-30 对称式凸形抛物线竖曲线计算(尺寸单位：m)

解：由公式(3-24)，代入已知数后

$$C = \frac{S}{\gamma} \times 20 = \frac{10}{1} \times 20 = 200\text{m}$$

$$C_1 = C_2 = 100\text{m} \quad n = \frac{200}{20} = 10$$

竖曲线起点 A——K15+100−100=K15+000

竖曲线终点 B——K15+100+100=K15+200

各点坡度高程计算：

K15+000　　$C=50.000-100×4.6‰=49.540$m
K15+020　　$C=50.000-80×4.6‰=49.632$m
K15+040　　$C=50.000-60×4.6‰=49.724$m
K15+060　　$C=50.000-40×4.6‰=49.816$m
K15+080　　$C=50.000-20×4.6‰=49.908$m
K15+120　　$C=50.000-20×5.4‰=49.892$m
K15+140　　$C=50.000-40×5.4‰=49.784$m
K15+160　　$C=50.000-60×5.4‰=49.676$m
K15+180　　$C=50.000-80×5.4‰=49.568$m
K15+200　　$C=50.000-100×5.4‰=49.460$m

各点纵距计算：

K15+020　　$y_1=10\gamma=10×0.001=0.010$m

K15+040　　$y_2=4y_1=0.040$m

K15+060　　$y_3=9y_1=0.090$m

K15+080　　$y_4=16y_1=0.160$m

核对中央点纵距 $y_v=2.5\gamma n^2=2.5×0.001×10^2=0.250$m

K15+106　　$y_v=2.5n×s==2.5×10×10‰=0.250$m

竖曲线另一半各点纵距和以上各对称点相同。

竖曲线高程 $H=$ 坡度高程 $h-$ 纵距 y

竖曲线全部计算见表3-16。

竖曲线计算表　　　　　　　　　　　　表3-16

里程	坡度高程 h（mm）	纵距（m）	竖曲线高程 H（m）	附注
K15+000	49.540	0	49.540	
K15+020	49.630	0.010	49.622	
K15+040	49.724	0.040	49.684	
K15+060	49.816	0.090	49.726	$i_1=+4.6‰$
K15+080	49.908	0.160	49.748	$i_2=-5.4‰$
K15+100	50.000	0.250	49.750	$\gamma=1‰$
K15+120	49.892	0.160	49.732	$C=200$m
K15+140	49.784	0.090	49.694	$C_1=C_2=100$m
K15+160	49.676	0.040	49.636	$V=$k15+100
K15+180	49.568	0.010	49.558	$A=$k15+000
K15+200	49.460	0	49.460	$B=$k15+200

对称式凹形抛物线计算方法和上例基本相同。

2. 不对称式抛物线形竖曲线计算方法

在新建、改建铁路工程中,有时为了减少工程量,或进行线路大修时,为了达到理想的起道高度,在困难条件下,可采用不对称式抛物线形竖曲线。

图 3-31 中,设:

V——坡度线交点;

i_1——切线 AV 的坡度(‰);

i_2——切线 VB 的坡度(‰);

C——竖曲线 $ADHFB$;

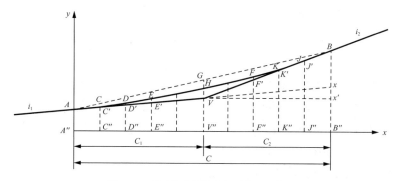

图 3-31 不对称式抛物线竖型曲线计算图

$C_1 = ADH \qquad C_2 = HFB$

$$C_1 \ne C_2 \ne \frac{C}{2}$$

D'——坡度线 AV 的中点,$A''D'' = D''V'' = \dfrac{C_1}{2}$;

F'——坡度线 VB 的中点,$V''F'' = F''B'' = \dfrac{C_2}{2}$;

i'——$D'F'$ 线的坡度(‰)。

由 i_1 和 i_2 两个坡度线形成的竖曲线 $ADHFB$,是由 i_1 与 i' 形成的竖曲线 ADH 和由 i' 和 i_2 形成的竖曲线 HFB 两部分组成的。所以,竖曲线 $ADHFB$ 可以分为 ADH 和 HFB 两个竖曲线分别进行计算。

$$i' = \frac{C_1 i_1 + C_2 i_2}{C_1 + C_2} = \frac{C_1 i_1 + C_2 i_2}{C} \tag{3-33}$$

竖曲线 ADH 和 HFB 具有不同的 γ 值

$$ADH \text{ 部分 } \gamma_1 = \frac{20}{C_1}(i' - i_1) \tag{3-34}$$

$$HFB \text{ 部分 } \gamma_2 = \frac{20}{C_2}(i_2 - i') \tag{3-35}$$

竖曲线内任意点纵距的计算方法:

由公式(3-28)可得

$$ADH \text{ 部分 } y_1 = \frac{\gamma_1}{40} \times x_1^2 \tag{3-36}$$

$$HFB \text{ 部分 } y_2 = \frac{\gamma_2}{40} \times x_2^2 \tag{3-37}$$

竖曲线 $ADHFB$ 内 V 点处的纵距 VH 为

$$y_v = \frac{\gamma_1 L_1^2}{40} = \frac{\gamma_2 L_2^2}{40} \tag{3-38}$$

当 $x_1=L_1/2$ 或 $x_2=L_2/2$ 时，竖曲线 ADH 及 HFB 中央点的纵距 DD' 及 FF'

$$y_D' = \frac{L_1}{8}(i' - i_1) \tag{3-39}$$

$$y_F' = \frac{L_2}{8}(i_2 - i_1') \tag{3-40}$$

(三)连续短坡计算

连续短坡的计算公式,可根据图 3-32 写出。

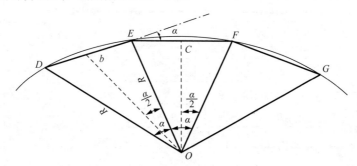

图 3-32　连续短坡计算图

令 $DE=EF=FG=l$ 为连续短坡的每段坡长(m)

$$Db=bE=EC=CF=\frac{l}{2} \tag{3-41}$$

设 g_b、g_c——DE、EF 短坡的坡度(‰);

　　n——连续短坡的数目;

　　L——连续短坡的总长度(m)。

$$\Delta g = g_b - g_c \tag{3-42}$$

$$R = \frac{l}{\tan \alpha} = \frac{l}{\Delta g} \tag{3-43}$$

故短坡数目

$$n = \frac{i_1 \pm i_2}{\Delta g} - 1 = \frac{\Delta i}{\Delta g} - 1 \tag{3-44}$$

短坡总长度

$$L = n_1 \left(\frac{\Delta i}{\Delta g} - 1 \right) \tag{3-45}$$

在实际计算工作中,如用上式求出的 n 值不为整数时,$L=n_1$ 不为25m的整倍数。这时可有两种计算方法,一是使短坡的外接圆半径尺一致,l' 不等于 l;二是使最先或最后一个短坡长度 $l'=l$。

[例3-3] 连续短坡计算,设 $i_1=-4‰$,$i_2=+3‰$,$\Delta i=7‰$,$\Delta g=1‰$,$l=50$m,$H_A=163.50$m,试计算连续短坡上每50m点的高程。

解:通过计算可得

$$n = \frac{\Delta i}{\Delta g} - 1 = \frac{7}{1} - 1 = 6$$

$$L = n \times l = 6 \times 50 = 300\text{m}$$

各点设计高程按短坡长度 l 和坡度 i 计算,全部资料见表3-17。

设计高程计算表　　　表3-17

里程	坡度长度 L(m)	短坡坡度 g(‰)	设计高程	附注
K92+350			163.50	
K92+400	50	−3	163.35	$i_1=-4‰$
K92+450	50	−2	163.25	$i_2=+3‰$
K92+500	50	−1	163.20	$\Delta g=1‰$
K92+550	50	0	163.20	$l=50$m
K92+600	50	+1	163.25	$L=300$m
K92+650	50	+2	163.35	$R=50000$m

第四章　道岔

> **岗位应知应会**
>
> 1. 学习道岔的类型、道岔的构造，深入学习和掌握道岔的几何尺寸检查及伤损标准判断。
> 2. 了解道岔的类型，了解城市轨道中各类型道岔分布。
> 3. 熟悉道岔的开向及道岔号数的意义，能分清道岔的左开和右开。
> 4. 掌握单开道岔的构造，能够全面检查道岔的几何尺寸。
>
> **重难点**
>
> 重点：道岔的构造和道岔的形位
> 难点：道岔的铺设、更换和道岔的维护

道岔是一种使机车车辆从一股道转入另一股道的线路连接设备。城市轨道交通道岔通常在有换乘或折返的车站、车辆段和停车场内铺设。道岔可以充分发挥线路的通过能力。

第一节　道岔的类型

道岔的类型有很多，可以按用途和平面形状、钢轨轨类型、转向角大小及轨下基础分类。

一、按用途和平面形状分类

道岔按用途和平面形状可分为：普通单开道岔（包括左开与右开），单开对称道岔，三开道岔，交分道岔（包括单式交分和复式交分），交叉道岔（包括单渡与交叉渡线）。各种道岔平面形状详见图4-1～图4-5。

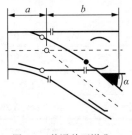

图4-1　普通单开道岔

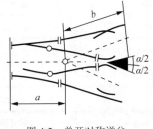

图4-2　单开对称道岔

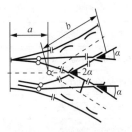

图4-3　三开道岔

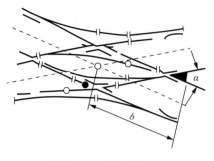 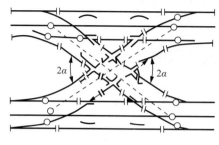

图 4-4　复式交分道岔　　　　　图 4-5　交叉渡线

二、按轨型分类

道岔按钢轨类型可分为 60kg/m 钢轨道岔、50kg/m 钢轨道岔。

三、按辙叉角大小分类

道岔常用的叫法"9 号道岔"、"7 号道岔"是按道岔的辙叉角大小命名。辙叉角定义详见本章第二节。常用道岔的辙叉角大小为：

7 号道岔　转向角 8°07′48″

9 号道岔　转向角 6°20′25″

12 号道岔　转向角 4°45′49″

四、按轨下基础类型分类

道岔按轨下基础类型可分为碎石道床道岔和整体道床道岔。城市轨道交通中碎石道床道岔一般设置在车辆段、停车场，整体道床道岔一般设置在正线换乘车站、折返车站等。

目前，国内城市轨道交通常用的道岔有如下几种类型，详见表 4-1。

城市轨道交通道岔类型　　　　　　表 4-1

道岔型号	道床类型	道岔形状	适用范围
60kg/m 9 号道岔	整体道床	单开、三开	地下线、高架线
60kg/m 9 号道岔	整体道床	交叉渡线	地下线、高架线
60kg/m 9 号道岔	碎石道床	单开道岔	试车线
50kg/m 7 号道岔	碎石道床	单开道岔	车辆段、停车场
50kg/m 7 号道岔	碎石道床	交叉渡线	车辆段、停车场

第二节 单开道岔的构造与技术标准

单开道岔是构造最简单的道岔,掌握单开道岔的构造和技术标准,对熟悉其他道岔有很大的帮助。

主股是直线,侧股向左或向右分支的道岔称为单开道岔。单开道岔可分为左开道岔、右开道岔。站在道岔尖轨前端,面向道岔,侧股向左分支的道岔为左开道岔,反之为右开道岔。

单开道岔由转辙部分(转辙器)、连接部分及辙叉部分三部分所组成。道岔构造图及各部位尺寸详见图 4-6、图 4-7。

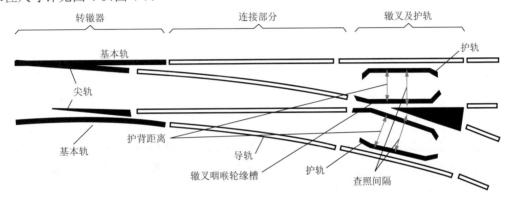

图 4-6 单开道岔的构造

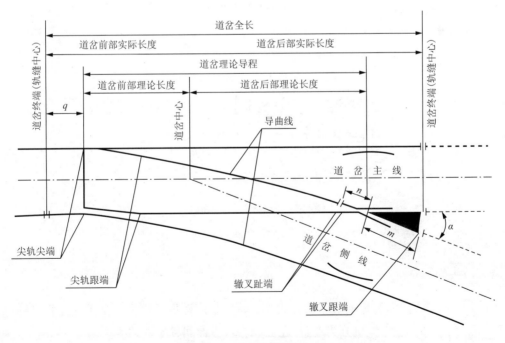

图 4-7 道岔各部位尺寸

一、转辙部分（转辙器）

转辙器是引导车轮转向的重要部分，由两根基本轨、两根尖轨及各种连接零件所组成，见图 4-8。

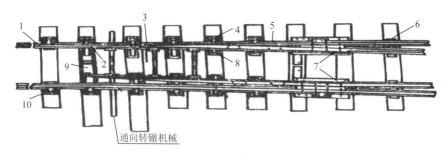

图 4-8 转辙器

1- 基本轨；2- 尖轨；3- 连接杆；4- 轨撑；5- 顶铁；6- 辙后顺坡垫板；7- 跟部结构；8- 滑床板；9- 通长垫板；10- 辙前垫板

（一）基本轨

基本轨由标准断面的钢轨制作，一侧为直基本轨，一侧为曲基本轨。设置藏尖式道岔尖轨的道岔基本轨，基本轨轨头需要刨切。基本轨除承受车辆的垂直压力外，还与尖轨共同承受车轮的横向水平推力，并保持尖轨位置的稳定。曲基本轨由于要保持轨距及与尖轨的密贴，必须按设计图规定进行弯折。基本轨的轨腰上设有用于连接轨撑和辙跟设备的螺栓孔。为增加钢轨表面硬度，提高耐磨性并保持与尖轨良好的密贴状态，基本轨头顶面应进行淬火处理，见图 4-9。

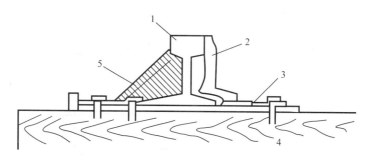

图 4-9 尖轨基本轨组成断面

1- 基本轨；2- 尖轨；3- 滑床板；4- 岔枕；5- 轨撑

（二）尖轨

尖轨由基本轨同型的标准轨刨切而成。尖轨的长度根据不同型道岔而异，同一型道岔，由于左开与右开的关系，**尖轨分为左直、左曲、右直、右曲四种不同的类型**。

为确保行车安全和尖轨的使用寿命，尖轨应具有足够的强度，规定其顶面宽 50mm 以上部分才能完全受力,顶面宽 20mm 以下部分完全由基本轨受力,20～50mm 范围内则为过渡段。因此,尖轨与基本轨,顶面应保持必要的高差,尖轨各部位必须采用降低值。其中,尖轨降低 23mm,尖轨头宽 20mm 处降低 2mm,尖轨顶宽 50mm 处为减低始点,该处及以上断面,尖轨顶面不得低于基本轨顶面 2mm 及以上,以免车轮挤宽轨距或挤翻基本轨。根据以上各断面减低值,可制作尖轨顶面的纵坡,详见图 4-10。

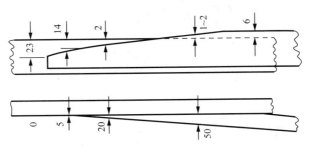

图 4-10　顶面高出基本轨的尖轨(尺寸单位:mm)

为使转辙器正确引导列车的行驶方向,尖轨尖端必须与基本轨紧密贴合。

(三)连接零件

1. 顶铁

安装于基本轨轨腰,作用是保持基本轨与尖轨之间的距离,使基本轨与尖轨共同承受水平力,并防止尖轨跳动,见图 4-11。

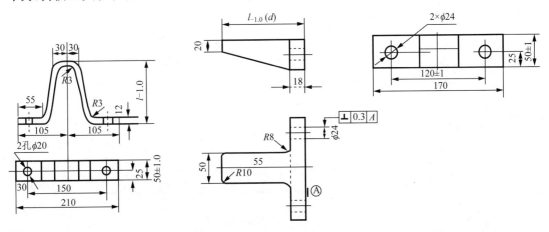

图 4-11　道岔顶铁(尺寸单位:mm)

2. 轨撑

安装于转辙器基本轨外侧,起防止基本轨横向移动、外翻和保持轨距的作用,见图 4-12。**轨撑损坏、变形,轨撑与轨头下颚或轨撑与挡板挡肩离缝大于 2mm 时,应及时维修和更换。**

3. 道岔拉杆和连接杆

道岔拉杆连接两根尖轨,并与转辙设备相连,以实现尖轨的摆动,故又叫转辙杆。连接杆为连接两根尖轨的杆件,其作用是加强尖轨间的联系,提高尖轨的稳定性。拉杆包括方钢、螺栓、螺母、开口销,见图4-13。

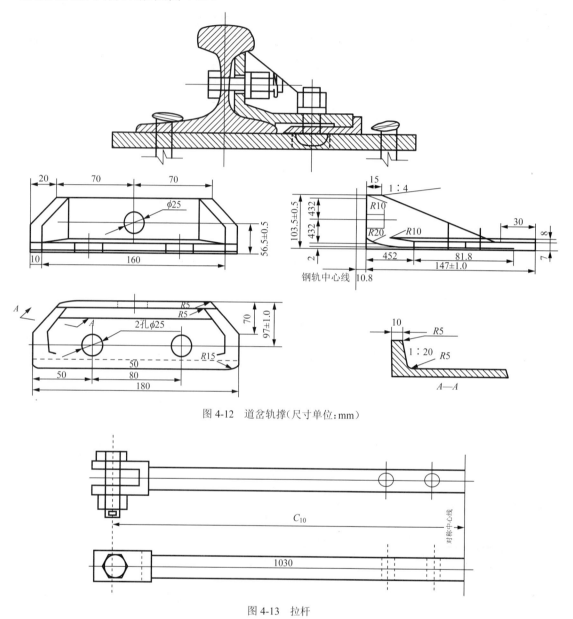

图 4-12 道岔轨撑(尺寸单位:mm)

图 4-13 拉杆

4. 垫板

垫板有轨撑垫板、滑床板、辙后垫板双肩平垫板等,其中滑床板支承尖轨与基本轨,保证尖轨在平台上能正常滑动。其余垫板均支承钢轨。

钢枕和钢枕垫板下胶垫及防切垫片损坏、失效应及时维修、更换。

5. 滑床板

在整个尖轨长度范围内的岔枕面上,有承托尖轨和基本轨的滑床板。滑床板有分开式和不分开式两类,不分开式用道钉将轨撑、滑床板直接与岔枕连接;分开式是轨撑由垂直螺栓先与滑床板连接,再用道钉或螺纹道钉将垫板与岔枕连接。尖轨放置于滑床板上,与滑床板间无扣件连接。

滑床板损坏、变形、滑床台磨耗大于 3mm 时,应及时修理或更换。

6. 扣件

采用分开式刚性可调扣板式扣件。其中包括中间扣板、接头扣板和支距扣板。

道岔各种零件应齐全,作用良好。缺少、损失、变形或作用不良时应修理或更换。

二、连接部分

连接转辙部分与辙叉部分之间的线路称为连接部分。 连接部分包括直股连接线和曲股连接线,曲股连接线又称为导曲线。

(一)连接部分构造

连接部分一般配置 8 根钢轨,直股 4 根,曲股 4 根。连接部分的短轨一般不短于 6.25m,见图 4-14。

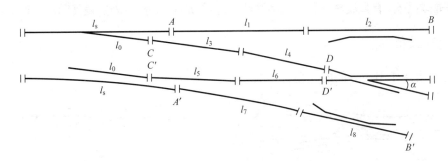

图 4-14 道岔钢轨布置图

(二)导曲线

导曲线的平顺性对列车侧向通过及道岔的整体稳定性有很大影响。

考虑到结构的复杂程度及制造加工的难易程度,道岔内一般不设轨底坡。

导曲线上设置超高对减轻行车摇晃有利,但由于道岔的导曲线较短,超高没有足够的递减距离。因此,一般不设置超高,但可以根据具体情况,自行设置 4～8mm 的超高,且在导曲线范围内顺坡不大于 2‰。

为防止导曲线钢轨在动荷载作用下的外倾及轨距扩大,可设置一定数量的轨撑或轨距拉杆。碎石道床道岔还可同线路一样设置一定数量的防爬器及防爬木撑,以减少钢轨的爬行。

三、辙叉及护轨部分

(一) 辙叉的组成及分类

辙叉由心轨、翼轨、护轨和连接零件所组成。道岔辙叉见图4-15。

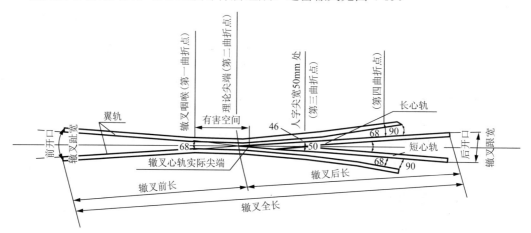

图4-15 道岔辙叉各部分名称示意图

按平面类型分,有直线辙叉和曲线辙叉两种;按构造类型分,有固定辙叉和活动辙叉两种。

(二) 辙叉角

辙叉心两侧作用边之间的夹角称辙叉角,见图4-16。

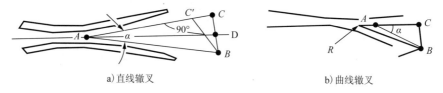

a) 直线辙叉　　　　　b) 曲线辙叉

图4-16 辙叉角

我国国标(TB 3171—2007)规定,道岔号数 n 以辙叉角 α 的余切值表示。

$$n = \frac{AB'}{BC'} = \cot\alpha \tag{4-1}$$

在心轨顶面找出100mm和200mm两处位置,量出两处的垂直距离(mm),将其除以100,所得之商,即为该道岔的号数,见表4-2。

表4-2 道岔号数及辙叉角

道岔号数 N	6	7	9	12
辙叉角 α	9°27′44″	8°07′48″	6°20′25″	4°45′49″

我国城市轨道交通的正线以9号道岔为主,车辆段、停车场以7号道岔为主。

目前，城市轨道交通的道岔均为整铸辙叉。整铸辙叉见图4-17。

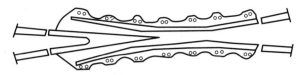

图4-17 高锰钢整铸辙叉

钢轨组合辙叉，规定叉心顶宽40mm及以上部分能承受全部车轮压力，而在30mm及以下部分完全不能受力。为防止车轮撞击辙叉尖端，应使该处叉心顶面低于翼轨顶面33mm以上。

整铸辙叉的翼轨和叉心，全部用高锰钢浇铸成一整体，主要尺寸和钢轨组合辙叉相同。由于高锰钢整铸辙叉的强度大，规定叉心顶宽35mm及以上部分承受全部车轮压力，而在20mm及以下部分完全不受力。翼轨顶面从辙叉咽喉到叉心顶宽35mm一段，用团堆焊法加高，见图4-18。

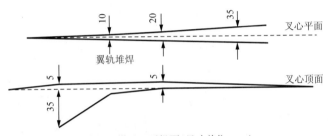

图4-18 辙叉心平纵面（尺寸单位：mm）

（三）辙叉连接零件

辙叉连接零件如下：

（1）叉跟间隔铁（或限位器）；
（2）半圆头方颈螺栓；
（3）叉跟垫板，辙叉垫板；
（4）辙岔扣板；
（5）辙叉接头夹板。

辙叉心两侧作用边的交点称为辙叉理论中心（理论尖端），**由于制造原因，实际上辙叉尖端6～10mm宽度，称为辙叉实际尖端。从辙叉咽喉到实际尖端，有一段轨线中断的空隙，称为道岔的"有害空间"**，见图4-19。

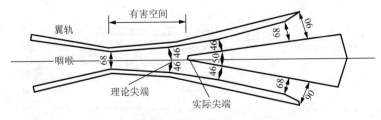

图4-19 道岔有害空间（尺寸单位：mm）

(四)护轨

车轮通过有害空间时,叉心容易受到撞击,因此,必须在其两侧设置护轨,以引导车轮正确行驶。护轨是固定型辙叉的重要组成部分,**护轨的组成包括平直段、两侧缓冲段和开口段**,见图4-20。

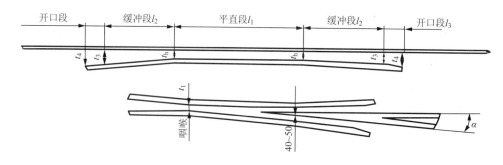

图4-20 道岔护轨

目前,我国道岔的护轨类型主要有钢轨间隔铁型、H型和槽型三种,前两种见图4-21所示。

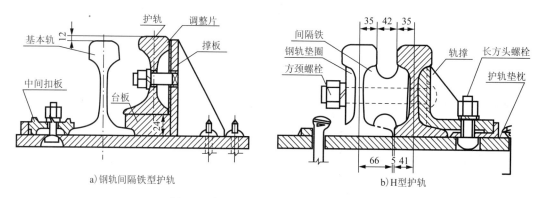

图4-21 护轨类型及其结构(尺寸单位:mm)

(五)辙叉趾距与跟距

单开道岔辙叉从趾端到跟端的长度称辙叉全长,从趾端到理论中心的距离称辙叉趾距,从辙叉跟端到理论中心的距离称辙叉跟距,见图4-22。

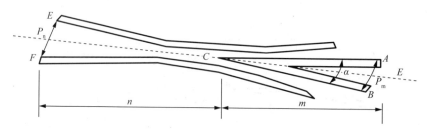

图4-22 辙叉趾距和辙叉跟距

（六）查照间隔（图 4-23、图 4-24）

护轮轨头部外侧至辙叉心轨工作边的距离称为查照间隔 $D_心$。

护轮轨头部外侧至辙叉翼轨工作边距离称为查照间隔 $D_翼$（也叫作护背距离）。

相关技术数据在道岔的几何形位中介绍。

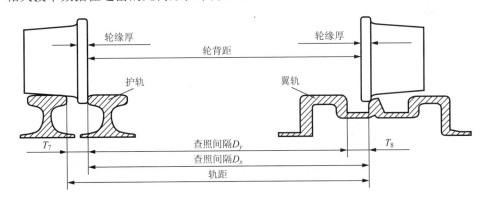

图 4-23　查照间隔 D_x、D_y（也称为护背距离）立面示意图

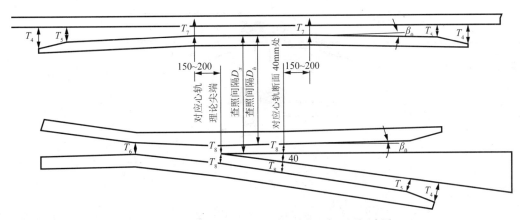

图 4-24　查照间隔 D_x、D_y（也称为护背距离）平面示意图

四、岔枕

地面碎石道床线路的道岔，岔枕以木枕为主，具体根据设计要求布置。

地下整体道床线路的道岔，岔枕全部采用钢筋混凝土预制块（短枕）。

第三节　道岔形位与技术标准

道岔正确的几何形位，是保证列车安全和平顺通过的必要条件。尤其是转辙器部分，是行车安全的关键部位。因此,研究道岔的几何形位非常重要。

按照道岔的三个组成部分,道岔的几何形位分为转辙器的几何形位、导曲线的几何形位和辙叉的几何形位。

一、转辙器的几何形位

道岔转辙器上需要确定的几何尺寸主要有最小轮缘槽和尖轨动程。

(一)最小轮缘槽

当使用曲线尖轨直向过岔时,应保证在最不利条件下,即具有最小宽度和轮对一侧车轮轮缘紧贴直股尖轨时,另一侧车轮轮缘能顺利通过而不冲击尖轨的非工作边,如图 4-25 所示。此时,曲线尖轨在其最突出处的轮缘槽,较其他任何一点的轮缘槽为小,称曲线尖轨的最小轮缘槽 t_{min}。

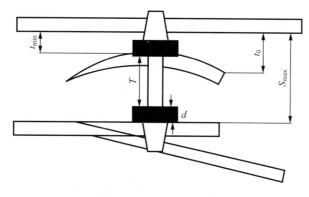

图 4-25 曲线尖轨轮缘槽

要保证轮对顺利通过该轮缘槽,而不以轮对和轮缘撞击尖轨的非工作边,轮缘槽的宽度应取以下最不利组织时的数值

$$t_{min} \geqslant S_{max} - (T+d)_{min} \qquad (4-2)$$

式中:S_{max}——尖轨突出处直向线路轨距的最大值,计算时还应考虑轨道和弹性扩张和轨道公差。

我国实际采用的 $t_{min} \geqslant 68mm$,同时最小轮缘槽 t_{min} 也是控制曲线尖轨长度的因素之一,为缩短尖轨长度,不宜规定得过宽,**根据经验可减少至 65mm。**

对于直线尖轨来说,发生在尖轨跟端。尖轨跟端轮缘槽应不小于 74mm。

(二)尖轨动程

尖轨尖端非作用边与基本轨作用边之间的拉开距离称为尖轨动程,它应保证具有最不利条件的轮对通过而不挤压或碰撞尖轨,见图 4-26(最不利指轮背距最小、轮缘最薄)。

尖轨动程规定在距尖轨尖端 380mm 的第一拉杆中心量取。由于目前各种转辙机的动程已定型，故尖轨动程设计应与转辙机的动程配合。目前大多数转辙机的标准动程为 152mm 和 160mm。

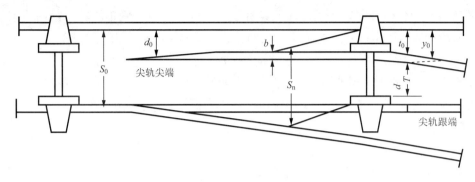

图 4-26 直线尖轨尖端与跟端

其他牵引点动程可根据尖轨转换后，由距尖轨跟端距离按比例确定。德国道岔中也有各牵引点动程设置相等的情况。根据各牵引点动程，将尖轨视为承受牵引力和各滑床台摩擦力的变截面悬臂梁，采用有限单元法，即可计算出各牵引点处转换机需提供的转换力。目前我国转换机所能提供的最大转换力为 6kN。通常牵引点数量越少、滑床台摩擦系数越高，所需要的牵引力越大，尖轨越不易转换到位。

城市轨道交通中 50kg/m 钢轨 7 号道岔一般设计一个牵引点，动程为 152mm；60kg/m 钢轨 9 号道岔一般设计两个牵引点，第一个动程为 160mm，第二个动程为 84mm（或 70mm）。

二、导曲线的几何形位

导曲线部分需要确定的几何尺寸，主要是导曲线外轨工作边上各点以直向基本轨作用边为横坐标轴的垂直距离，也称为导曲线支距。它对正确设置导曲线并保持其圆顺度起着十分重要的作用。导曲线支距是检查道岔几何不平顺的重要指标之一。

导曲线的支距计算、测点位置及允许误差详见第四节。城市轨道交通中常见道岔支距值如下表 4-3 所示。

道 岔 支 距　　　　　表 4-3

道岔类型类	支 距 值							
P50-1/7 号单开道岔	162	269	403	563	751	965	1207	1254
P60-1/9 号单开道岔	328	450	593	755	938	1141	1241	—

三、辙叉及护轨的几何形位

城市轨道交通一般设置固定辙叉（高锰钢整铸式辙叉），固定辙叉及护轨需要确定的几何形位主要是辙叉咽喉轮缘槽、查照间隔及护轨轮缘槽、翼轨轮缘槽和有害空间。

(一)辙叉咽喉轮缘槽

辙叉咽喉轮缘槽确定的原则是保证具有最小宽度的轮对一侧车轮轮缘紧贴基本轨时,另一侧车轮轮缘不撞击辙叉的翼轨(图4-27)。这时最不利的组合为

$$t_1 \geqslant S_{max} - (T+d)_{min} \tag{4-3}$$

按照我国《铁路技术管理规程》规定:道岔轨距允许的最大误差为3mm;轮对内侧最小距离为1350mm,对轮在荷载作用下车轴可能发生弯曲后,内侧距变化率为 −2 ～ 2mm;轮缘厚度最薄为22mm,则

$$t_1 \geqslant (1435+3) - (1350-2) - 22 = 68\text{mm}$$

t_1不宜规定过宽,否则将不必要地增大有害空间。

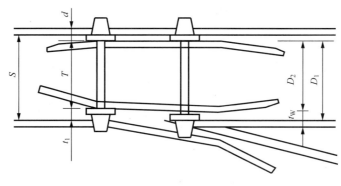

图4-27 辙叉图

(二)查照间隔 D_1 及护背距离 D_2

护轨作用边至心轨作用边的查照间隔 D_1 确定的原则是具有最大宽度的轮对通过辙叉时,一侧轮缘受护轨的引导,而另一侧轮缘不冲击叉心或滚入另一线。这时最不利的组合为

$$D_1 \geqslant (T+d)_{max} \tag{4-4}$$

式中:T——车轮轴距;

d——车轮宽度。

按照我国《铁路技术管理规程》规定:**标准轮对内侧距离最大为1356mm,对轮在荷载作用下车轴可能发生弯曲后,内侧距变化率为 −2 ～ 2mm;轮缘厚度最厚为33mm;代入具体值,取$(T+d)$较车辆轮更大的机车轮为计算标准**,求得

$$D_1 \geqslant (1356+2)+33 = 1391\text{mm}$$

护轨作用边至翼轨作用边的护背距离 D_2 确定的原则是具有最小宽度的轮对直向通过时不被卡住,必须有

$$D_2 \leqslant T_{min} \tag{4-5}$$

代入具体值,取 T 较机车轮更小的车辆轮为计算标准,并考虑车辆轴上弯后轮对内侧距

的减小值 2mm，则

$$D_2 \leq 1350-2=1348\text{mm}$$

显然，**查照间隔 D_1 只能有正误差，不能有负误差，容许变化范围为 1391～1394mm**。同样，**护背距离 D_2 只能有负误差，不能有正误差，容许变化范围为 1346～1348mm**。

（三）护轨中间平直段轮缘槽

如图 4-28 所示，护轨中间平直段轮缘槽 t_{g1} 应确保 D_1 不超出规定的容许范围，计算公式为：

$$t_{g1}=S-D_1-2 \tag{4-6}$$

式中，2mm 为护轨侧面磨耗限度。取 $S=1435$mm，$D_1=1391～1394$mm，得 $t_{g1}=39～42$mm，一般取为 42mm。

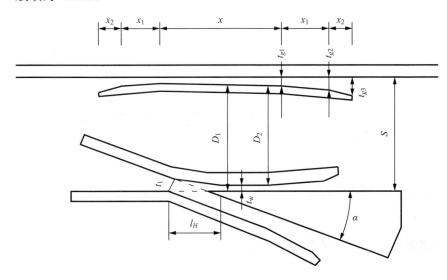

图 4-28　护轨尺寸图

为使车轮轮缘能顺利进入护轨轮缘槽内，护轨平直段两端应分别设置缓冲段及开口段。终端轮缘槽 t_{g2} 应保证有和辙叉咽喉轮缘槽相同的通过条件，即 $t_{g2}=t_1=68$mm。在缓冲段的外端，再各设开口段，开口段终端轮缘槽 t_{g3} 应能保证线路轨距为最大允许值时，具有最小宽度的轮对能顺利通过，而不撞击护轨的终端开口，由此得

$$t_{g3}=1456-(1350+22-2)=86\text{mm}$$

实际采用 $t_{g3}=90$mm，用把钢轨头部向上斜切的方法得到。

护轨平直部分长 x，相当于辙叉咽喉起至叉心顶宽 50mm 处止，外加两侧各 100～300mm。缓冲段长 x_1 按两端轮缘槽宽计算确定，开口段长 $x_2=150$mm。

（四）辙叉翼轨平直段轮缘槽 t_w

根据图 4-28，辙叉翼轨平直段轮缘槽 t_w 应保证两查照间隔不超出规定的容许范围，计

算公式为

$$t_w = D_1 - D_2 \tag{4-7}$$

采用不同的 D_1、D_2 组合，得到 t_w 的变化范围为 43～48mm。我国规定采用 46mm，从辙叉心轨尖端至心轨宽 50mm 处，t_w 均应保持此宽度。为了减少顺向过岔时翼轨的冲击角，也可将翼轨平直段的防护宽度放宽至心轨顶宽 20～50mm 范围内。

辙叉翼轨轮缘槽也有过渡段与开口段，其终端轮缘槽宽度、缓冲段的转折角与护轨相同。辙叉翼轨各部分长度可比照护轨作相应的计算。

（五）有害空间 l_h

辙叉有害空间长度 l_h 可采用下式计算

$$l_h = \frac{t_1 + b_1}{\sin\alpha} \tag{4-8}$$

式中，b_1 为叉心实际尖端宽度，通常可取为 10mm。因 α 很小，可近似地取 $\frac{1}{\sin\alpha} \approx \frac{1}{\tan\alpha} = \cot\alpha = N$，所以，上式可改写成

$$l_h \approx (t_1 + b_1)N \tag{4-9}$$

取 t_1=68mm，b_1=10mm，则 7 号、9 号、12 号及 18 号道岔的有害空间分别为 546mm、702mm、936mm 及 1404mm。

四、道岔几何形位的检查标准

（一）道岔轨距常检部位和各部位标准及允许偏差

城市轨道交通 60kg/m 钢轨 9 号、50kg/m 钢轨 7 号单开道岔轨距及各部分轨距允许偏差见表 4-4。其他类型的道岔按标准图办理。

道岔轨距标准和许偏差表　　　　表 4-4

道岔轨距		60kg/m 钢轨 9 号		50kg/m 钢轨 7 号	
		标准（mm）	允许偏差（mm）	标准（mm）	允许偏差（mm）
前顺坡终点		1435	+3，-2	1435	+3，-2
尖轨尖端		1440	+1，-1	1445	+1，-1
尖轨中部	直股	1440	+3，-2	1435	+3，-2
	曲股	1440	+3，-2	1445	+3，-2
尖轨跟端	直股	1440	+3，-2	1435	+3，-2
	曲股	1440	+3，-2	1446	+3，-2
导曲线前	直股	1435	+3，-2	1435	+3，-2
	曲股	1440	+3，-2	1445	+3，-2

续上表

道岔轨距		60kg/m 钢轨 9 号		50kg/m 钢轨 7 号	
		标准(mm)	允许偏差(mm)	标准(mm)	允许偏差(mm)
导曲线中	直股	1435	+3, -2	1435	+3, -2
	曲股	1440	+3, -2	1445	+3, -2
导曲线后	直股	1435	+3, -2	1435	+3, -2
	曲股	1440	+3, -2	1445	+3, -2
叉心前	直股	1435	+3, -2	1435	+3, -2
	曲股	1435	+3, -2	1435	+3, -2
叉心中	直股	1435	+3, -2	1435	+3, -2
	曲股	1435	+3, -2	1435	+3, -2
叉心后	直股	1435	+3, -2	1435	+3, -2
	曲股	1435	+3, -2	1435	+3, -2

(二)道岔轨距的顺坡要求

道岔各部分轨距加宽应有适当的递减距离,以保证列车通过时的行驶平稳。

(1)尖轨尖端的轨距加宽应按不大于 6‰ 的递减率向道岔外方递减至基本轨接头。

(2)尖轨尖端与跟端轨距的差数,直尖轨在尖轨长度范围内均匀递减,曲尖轨按标准图办理。

(3)尖轨跟端直向轨距加宽,向辙叉方向递减,距离 1.5m。

(4)导曲线部分的轨距加宽,其递减距离至导曲线起点为 3m,至导曲线终点为 4m。郑州轨道交通 1 号线 P50-7# 为前 1m 后 2m,P60-9# 为前 2m 后 2m。

(5)对口道岔两尖轨尖端距离大于 6m,尖端轨距若相等时不作递减,若不相等时应从较大轨距向较小轨距递减。两尖轨尖端距离大于 6m,应按规定递减,但中间应有不短于 6m 的轨距相等段。道岔前端与另一道岔的后端相连时,轨距递减率原则上不应超过 6‰。

(三)道岔支距检查

道岔支距点一般从尖轨跟端开始,每 2m 设一个点,由于其总长度不是 2 的倍数,故终点处的分段距离不是整数。

导曲线支距允许误差为 2mm,用 5m 弦测量,连续正矢差不得超过 2mm,最大与最小差不得大于 3mm。附带曲线用 10mm 弦量连续正矢差不得超过 2mm。

(四)轮缘槽宽度检查

轮缘槽宽度检查主要包括护轨轮缘槽、辙叉心轮缘槽。

(1)护轨平直部分轮缘槽标准宽度:P60-1/9 和 P50-1/7 均为 42mm,如侧向轨距为 1441mm,则侧向轮缘槽标准宽度为 48mm,容许误差为(+3, -1) mm。

(2)辙叉心理论尖端至心轨宽 50mm 处轮缘槽标准宽度为 46mm,容许误差为(+3,-1)mm。

(3)尖轨非工作边与基本轨工作边的最小距离为 65mm,容许误差为(0,-2)mm。

(五)道岔密贴检查

检查尖轨和基本轨、尖轨和滑床板是否密贴,间隙不能大于 2mm。检查轨撑和基本轨是否密贴,其间隙不能大于 1mm。

(六)其他检查

(1)转辙器必须扳动灵活,曲线尖轨动程不能小于设计值。

(2)护轨头部外侧至辙叉心距离为 1391mm,容许偏差为(+2,0)mm,至翼轨作用边的距离为 1348mm,容许偏差为(0,-1)mm。

(3)轨顶水平在全长范围内高低差不应大于 2mm。

(4)限位器:限位器 A 块和限位器 B 块之间的间隙应为 7 ± 1mm。

第四节 导曲线支距及附带曲线与技术标准

一、导曲线支距

(一)定义及测量方法

导曲线外轨工作边上各点到直基本轨工作边的垂直距离称为导曲线支距(图 4-29),正确的支距反映导曲线正确的圆顺度。支距点一般从尖轨跟端开始,每 2m 设一个点,由于其总长度不是 2 的倍数,故终点处的分段距离不是整数。

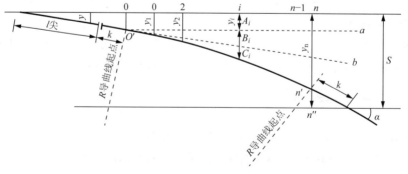

图 4-29 导曲线支距示意图

导曲线支距允许误差为 2mm，用 5m 弦测量，连续正矢差不得超过 2mm，最大与最小差不得大于 3mm。

(二) 导曲线支距的计算

导曲线支距的计算比较烦琐，实际运用较少，本书不做详细介绍。

二、附带曲线

附带曲线是由道岔侧股引出一与导曲线成反向的曲线，它与道岔有着密切的联系。

附带曲线的方向、位置正确与否，直接影响行车安全与平稳，同时也是确保道岔质量的关键所在，所以应与道岔一起进行保养。整体道床道岔比较稳定，应加强观察道岔附带曲线几何尺寸、钢轨磨耗等变化情况；碎石道床道岔随着列车的振动，几何形位容易发生变化，因此，需要定期观察和拨正。按照附带曲线各支距点进行拨道整正，确保附带曲线方向、位置的正确。

(一) 附带曲线的规定

附带曲线的规定如下：

(1) 两平行股道的线间距不大于 5.20m，大于 5.20m 时就不属于岔后附带曲线范畴。

(2) 从辙叉与附带曲线始点的直线段不得短于 6m（这是为了有利于行车，不致使机车固定轴距的前后两个轮同时跨入两反向曲线，因此，一般情况下不得短于 12m，如因条件限制，直线段也不得短于 6m）。

(3) 附带曲线半径不得小于该组道岔的导曲线半径，但也不宜大于导曲线半径的 1.5 倍（因为太大了，直线长度就不足）。通常采用：145m、180m、200m、230m、250m、280m、300m、350m、400m、450m 和 500m。

(4) 附带曲线可以设置超高，但超高不宜大于 15mm。一般情况下，9 号道岔为 10mm。顺坡率不得大于 0.125%。

(5) 轨距加宽与一般曲线相同，按 0.11% 递减，条件限制时（尤其是向夹直线方向递减时）应不大于 0.13%。

(6) 附带曲线为圆曲线，不设缓和曲线（因曲线较短，设置缓和曲线后，满足不了中间曲线大于 20m 的要求）。

(7) 附带曲线应圆顺，用 10m 弦量正矢其连续误差，试车线不得超过 3mm，站线不超过 4mm。

(8) 附带曲线支距是指直股线路内股钢轨工作边到附带曲线外股工作边的垂直距离。支距点的线间距是以 5m 计算的，如果不是 5m，则各点横距和支距应给予修正。

（二）附带曲线的维修标准

附带曲线用 10m 弦量连续正矢差允许偏差为 4mm。其轨距、水平标准参照道岔轨道静态几何尺寸容许偏差管理值。

第五节　影响道岔通过速度的因素

一、道岔允许通过速度

道岔允许通过速度见表 4-5、表 4-6。

直向允许过岔速度　　表 4-5

道岔号	咽喉至辙叉理论尖端（mm）	$\sin\beta_{咽}$	计算直向允许通过速度 $V=\dfrac{\sqrt{9}}{\sin\beta_{咽}}$（km/h）	直向允许通过速度（km/h）
7			70	70
8	544	0.0404	74.3	
9	612	0.03	100	100
10	680	0.0324	92.5	
11	748	0.0294	102.0	
12	816	0.027	111.1	110

侧向过岔速度　　表 4-6

道岔号	转辙部分		导曲线			规定的最高容许速度（km/h）
	转辙角	$V=\dfrac{0.806}{\sin\beta}$	导曲线半径（m）	$V=2.453\sqrt{R}$	$V=2.550\sqrt{R}$	
8	1°44′11″	26.6	148.790	29.2		25
9	1°19′12.7″	35	180.7175	33		30
10	1°19′12.7″	35	230.7175	37.3		35
11	1°04′18″	43.1	280.7175	41.1		40
12	1°04′18″	43.1	330.7175	44.6		45

二、道岔直向容许通过速度的影响因素

影响道岔直向容许通过速度的主要因素包括机车车辆性能、道岔轨型、道岔号数、道岔结构(含轨下基础)和信号专业转换系统(含封闭装置)。

三、道岔侧向容许通过速度的影响因素

道岔侧向容许通过速度的影响因素包括机车车辆性能、导曲线线型，导曲线半径和道岔结构。

道岔侧向最高允许通过速度是影响线路通过能力和线路道岔型号选取的重要因素，道岔的侧向最高允许通过速度设计过高，势必要求选取的道岔号码加大，不仅增加设计、生产的技术难度，而且对道岔铺设地面条件要求高，增加施工难度，加大建设投资；反之，道岔侧向最高允许通过速度设计过低，则直接影响线路通过能力以及线路使用效率和列车的运行效果。因此合理提出道岔侧向最高允许通过速度要求，对线路设计、建设和运营都具有重要意义。城市轨道交通中正线一般在换乘站、回返站设置道岔，车厂线道岔较多，道岔侧向通过速度主要影响车厂线道岔的选型。

确定合理的道岔侧向最高允许通过速度的主要目的是：

(1)保证满足一定的线路使用效率，即保证满足最小运行间隔时间。

(2)保证单列列车的运行效率，即确保单列列车的旅行速度达到一定水平，满足所承运旅客出行的需要。

(3)确保合理的经济效益。

第五章　无缝线路

> **岗位应知应会**
>
> 1. 了解无缝线路的基础知识。
> 2. 了解基本温度力图和伸缩区长度计算。
> 3. 熟悉无缝线路位移观测周期和相关技术。
> 4. 掌握无缝线路相关问题的应急处理。
>
> **重难点**
>
> 重点：无缝线路基本温度力图和伸缩区长度计算。
> 难点：无缝线路的相关计算。
> 　　　胀轨、跑道和钢轨折断。

第一节　无缝线路基本知识

一、无缝线路简介

无缝线路的发展经历了两大阶段,第一阶段由普通线路过渡到一般无缝线路,约 1~2km 长度,每段无缝线路作为一个行车信号专业的闭塞区段,两端设置缓冲区,并装有信号专业设备。

随着无缝线路技术的发展,人们又将一般无缝线路进一步焊接连成几十公里甚至 100~200km 的长度,这样,超长型无缝线路便应运而生。

（一）无缝线路的优点

无缝线路是一种新型的轨道结构形式。由于钢轨接头是线路的薄弱环节,列车通过时,车轮对接缝处轨端发生巨大的冲击振动,不仅影响行车平稳和乘客的舒适,还加剧轨道设备的破损,如碎石道床发生局部下沉,导致空吊板、整体道床发生裂缝,车轮、钢轨接头及连接零件发生磨耗和伤损等,接头病害一直被人们认为是轨道的重要病害之一。

无缝线路是由多根标准长度的钢轨焊接而成的线路,无缝线路与普通线路比较,在相当长的一段线路上消灭了钢轨接头,因而具有行车平稳、旅客舒适、节省接头材料,降低维修费用、延长线路设备和机车车辆的使用寿命等优点,并能适应高速行车的要求,因此它是铁路轨道发展方向之一。

(二)无缝线路类型

按照处理长期因轨温变化而起的钢轨内部温度力的方式不同,**无缝线路分为温度应力式和放散温度应力式两种。**

我国的温度应力式无缝线路,是由两根长钢轨及两端2~4对标准轨(或厂制缩短轨)组成。两端接头采用夹板接头形式。铺设无缝线路时,要用中间扣件予以锁定,使之在温度变化时不能自由伸缩,因而在钢轨内部产生温度力,温度力的大小随轨温变化幅度不同和截面积不同而不同。一般不放散其钢轨的温度力。

放散温度应力式无缝线路又分为自动放散式和定期放散式两种。一般在温差较大地区和特大桥上,为了消除和减少钢轨内的温度力和尽量消除桥梁伸缩附加的影响而采用。

自动放散温度应力式无缝线路,是在长轨条两端设置类似桥梁温度调节器的钢轨伸缩接头,并使用特制的中间扣件,不设防爬器,使钢轨在垫板上能随轨温变化而自由伸缩,以自动放散应力,并设有消除列车作用下引起爬行的弹簧复原装置。由于其设备复杂、问题很多,所以这种形式的无缝线路很少采用。

定期放散温度应力式无缝线路的结构形式与温度应力式相同。只是在每年一定季节(春、秋)的适当温度下用更换缓冲区中不同长度调节轨的办法,来减少和控制钢轨的温度应力,因而适用于温差大的寒冷地区(年温差超过90℃)。

二、无缝线路的基本原理

钢轨不受任何阻碍的伸缩叫自由伸缩。自由伸缩量同钢轨的长度和轨温变化度数成正比。钢轨自由伸缩量的计算公式是

$$\Delta l = \alpha l \Delta t \tag{5-1}$$

式中:Δl——钢轨的自由伸缩量(mm);

α——钢轨的线膨胀系数(0.0118mm/m,℃);

l——钢轨长度(m);

Δt——轨温变化度数(℃)。

温度应力式无缝线路,一般由固定区、伸缩区、缓冲区三部分构成。固定区长度不得短于50m。伸缩区长度应根据年轨温差幅值、道床纵向阻力、钢轨接头阻力等参数计算确定,一般为50~100m。缓冲区一般由2~4节标准轨(含厂制缩短轨)组成,普通绝缘接头为4节,采用胶接绝缘接头时,可将胶接绝缘钢轨插在2节或4节标准轨中间。缓冲区钢轨接头必须使用不低于10.9级的螺栓,螺栓扭矩应保持在700~1100N·m。绝缘接头轨缝不

得小于6mm。

无缝线路必须有足够的强度和稳定性。铺设无缝线路应采用标准轨道结构,根据各地轨温幅度并按《铺设无缝线路允许温差表》所列允许温升$[\Delta t_u]$和允许温降$[\Delta t_d]$计算中和轨温,确定设计锁定轨温。特殊情况需加强轨道结构时,应根据行车条件和线路平纵断面情况进行强度、稳定性及缓冲区轨缝检算。中和轨温按下式计算

$$t_中 = \frac{T_{\max} + T_{\min}}{2} + \frac{[\Delta t_d] - [\Delta t_u]}{2} + [\Delta t_k] \tag{5-2}$$

式中:$[\Delta t_d]$,$[\Delta t_u]$——允许温降和允许温升(℃);

$T_{\max}$,$T_{\min}$——当地历史最高、最低轨温(℃);

$[\Delta t_k]$——中和轨温修正值,取 0 ~ 5℃。

曲线半径小于400m或当地最大轨温幅度超过允许铺设无缝线路最大轨温幅度时,应作特殊设计。

长大坡道、制动地段及行驶重载列车区段铺设无缝线路时,可采取加强措施。

三、无缝线路轨温及锁定轨温

(一)轨温

轨温就是钢轨温度,轨温必须使用专用仪器(如数字式钢轨测温计)测量确定,切忌靠气温表随意臆测,以免给施工带来不良影响。

(二)锁定轨温

无缝线路锁定时的轨温叫作锁定轨温。在长轨条铺设过程中取其始终端落槽时的平均轨温为锁定轨温。

锁定轨温的性质如下:

(1)锁定轨温是"零应力轨温"。

(2)锁定轨温是轨温变化度依据。离开了锁定轨温这个基数,轨温变化度数就无从谈起,温度力和钢轨限制伸缩量也就无从算起。

(3)锁定轨温和钢轨长度是相关统一的。设计无缝线路时,锁定轨温定下来了,钢轨长度也就随之定下来了。无缝线路铺设锁定之后,要想保持锁定轨温不变,就必须保持钢轨长度不变。如果钢轨伸长了,就意味着锁定轨温升高了;钢轨缩短了,则意味着锁定轨温降低了。一旦锁定轨温偏离了设计范围,就会给无缝线路的受力状况带来不良影响。据测算,每100m长的无缝线路钢轨,若伸长1.2mm,相当于锁定轨温升了1℃;若缩短1.2mm,相当于锁定轨温降低了1℃。

四、缓冲区轨缝的设置

无缝线路缓冲区的轨缝预留不能像普通线路一样,更不可随意为之。否则,轨缝过小又没有太多的回旋余地,可能造成连续瞎缝而导致胀轨跑道;轨缝过大拉断接头螺栓,可能影响行车安全。

无缝线路缓冲区的轨缝预留,必须考虑到两点。一是在夏天最高轨温时,长、短轨的限制伸长量达到最大值,但轨缝不致顶严;二是在冬天最低轨温时,长、短轨的限制缩短量达到最大值,但轨缝不致超过构造轨缝 18mm。绝缘接头的轨缝不得小于 6mm。

第二节 基本温度力图和伸缩区长度计算

一、基本温度力图

温度力与线路阻力平衡关系的示意图叫基本温度力图(图 5-1)。通过读懂基本温度力图,我们可以加深对无缝线路的认识。

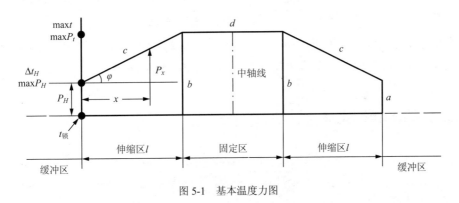

图 5-1 基本温度力图

(一)图例

纵坐标:表示轨温和温度力。它是一个线段而不是射线,原点 $t_{锁}$ 即锁定轨温,终点 $maxt$ 和 $maxP_t$ 表示最高轨温和最大温度力。

横坐标:表示长轨条全长。原点在横坐标上又表示长轨条左端。

a、b、c、d:为叙述方便作为图中各线段的代号。

基本温度力图相对于中轴线对称。

当轨温下降到锁定轨温以下至最低轨温时,基本温度力图在横坐标下侧。

(二)分析

(1)当轨温 t 等于锁定轨温 $t_{锁}$ 时,钢轨断面受到的温度力 P_t 等于 0,钢轨不伸缩。

(2)当轨温高于 $t_{锁}$,但轨温变化度数又未达到接头阻力 P_H 折算成的轨温变化度数 Δt_H 时,因接头被锁定,钢轨伸长受阻,从而在钢轨全长范围内产生温度力。该温度力 $P_t=248\Delta t_F$,并沿 a 线随 Δt 的上升而增加,随时与接头阻力 P_H 达成平衡。

(3)轨温继续上升,当轨温变化度数等 Δt_H 时,最大接头阻力 $\max P_H$ 与温度力持平,即 $P_t=\max P_H$,接头阻力已全部被温度力克服。

(4)轨温进一步升高,钢轨在实现限制伸长的过程中带动轨枕作纵向位移,道床纵向阻力开始克服温度力。轨温升得愈高,温度力愈大,道床纵向阻力就愈大,产生纵向阻力的道床长度就愈长,并从轨端处开始向无缝线路中部延伸。已知单位道床纵向阻力为 P,道床长度为 x,则该长度道床产生的纵向阻力为 Px,被平稳的温度力 P_t 则等 P_x。随着 Δt 的逐步升高,P_t 随之逐步增大,P_x 亦随之逐步增大,以同 P_t 平衡。这样,就在图中构成了斜线度力。我们把 d 这一段叫固定区 c,其斜率因线路状况的不同而不同。

(5)轨温升至最高轨温 $\max t$,产生最大温度力 $\max P_t$,此时产生最大纵向阻力的道床达到最长 l,最终完成了线路阻力与温度力平衡。我们把这一段叫伸缩区。

(6)长轨条两端 l 范围之间的部分 d,随着轨温的升降,始终承受着最大且均衡的温差。

(7)从理论上讲,当 $\max t$ 和 $\max P_t$ 呈单纯下降趋势时,d 随之向下平行推移并逐步延长,表示固定区增长,伸缩区变短。当 $\max t$ 和 $\max P_t$ 下降至 $\max P_H$ 点时,基本温度力图呈矩形,此时已无实际意义上的伸缩区。当 $\max t$ 和 $\max P_t$ 降至原点 $t_{锁}$ 时,全长范围内长轨条的温度力都等于 0,此时基本温度力图成直线,可以看成是普通线路。

二、伸缩区和固定区

从温度力图可知,伸缩区钢从轨端向里承受的温度力越来越大,到和固定区的交界处,承受最大的温度力。由于克服了全部接头阻力,在伸缩区,温度力必须迫使钢轨带动轨枕发生纵向位移,从而产生与之相等的道床纵向阻力。但是道床纵向阻力的产生有一个过程,即要待轨枕移动相当距离时,道床纵向阻力值才能达到最大。换句话说,道床纵向阻力的产生是以轨枕——轨道框架的微小纵向位移为代价的。这种位移由里向外逐根轨枕积累起来而形成长轨一端的限制伸缩。也正因为如此,我们才把这一段叫伸缩区。

无缝线路长轨条两端,在温度力作用下发生限制伸缩的区段叫伸缩区。伸缩区长度根据年轨温差幅值、道床纵向阻力、钢轨接头阻力等参数计算确定,一般为 50~100m。

而在无缝线路长轨条中部,因为不存在道床纵向阻力克服温度力的问题,最大温度力只是均衡地(从理想状态上看)积存在钢轨内部,所以轨道框架并不发生纵向位移。也正因为如此，我们才把这一段叫作固定区。

无缝线路长轨条中部均衡承受最大温度力，轨道框架不发生纵向位移的区面叫固定区。固定区长度不得短于50m。

无缝线路长轨条两端以外，用来调节钢轨和轨道框架限制伸缩的2～4根标准轨叫缓冲区。

三、伸缩区长度的计算

从基本温度力图上可以看出：伸缩区的任一长度 x 乘以单位道床纵向阻力 P，即为该长度上的道床纵向阻力值 P_x，而 P_x 则等于相应纵坐标上的温度力 P_t 减接头阻力 P_H。于是得出一个关系式

$$P_x = P_t - P_H \tag{5-3}$$

将此式变换一下，并用 l 表示伸缩区长度

$$l = \frac{(P_t - P_H)}{P} \tag{5-4}$$

式中：l——伸缩区长度（cm）；

P_t——轨温变化产生的温度力（kN）；

P_H——接头阻力（kN）（10.9级接头阻力为600kN）；

P——单位道床纵向阻力（1840配置混凝土枕 P 为0.091kN/cm）。

据此，我们就可以进行伸缩区长度计算了。

[例5-1] 某线无缝线路，采用60kg/m钢轨、直径24mm一级螺栓、6孔夹板、1840根/km钢筋混凝土枕。锁定轨温34℃，求轨温等于59.8℃（外幅线最高轨温）时的伸缩区长度 l。

解：$l = (P_t - P_H)/P = (19.2 \times 25.8 - 600)/0.091 = -1149.9$（cm）

上例说明接头阻力足以克服温度力，实际没有伸缩区。这种根据具体线路状况和现场轨温变化计算出来的伸缩区长度叫实际伸缩区长度。我们可以算出任何一条无缝线路在任何轨温条件下有无实际伸缩区以及实际伸缩区的长度。

与实际伸缩区长度这个概念相对的概念，是设计伸缩区长度。设计伸缩区长度的计算依据是最高、最低轨温。

很明显，实际伸缩区长度是一个变量，它随轨温和线路条件的变化而变化，实际伸缩区和固定区之间，是没有一个固定分界点的。但是，养护维修工作又要求我们把伸缩区和固定区明确区分开来，以便针对不同线路特点采取不同的养护维修措施，同时也便于观测、检查。另外，现场的线路阻力难免要打一定的折扣——现场无缝线路标定的伸缩区长度，总要比用最高、最低轨温计算出来的伸缩区长度长一些，一般为50～100m，钢筋混凝土枕地段多为50～75m。我们把这种现场标定的伸缩区长度叫设计伸缩区长度。

第三节　胀轨、跑道和钢轨折断

地铁正线采用地下隧道无缝线路因而其发生胀轨跑道的概率极低,但随着我国轨道交通行业的不断发展,未来将出现以城郊铁路为代表的地面与高架无缝线路轨道,夏季高温时极易发生胀轨跑道的情况,本节主要针对露天线路胀轨跑道的现象进行分析。

一、胀轨和跑道

(一)胀轨、跑道的定义

当轨温高于锁定轨温时,无缝线路钢轨断面上要承受温度压力。温度压力和轨温的正向变化度数成正比。当轨温升到最高值 $\max t$ 时,温度压力达到最大值 $\max P_t$。

因为有接头阻力和道床纵向阻力的存在,温度压力绝大部分被"憋"在钢轨断面上,只有极小部分通过限制伸缩在伸缩区被释放掉。这股"憋"在钢轨断面上的温度压力,要遵循自然规律寻机放散出去,以求彻底平衡。当它达到一定值,在纵向上仍找不到出路时,就会到横向上去谋求出路,无缝线路的曲线正好给它提供了这种机会,即纵向温度压力合成的径向分力 P_r 正好指向曲线外侧的方向,使曲线顺势向上股方向臌曲。而直线线路也不可能绝对直,一旦某处有些弯曲,纵向温度压力也会顺弯曲的方向合成径向分力 P_r,造成直线轨道弯曲的方向变形。这样,只要温度压力达到了一定值,无缝线路轨道出现横向变形就不可避免。

大量试验表明,这一变形的发生与发展过程中是有一定规定规律的,**基本上可分为三个阶段:持稳阶段、胀轨阶段和跑道阶段。**

1. 持稳阶段

持稳阶段是无缝线路承受温度压力的初始阶段。在这个阶段,温度压力虽因轨温升高而增大,但轨道并不发生变形,仍保持初始状态,温度力完全以弹性状态"贮存"于钢轨断面上。钢轨的初始弯曲越小,对应这一状态的温度压力值越高。如果钢轨为理想的几何直线,此状态可能一直持续到温度压力达一个相当大的值,才会在外力的干扰下发生突然臌曲。然而由于种种原因,钢轨不可能是理想的几何直线,总会有某种程度的弯曲,因此,持稳阶段的钢轨温度压力不可能达到前述的"相当大的值"。相反,线路阻力越小、轨道几何状态方向越差,造成轨道臌曲变形的温度压力就越低。

无缝线路的轨道是否"持稳",要看温度压力是否达到了一个临界值,即轨温是否达到了一个临界轨温。临界温度压力或临界轨温随线路状态的不同而有高有低。对于同一条无缝线路而言,只要温度超过了临界值,轨道就由持稳状态进入胀轨状态。

我们把使无缝线路由持稳状态进入胀轨状态的温度压力叫作第一临界温度压力。在持稳阶段,无缝线路是相对安全的。

2. 胀轨阶段

当轨温继续升高,温度压力越过第一临界值时,胀轨阶段就开始了。在这一阶段,不断增大的温度压力使轨道产生由小到大、由少到多的横向变形,有时凭肉眼都能清晰地觉察出来——弯曲的线形越来越明显,变形矢度越来越大,轨道方向显著不良。

但是轨温不可能无限制地升高。当它升到一定程度(只要在轨道的承受范围之内)后开始下降时,随着温度压力的逐步解除,我们可能看见,轨道的变形弯曲也跟着缩小,直至恢复到初始状态。也就是说,在胀轨阶段,轨道的变形是弹性变形。

无缝线路轨道在温度压力作用下产生的弹性变形叫胀轨。

在胀轨阶段,在温度压力解除之后,能够恢复到初始状态的轨道弹性变形只有 2mm。从理论上讲,超过 2mm 的轨道弹性变形,在温度压力解除之后是不能完全恢复的,总要留下一些残余变形。轨温反复变化,这种残余变形积累起来将造成方向严重不良。因此,我们必须及时地对胀轨量加以限制,对矢度达到 2mm 以上的胀轨,切不可等闲视之,留下后患。

3. 跑道阶段

在胀轨阶段,温度压力没有超过无缝线路的承受能力,但有可能达到能力的极限。此时,无缝线路的相对稳定已是在勉强维持,安全岌岌可危。

当轨温再稍微升高,温度压力继续增大,若轨道稍受外力干扰(如列车制动、施工影响、锤击钢轨等),积聚在钢轨断面上的过量温度压力使轨道几何状态突然发生恶性变化——胀轨阶段的变形矢度突然显著加大,有时可达数百毫米,轨道在一瞬间发出巨大的声响并严重臌曲,轨排脱离并拉烂道床,或钢轨与轨枕脱离,行车条件完全丧失。通过严重扭曲变形的钢轨可以看出,它的变形已超出它的弹性限度,成为塑性变形,钢轨断面上的温度力已全部释放出来,钢轨在自然状态处于"零应力"状态,温度压力与线路阻力同时消除,即线路已严重破坏了。

无缝线路轨道在温度压力作用下发生的破坏性变形叫跑道。

我们把使无缝线路从胀轨突变为跑道的极限温度压力叫作第二临界温度压力。第二临界温度压力通常用 P_k 表示。把与第二临界温度压力相应的极限轨温叫第二临界轨温,第二临界轨温用 t_k 表示,与它们相应的钢轨变形矢度则用 f_k 表示。

第一临界温度压力和第一临界轨温并不常用,所以通常所说的临界温度压力和临界轨温系指第二临界压力和第二临界轨温。

显然,随着温度压力的升高,持稳阶段、胀轨阶段和跑道阶段的关系是顺次的因果关系,前两阶段是量变阶段,后一阶段是质变阶段。

(二)胀轨、跑道的原因及其防止措施

1. 产生胀轨、跑道的原因

(1)温度压力大

无缝线路的现场锁定轨温,叫实际锁定轨温。

绝对温度压力,就是轨温从实际锁定轨温上升到最高轨温所产生的温度压力。

从理论上讲,实际锁定轨温应在设计锁定轨温范围内。但由于种种原因,无缝线路的实际锁定轨温却往往高于或低于设计锁定轨温范围。低于设计锁定轨温范围,当轨温从实际锁定轨温上升到最高轨温时,产生的绝对温度压力就可能大于容许压力,从而导致胀轨、跑道。也就是说,实际锁定轨温偏低,是导致温度压力大的主要原因。

实际锁定轨温偏低,通常由以下几方面的原因造成。

①铺设进度的影响,造成实际锁定轨温偏低。

②低温焊复钢轨造成锁定轨温偏低。

③冬季线路不均匀爬行,造成局部锁定轨温偏低。线路质量、条件不均衡,使无缝线路的线路阻力不均衡。在线路阻力较低的地段,冬季钢轨的收缩爬行量将大于其他地段,即锁定轨温低于其他地段。来年轨温升高时,这些地段的绝对温度压力将较大,从而隐伏着胀轨、跑道的危机。

④冬季超温超长作业,造成局部锁定轨温偏低。冬季低温,当轨温低于锁定轨温一定数值时,有些作业禁止进行,有些作业只能在一定长度上进行,如接头夹板、螺栓涂油,成段中间扣件涂油,成段更换轨枕,成段扒道床,成段清筛道床等。如果超温、超长作业,必然大大降低接头阻力和道床纵向阻力。在巨大的温度拉力作用下,上述作业地段及其附近受温度拉力影响地段的钢轨或轨道框架将产生收缩爬行,局部地降低了锁定轨温,留下来年胀轨、跑道的隐患。

(2)线路阻力小

导致无缝线路稳定性差或线路阻力小的原因有以下几方面。

①线路设备状态不良。线路设备不良的表现很多,如扣件螺栓松动、扣件零件缺损、道床疏松、道砟不饱满、道床肩宽不足、空吊板多、钢轨硬弯、胶垫损坏等等。如中间扣件螺栓松动,连续松动数个,将使钢轨与轨枕"分家",轨道框架刚度就只剩下钢轨刚度,该段线路的横向阻力就大大降低,胀轨、跑道便可乘虚而入。再如道床肩宽不足,以致轨枕头暴露,道床边坡坍塌,这样,道床横向阻力就大大降低,稳定性严重削弱,温度压力就有了突破口。

②线路几何状态不良。诱发胀轨、跑道的温度压力的对立面是线路阻力,而线路阻力的大小除由设备状态决定外,还由线路几何状态决定。无缝线路的稳定性要求轨道具有良好的几何状态,即直线的"直顺"和曲线"圆顺"。决定直顺和圆顺的主要因素是方向和水平,但轨距和高低却对方向和水平产生直接的影响,所以线路几何状态实际上是由轨距、水平、方向、高低四个因素决定的。在这四大因素中,方向不良是导致胀轨、跑道的一个重要因素,曲线方向不良即正矢误差超限。总之,温度压力的作用,在直、圆、顺的几何状态良好的地段是难以体现出来的;而在不直、不圆、不顺的地段,温度压力通过对这些地段线路的"胀轨、跑道"以求彻底的平衡。所以,整治方向不良是保持无缝线路几何状态良好的关键。

③线路维修作业的影响。维修作业可使线路状态改善,却暂时破坏了线路状态,降低了线路的纵、横向阻力,特别是违章作业、超温、超长作业,会使纵、横向阻力大幅度降低。

2. 胀轨、跑道防止措施

（1）正确掌握铺轨的锁定轨温，不使其偏低。如不得不偏低，应来年进行应力放散，重新锁定，使锁定轨温符合设计值。

（2）低温焊复钢轨，应在焊复前将钢轨拉伸至原有长度。否则，来年也要放散应力，重新锁定，使锁定轨温符合设计值。

（3）提高线路维修质量，做到阻力均衡，以避免冬季的不均匀爬行。

（4）禁止超温、超长作业，根据轨温合理安排作业项目。

（5）保持线路几何状态良好不超限，尤其是方向。

（6）保持线路设备状态全面、经常良好。

（7）加强线路监视和位移观测，发现胀轨迹象，及时处理。

同时，认识胀轨、跑道的规律，也有助于对其的防止。一般来说，胀轨、跑道具有如下规律：

（1）因为稳定性不强、临界温度压力低是胀轨、跑道的决定性因素，所以多数胀轨、跑道并非发生在高温季节，而是发生在春、夏之交，气温变化较大、乍暖还寒的日子里。这是因为线路质量本来就差，经过冬季的寒冷，线路的稳定性受到了影响，到了气温回升的季节，已经受不住气温的突然、剧烈、反复的变化。只要春、夏之交这一关挺过去了，进入高温季节，气温相对稳定，反而不容易发生胀轨、跑道。所以，春、夏之交是防止胀轨、跑道的重点季节，此时，要抓紧时机对锁定轨温偏低的无缝线路进行应力放散或调整，不留后患。

（2）在胀轨、跑道事故中，很少有走行列车第一位机车脱线或颠覆的事例，多数是中、后部车辆脱轨。这是因为无缝线路本已失稳，又反复叠加上运行列车的动弯力、纵向力、推挤力、冲击力，且轨温有所升高，使无缝线路"雪上加霜"，越往列车后部，失稳状态越严重，最终丧失了行车条件。一旦出现这种情况，要想补救是很困难的。要使这种情况不致发生，唯一的办法就是平时严密监视线路，发现有危及行车安全的失稳迹象，要么立即采取措施增强其稳定性，要么拦停列车。未进入失稳状态的无缝线路，是不会猝然发生胀轨、跑道的。

（3）以下地段容易发生胀轨、跑道：陡长下坡终端（线路爬行造成钢轨压力增大），列车制动地段（制动力叠加温度压力），平交道口、桥头及曲线头附近（温度压力大）。故这些地段平时应加强养护和严密监视。

（4）曲线比直线容易跑道。曲线跑道常为向外的单波，跑道量较小；直线跑道通常为S波，跑道量较大。

（5）同一段无缝线路，固定区及固定区与伸缩区的交界处容易发生胀轨、跑道。这是因为固定区承受的温度压力大，而固定区与伸缩区的交界处，在轨温反复变化的情况下容易产生温度压力的积累，形成"应力峰"。所以，这两个地段应采取同其他地段不同的养护方法，以增强其稳定性。

3. 胀轨、跑道处理办法

有两条原则必须坚持：一是决不冒险放行列车；二是尽一切努力恢复行车。

(1)当发现线路出现 3～5mm 连续的碎弯时,必须加强巡道查或派专人监视,观测轨温和线路方向的变化。若碎弯继续膨胀扩大,应设慢行信号,并紧急处理。线路稳定后,恢复正常行车速度。

(2)养护维修作业过程中,发现轨向、高低不良,起道、拨道省力,枕端道砟离缝,必须停止作业,及时采取防止胀轨、跑道措施。

(3)无论作业中或作业后,发现线路轨向不良,用 10m 长弦测量两股钢轨的轨向偏差。当平均值达到 10mm 时,必须设置慢行信号,并采取夯拍道床,填满枕盒道砟和堆高碴肩的措施。当两股钢轨的轨向偏差平均值达到 12mm 时,在轨温不变的情况下,过车后线路弯曲变形突然扩大,必须立即设置停车信号,及时通知车站,采取钢轨降温等紧急措施,消除故障后放行列车。

(4)发生胀轨、跑道后,可以采取浇水或喷洒液态 CO_2 的办法降低钢轨温度。在胀轨范围以外每侧不少于 50～100m 的距离,向中间轻浇慢淋,有条件时可用草袋浸水临时覆盖,也可采用喷洒液态 CO_2 的办法降低钢轨温度,轨温降温后方可拨回线路、回填道砟,整正线路,夯拍道床。曲线地段拨道只能上挑,不宜下压。拨道后必须夯拍道床,限速 5km/h 放行列车,派专人监视线路,并不间断地采取降温措施,待轨温降至接近锁定轨温时,再恢复线路和正常行车速度。

(5)无降温条件或降温无效时,应立即截断钢轨(普通线路应拆开钢轨接头)放散应力,整正线路,夯拍道床,首列列车放行列车不得超过 5km/h,并派专人看守,整修线路,逐步提高行车速度。

(6)无缝线路发生胀轨、跑道时,应对胀轨、跑道情况做好登记。

二、钢轨折断及其防止措施

(一)钢轨折断的危害

无缝线路的钢轨折断,除钢轨母材的严重伤损处外,几乎都发生在焊缝处及焊缝附近的热影响范围内。焊缝裂断多在冬季,由于温度拉力的存在,断缝两端钢轨必然收缩,将断缝拉大,直到温度拉力和线路阻力平衡为止。严重时,可形成 100～200mm 的大断口。由于断口处并无夹板夹持,还容易形成钢轨的上下错牙和左右错牙。大断口和钢轨错牙,都直接威胁行车安全。

(二)铝热焊缝折断的原因

无缝线路钢轨折断的根本原因是温度拉力大,线路阻力小,而造成温度拉力大的主要原因则是锁定温度偏高。焊缝强度低则直接导致钢轨折断。铝热焊接头的折断原因有:

(1)焊缝缺陷造成强度降低。

（2）焊缝疲劳强度及断裂韧性低。铝热焊缝的屈服强度和冷弯强度只有母材的70%左右，疲劳强度则只有母材的60%左右，所以铝热焊缝容易断裂。

（3）焊缝低凹加大列车冲击。焊缝的强度本来低于母材，焊缝及其热影响区的强度又不一致，因此，随列车碾压时间的延长，在焊缝前后40～60mm范围内，就逐渐出现低凹。焊缝的低凹增加了车轮的附加冲击力，附加冲击力又加速焊缝的低凹，使钢轨受力状况更加恶化，形成类似于普通线路低扣接头那样的恶性循环。这种恶性循环不但造成石砟坍塌、轨枕断裂、扣件折损，增加了维修工作量，同时也加速了焊缝的断裂。

（4）锁定轨温偏高，冬季温度拉力大，超过了焊缝的抗拉强度，加上列车动弯拉应力的影响，使焊缝断裂。

（5）线路几何状态不良，加大列车的附加冲击力，增加了焊缝的强度负担，造成焊缝断裂。

（三）预防焊缝断裂的措施

1. 提高焊接质量

加强验收制度和探伤检查，冬季要适当增加探伤检查次数。认真鉴别伤痕类型，做好标记，严密监视。对已确认的暗伤焊缝，要及时上好特制拱形夹板和急救器，必要时可钻孔上夹板，然后尽快选择时机重新焊接。

2. 提高设备质量

加强线路养护维修，提高设备质量，也是保持焊缝质量的关键。线路上存在吊板、暗坑、三角坑、扣件松动、轨枕失效、线路爬行、焊缝紧靠轨枕等，都会增加焊缝的附加应力，促使焊缝断裂。起道、拨道作业时，压机应放在铝热焊缝1m以外，严禁用压机直接顶撞铝热接头。保持线路几何状态良好，使行车平稳，方正轨枕位置，使焊缝受力均匀，这样会对焊缝起保护作用。

防止轨道爬行，保持纵向阻力，是防止钢轨断裂和断缝拉大的根本措施。因此，必须经常保持接头扣件和中间扣件的扣压力。

为减少列车运行的附加冲击力，必须对不平顺的焊缝进行打磨、焊补。焊缝的上下不平顺、左右错牙和经过运行产生的磨耗不平顺，用1m直尺测量不得超过0.5mm。轨面和作用边要平顺光滑。缺陷严重者，应锯掉重焊。

3. 加强焊缝管理

造成焊缝断裂的因素很复杂。要减少焊缝断裂，必须掌握断裂规律，加强对焊缝的科学管理。要建立焊缝技术卡片，从焊接、铺设、锁定、平顺状态、伤损程度到养护维修情况，都要做好翔实的原始记录。发生断裂后，要分析原因，积累资料，总结经验，制定改进措施。

（四）钢轨折断的处理

1. 紧急处理

当断缝小于50mm时，立即在断缝处上好普通夹板或特制拱型夹板，用急救器加固，在焊缝两端各50m范围内加强防爬锁定,拧紧扣件,防止断缝进一步拉大。并派人看守,限速5km/h放行列车。如断轨小于30mm时,限速15～25km/h放行列车。

经过紧急处理开通线路后,如果设备条件许可,应在原位焊复,否则应在轨端钻孔,上好普通夹板或特制拱形夹板,拧紧接头螺栓,然后可适当提高行车速度。同时在断缝两侧约3.8m处的轨头非工作边上作出标记,并准确丈量两标记间的距离和轨头非工作边一侧的断缝值,做好记录,以便观测断缝是否扩大和永久处理后检测是否恢复原位。

原位焊复前,切除断口折损部位的长度不超过60mm,以满足铝热焊的最大焊缝宽度。原位焊复后,无缝线路实际锁定温度保持不变。

原位焊复时,应松开接头两侧200～250m范围内的钢轨扣件,并在此范围内每隔50m设立一处位移观测,用钢轨拉伸器张拉钢轨,辅以撞轨,观测钢轨位移情况,位移到位后即进行焊接。

2. 临时处理

钢轨折损严重或断缝大于50mm,紧急处理后,不能立即焊接修复,断缝仍继续扩大,应封锁线路进行临时处理。

临时处理时,在断缝两侧约3.8m处轨头非工作边上做出标记,并准确丈量两标记间的距离和轨头非工作边一侧的断缝值,做好记录,以便观测断缝是否扩大,并为永久处理做好准备。然后,沿断缝两侧对称切除伤损部位,两锯口间插入6m的同型钢轨,轨端钻孔,上好接头夹板,用螺栓拧紧。在短轨前后各50m范围内拧紧扣件后,按正常速度放行列车。

3. 永久处理

钢轨断缝处紧急处理或临时处理后,在接近或低于实际锁定轨温时,插入短轨重新焊接修复。

采用铝热焊时,插入短轨长度等于切除钢轨长度减去两倍预留焊缝值。先焊好一端,另一端张拉到位后焊接。插入短轨长度应大于6m,小于6.5m。焊后长轨条基本上恢复原有状态,保持原锁定轨温不变。焊接时的轨温不应于0℃。放行列车时,焊缝时轨温应降至300℃以下。

三、加强缓冲区养护

缓冲区是无缝线路的薄弱环节。它一方面具有普通线路的缺点,另一方面又要受长轨条伸缩的影响,兼有普通线路的结构和无缝线路的功能。缓冲区的两端都是长轨条。如缓冲区接头阻力不足,当温度压力较大时,两端长轨条的过量伸长都向缓冲区挤压,缓冲区的几十毫米轨缝是远远不够调节的,于是温度压力陡增,很有可能发生胀轨、跑道。相反,当两端长轨条的温度拉力较大时,其过量收缩必须会在缓冲区拉出大轨缝,甚至拉断螺栓。总之,缓冲区阻力不足将影响两侧无缝线路长轨条的安全。另外,缓冲区轨缝的存在还增大了列车的冲击力。为了保证行车安全,延长设备使用寿命,使无缝线路伸缩区质量状态良好,缓冲区的设备质量必须满足如下要求：
(1) 经常保持足够的线路阻力量。
(2) 保持接头轨缝尺寸正常。
(3) 使接头处具有良好的平顺性。
(4) 使接头轨道有足够的弹性。
(5) 确保轨端绝缘安全可靠。

为此，无缝线路缓冲区的养护维修，应重点采用如下措施：

(1) 定期拧紧扣件螺栓，注意施工前后的拧紧和复拧，切实控制长轨条的不正常伸缩，减轻缓冲区接头的温度力负担。

(2) 如已发生不正常伸缩，要及时更换调节轨，把轨缝维持在允许的尺寸范围内。入夏前，可将轨缝调整至最大值；入冬前，可调整至最小值。

(3) 定期拧紧接头螺栓，保持接头处道床设计横断面。

(4) 综合整治钢轨接头处病害，加强接头捣固，保持道床丰满；及时清筛脏污道床；及时更换失效轨枕，及时整平高低错牙。

四、整治钢轨病害

无缝线路的钢轨病害，除焊缝外和普通线路相同，如硬弯、擦伤、磨损、剥落、掉块、飞边、塌陷、裂纹等。这些病害的整治方法和普通线路相同，只是要求更及时一些；焊缝的病害处理，则有其特殊性。

无缝线路钢轨焊缝常见的病害有：高焊缝、低焊缝、焊缝上下或左右错牙等。这些焊缝病害，多数是焊接质量控制不严的产物。另外，有一些焊缝病害如低塌、开裂等，则兼有焊接不良或列车长期碾压冲击两方面的原因。焊缝一旦开裂，就面临折断的危险，其后果自不必说；而其他的病害，则造成了轨面的不平顺、危害也极大。据测，列车通过不平顺焊缝，所产生的附加压力为 270～400kN 之间。这种附加压力叠加于正常压力，可使焊缝及其两侧的热影响区轨面磨耗加重，使焊缝处产生类似于普通线路的"低接头"病害，还可能使轨面数毫米以下产生疲劳裂纹。当附加动压力为负值时，若同时出现较大的横向推力，车轮还有爬上钢轨的危险。因此，及时整治焊缝不平顺病害，是整治无缝线路钢轨病害的重要内容之一。如不及时整治，将会使焊接接头处的线路病害日益加重，形成恶性循环，反而增大了养护工作量，使行车条件恶化，埋下行车事故的隐患。

(一)低塌焊缝的整治方法

(1) 焊缝打磨。对于低塌焊缝，应使用小型磨轨机打磨顺坡。打磨愈平缓，附加动压力就愈小。据测，最不利的临界低塌长度，一般为 30～40cm，故顺坡长度应超过 40cm，越长越好。错牙焊缝也可用此法整治。

(2)清筛低塌焊缝处道床并加强捣固,尽量减小附加冲击力。

(3)现场焊补低塌焊缝。新工艺手工电弧焊是一种比较好的焊补方法。

(二)高焊缝的整治方法

对高焊缝的整治,也应采用小型磨轨机打磨。在钢轨顶面未形成硬化面以前,挫磨效果更为理想,所以也宜早不宜迟。焊道凸凹、鞍型磨耗,打磨后用 1m 直尺测量,不平度应小于 0.5mm。

(三)钢轨和焊缝重伤的处理方法

缓冲区的重伤和折断钢轨应及时更换。

(四)钢轨硬弯病害整治

(1)硬弯的鉴别。硬弯容易和碎弯混淆。鉴别钢轨是否存在硬弯,可采用如下方法:

①看:先骑站在一股钢轨上,看前方有无陡弯,如有陡弯,再细看。站立位置一般距陡弯顶点 10~15m。看时,应背对阳光,沿着轨距线,由近到远,再由远到近,采取立、蹲、俯三种姿势,反复查看左右两股钢轨。确认硬弯凸出的顶点在什么位置后,再看其弯曲状态。如一股钢轨弯急而短,另一股有同向较缓的弯曲,则弯急而短的是硬弯。

②查:用拨道的方法查找硬弯。这种硬弯应是弯曲缓顺、长度较大的一种,但又难以同小方向不良区别开来。如拨道后全部或大部回弹,则是硬弯。小方向不良拨道后回弹量很小。

③对:根据线路检查记录簿对照弯曲处的轨距、方向变化情况,分析变化规律。如果频繁出现轨距、方向不良的"固疾",则是硬弯。

④量:用 1m 直尺测量弯曲处矢度。如矢度达 1mm 以上,则一般都是硬弯。

硬弯大致可分为如下几种:

①小硬弯:一般形状不正规,硬弯长度很短,在 0.5m 左右。

②尖角硬弯:弯曲顶点处有一尖角,一般长度为 1~2m。

③小硬弯群:几个小硬弯凑在一起,总长度 2~3m。

④弧状硬弯:曲度平缓,长度一般为 1.5~2.5m。

(2)矫直技术要求。硬弯矫直后的钢轨,目视无方向不良,无不直;用 1mm 直尺测量,其矢度不超过 0.5mm;矫直处的方向和轨距不再有规律性的变形。

(3)作业方法

①准备工作:直轨前,应认真细致地调查硬弯状态,包括起止点、长度和各点矢距,并在线路上标明调直位置和方向,做好记录。然后,卸掉矫直范围顺矫直方向一侧扣件,另一侧的螺栓松一圈。

②上弯轨器:弯轨器应垫平,位置摆正,各支点与轨底、轨头、轨面密贴,防止钢轨扭曲。

③矫直：如 TZ-30 型钢轨调直器，使用时，从硬弯始点起，将矫直点（即中间支点）每隔 150～200mm 对准钢轨，逐点顺序调直。液压千斤顶放在弯臂前端，在千斤顶处计算调直行程。使用动力支点在中间的弯轨器时，应将液压千斤顶放在需调直的位置上。较长的硬弯应分 2～3 次矫直。矫直量必须预留回弹量。根据轨温和矫直量的大小，矫直量可为矢度的 1.0～1.6 倍数。

④整理：先拨正非矫直股方向，然后改正轨距，补齐、拧紧螺栓。

使用 TZ-30 型钢轨调直器时，油压千斤顶行程和矫直点矢度的关系见表 5-1。

油压千斤顶行程和矫直点矢度关系（单位：mm）　　　表 5-1

矫直点矢度	1	2	3	4	5
油压千斤顶行程	11	18～20	24～26	28～30	35～40

第二篇 实 务 篇

第六章　城市轨道交通线路维修养护管理

> **岗位应知应会**
>
> 1. 了解城市轨道交通轨道线路的养护维修工作基本原理和内容。
> 2. 了解城市轨道交通轨道线路的维修体制。
> 3. 掌握城市轨道交通的轨道线路维修管理。
> 4. 熟悉城市轨道交通轨道线路养护维修技术标准。
>
> **重难点**
>
> 重点：城市轨道线路养护维修技术标准。
> 难点：城市轨道线路养护维修工作内容及其技术标准。

第一节　维 修 概 论

一、养护维修工作基本原理

轨道受车辆运行的动力荷载作用及各种自然条件的影响，发生着各种各样的形变，包括弹性形变与塑性形变，其中塑性形变是形成轨道残余变形的主要途径。这种残余变形积累到一定程度，将大大降低轨道结构的强度和稳定性，直接影响行车安全。

轨道的变化分为如下三类：

1. 形位变化

形位变化就是轨道空间几何形位上的变化，如轨距、水平、轨向、轨面高低及钢轨爬行等方面，显示轨道结构在三维空间发生了不良位移。

2. 构件质变

组成轨道的各部件，如钢轨、零配件、轨枕等在行车动力以及自然环境条件影响下发生着各种各样的变化，如锈蚀、腐朽、磨耗、伤损、压溃、断裂等。其中，无论是化学变化还是物理变化，对轨道结构的质量而言，都有着一定的影响。

3. 紧固度变化

有时轨道的几何形位并没有变化，构件也没有质变，但是各种紧固件发生了松动和脱落。虽然零部件的松动是局部的，但它发展的速度极快，最终必然导致轨道几何形位的变化。线路上钢轨扣件的连续松动以及道岔的关键螺栓的脱落,直接影响行车安全,严重的会导致列车颠覆。

轨道的养护维修就是针对轨道受外界影响所发生的各种变化所组织的设施维修,具有边运营边维修而又受运营条件限制的工作特点。

由于轨道变形是经常发生的,有许多变形完全具有规律性和周期性。所以,轨道的养护维修同样具有经常性和周期性。

线路养护维修的基本任务是经常保持线路设备的完整和质量均衡,使列车能以规定的速度安全、平稳和不间断运行,并尽量延长设备的使用寿命。

线路维修工作,应贯彻"预防为主,防治结合,修养并重"的原则,按线路设备技术状态的变化规律和程度,相应地进行综合维修、经常保养和临时补修,有效地预防和整治线路病害,有计划地补偿线路设备损耗,以取得较好的技术经济效益。

城轨线路设施的维修要坚持"安全第一,预防为主"的方针。在养护与维修的关系上,要本着以养为主的指导思想,不能机械地套用维修周期而安排不必要的设备维修,要提倡科学维修,提高设备质量。要努力探索状态修的思路,建立"检测—分析—维修—检测……"的循环体系,不断进行质量跟踪,确保设施质量始终处于受控状态。

二、线路养护维修的内容

在线路维修的范畴,国家铁路把线路维修分为综合维修、经常保养和临时补修三个修程。

综合维修是根据线路变化规律和特点,以全面改善轨道弹性、调整轨道几何尺寸和更换、整修失效零件部件为重点,以大型养路机械为主要作业手段,按周期、有计划地对线路进行的综合修理,以恢复线路完好的技术状态。

经常保养是根据线路变化情况,在全年度和全线范围内进行有计划、有重点的养护,以保持线路质量经常处于均衡状态。

临时补修是及时整修超过临修容许偏差容许管理值及其他不良处所的临时性修理,以保证行车平稳和安全。

以上三个层次具有不同的特点,对设备质量和行车安全都具有互补性。综合维修是根据轨道各部件老化的规律和使用寿命所进行的周期性工作,周期的长短主要取决于运量、部件的技术指标和质量指标。同时,还取决于日常养护维修的工作质量,当日常养护工作的质量较高,完全可以延长养护维修周期。

经常保养是及时减缓或消灭线路所发生的经常性变化,阻止线路超限的发展或线路病害的积累,是确保全线质量均衡的措施。

临时补修带有突发性和不可预见性,及时发现和处理突发性病害是养护维修工作中的重中之重。

我国铁路维修方法的机制具有一定的科学性、合理性和实用性,其中,综合维修为周期修,经常保养为状态修,通过周期修和状态修的结合,确保线路质量。当然,也不可避免地存在一定的缺点。

目前,各城市地铁所采用的维修形式是不一致的。有的基本按照国家铁路的体制运行,结合本企业的特点进行一些改革;有的完全实行状态修,或称故障修。

修程修制是非常重要的因素,但不是唯一的因素和决定的因素,最重要的是达到运行的目的——安全、质量、效益。

(一)城市轨道交通线路综合维修参考基本内容

1. 整体道床

(1)根据线路水平要求做好垫道工作,经常保持扣件的正确位置,顶严、压紧、密贴。

(2)改道、矫直钢轨硬弯,综合整治接头病害,加固焊接接头,调整轨缝。

(3)更换失效连接零件。

(4)更换失效螺纹套管。

(5)连接零件的清扫涂油,经常保持清洁无锈蚀,轨下垫层四周无污物。

(6)加强曲线及道岔维修,整修和更换失效部件,有计划地对小半径曲线涂油(指外轨工作边涂油)。

(7)维修线路标志(警冲标、曲线标、百米标、坡度标、线路中心桩等)。

(8)全面更换联结部件,成组更换车挡。

(9)无缝线路的监测和整修,应力放散或锁定。

2. 碎石道床

(1)矫正线路不良状态,进行起道、拨道、改道等作业。

(2)清筛不洁道床,补充道砟。

(3)整治路基病害,修理排水设备。

(4)调整轨缝,整修、更换和补充防爬设备。

(5)更换和修理轨枕,整治轨底坡。

(6)整修、更换和补充连接零件。

(7)螺栓、扣件和夹板清扫涂油。

(8)整修防爬设备和轨距拉杆。

(9)整修道口及线路标志、铲除杂草,收集旧料分类堆放,保持线路外观良好。

(10)无缝线路的监测和整修,应力放散或锁定。

(二)城市轨道交通线路经常保养参考基本内容

(1)根据轨道几何尺寸超过经常保养容许偏差管理值的状态,成段地整修线路。

(2)处理道床翻浆冒泥,均匀道砟和道床整理。

(3)更换和修理轨枕。
(4)调整轨缝,锁定线路。
(5)更换伤损钢轨,焊补、打磨钢轨和整治接头病害。
(6)有计划地成段整修扣件,进行扣件和接头螺栓涂油。
(7)进行无缝线路应力放散和断缝原位焊复或插入短轨焊复。
(8)整修道口,疏通排水设备。
(9)车挡螺栓涂油、刷漆,零星更换零部件。
(10)季节性工作、周期短于综合维修的单项工作和其他工作。
(11)钢轨涂油器的一、二级保养。

(三)城市轨道交通线路临时补修参考基本内容

(1)整修轨道几何尺寸超过临时补修容许偏差管理值的部位。
(2)更换重伤钢轨和达到更换标准的伤损夹板,更换折断的接头螺栓和护轨螺栓。
(3)调整严重不良轨缝。
(4)进行钢轨折断、重伤钢轨和重伤焊缝的处理。
(5)疏通严重堵塞的排水设备,处理严重冲刷的路肩和道床。
(6)整修严重不良的道口设备。
(7)垫入或撤出损坏垫板。
(8)其他需要临时补修的工作。

三、维修体制与组织

长期以来,我国铁路运输是计划经济的模式,城市轨道交通的经营模式正在走向市场化。经营模式不外乎三种:第一种为完全自营模式;第二种为完全委外型;第三种为半经营半委外型。

完全自营型是指从事轨道交通运营的一切专业,其人力、物力资源均自行组织。鉴于这种特殊的行业,由于专业的联动性决定了专业之间的关联性,如果完全是自身的专业队伍,在一定的历史时间,往往对管理者是极其有利的。在专业联动、专业配合协调方面,比较便于协调和指挥。通常所有的管理者都希望壮大自身的队伍,并不断地发展、扩容,把盘子越做越大,以充分发挥统一、集权的优势,但由于多方面因素,队伍较大,效益则难以提高。

完全委外型是当今社会经营模式的新思路,绝大部分专业都通过招投标的办法实行委外,公司自身只从事管理。其优点是意识更新,队伍轻盈,效益提高。但是,完全委外型成败的关键取决于公司的管理素质和管理水平,如果管理失控,随时都可能带来不可设想的后果。

半自营半委外型比较折中,在养护维修生产和设备大修任务方面,部分自己完成,部分对外发包。

既然经营模式正在趋于市场化,那么,作为城轨线路养护维修这一块,也必然处于选择科学、合理、高效模式的探索之中。

(一)组织结构的探讨

组织结构与经营模式密切相关,采取什么样的经营模式就必须设置与之相配套的组织结构。否则,不适应的组织结构与拟选的经营模式将不能相容。

组织结构是运行支撑。组织结构的设置必须遵循统一指挥的原则、覆盖面完善的原则、无重叠管理的原则、集权与分权相结合的原则和精干高效的原则。

其实,各种组织形式,都有其利弊,应因地制宜,有时候在很大程度上往往取决于领导层的意向。但不管如何划分,必须合理解决管理与协调接口的问题,把接口设置在什么层次,由什么部门进行协调,应妥善考虑。接口设置的合理,办事效率高;反之,部门之间、专业之间推诿扯皮的事情将不断发生。

事实上,并没有一个固定的结构形式能适应所有企业,任何企业也不存在一成不变的结构,合久必分,分久必合。当一个企业接管多线运营的时候,其组织结构的形式必然要进行调整,以适应运营模式不断拓展的形势。

(二)员工结构的探讨

员工的配置要本着养精英不养队伍的基本思路。在队伍结构方面,重要岗位为自身员工,一般岗位社会聘用。

如果企业集中了一大批无所事事的庸才,使结构变得十分臃肿,这个企业就永远没有希望。所谓精英,是指管理精英、技术精英、生产骨干级特殊工种,这些是企业的核心力量。根据这一思路,我们可以把企业员工分为三个层次,第一层次为固定性员工,第二层次为聘用性员工,第三层次为劳务性员工。层次的划分主要根据对运营安全的影响程度及技术含量的高低来决定。凡是与运营安全密切相关以及其他专业性很强的岗位才能作为固定性员工。除此之外,那些社会上比比皆是的普通岗位就根本没有设置固定员工的必要,可以作为聘用式员工。

对于一些简单劳动或者虽然是复杂劳动,但层次并不太高,在正式员工组织下同样能够实现运作的,完全可以使用劳务性的员工。这样,可防止队伍盲目扩大,降低运营成本;同时,员工的待遇可以相对调整,使分配趋于合理。

(三)维修体制的建设性意见

一个企业,当接管第一条运营线路时,可以采取完全自营的体制。其组织形式如下:在专业公司之下,建立一个车间层次的维修管理组织,或称之为领工区,或称之为工程管理部,下设2~3个养路工区,实行地域制管理,可以规定其职责范围、工作内容和定员、定额。另行配备一个综合工班,既能管辖一部分线路,又能做好抢修演练,随时应付突发性故障抢修的需要。

如果第一条运营线所吸纳的人员均为专业精英,当接管第二条运营线路时,在质量控制、安全控制以及劳动定额费用定额等方面已积累了一定经验,就完全有条件实行委外型的体制,但必须建立一套安全质量控制体系。

由承包方根据发包方(专业公司)的要求建立维修队伍,组织日常养护维修,由专业公司进行管理,在安全和质量上进行监督。

既然是全发包,发包方要具备监督、控制和考测承包方的水准和能力,并不是一包了事,要定期对承包方所管辖的设备进行检测,并考评承包方对质量设备的保证程度。

专业公司自身,在发展过程中,将不再需要增加直接生产人员,而是根据接管线路扩展进度,不断引进质量管理、检测人员。同时抢修队伍的组织也要相应扩编,并在完善科学、合理的抢修预案的前提下组织演练,努力提高对设备故障的应变程度。

(四)维修运作模式

不管是完全委外型、完全自营型,还是半委外半自营型,对于一个专业公司,其维修模式应该是一致的。无论是自身经营,还是委外维修,都要按专业公司所统一规定的规程或运作模式来进行运转。

第二节 线路养护维修管理

一条新线,从施工结束到接管后的养护维修,大致要经过如下几个阶段:
(1)初验及整改阶段。
(2)设备调试阶段。
(3)终验及试运营阶段。
(4)正式运营阶段。

负责线路养护维修的专业单位在初验过程中负责线路几何尺寸的实测,实测资料所反映的所有线路缺陷均由原施工单位负责整改,整改后由维修专业单位确认。

在设备调试阶段,部分列车进入线路参与联合调试。此阶段,线路由于受动力作用所发生的动态变化应由维修专业单位负责保养,以确保行车安全。

在试运营阶段,列车载客运行。线路实行全线保养,除养护工作以外不产生维修项目。

进入正式运营阶段,线路维修专业按正式的周期修与状态修相结合的方式运转。

一、维修准备工作

(一)建立修程修制

需要建立的最起码的修程修制如下:
(1)线路维修规则。
(2)生产组织体系。
(3)安全控制体系。
(4)质量保障体系。

(二)技术资料准备

新线接管阶段,安全有可能施工单位的竣工资料没有编制完毕,但由于养护维修工作的需要,施工单位必须提前向维修专业单位提供必需的技术资料。
(1)正线线路综合图。
(2)正线道岔设计图。
(3)伸缩调节器设计图。
(4)正线结构设计图。
(5)扣件设计与组装图。
(6)无缝线路长轨轨节配置图。
(7)焊接记录。
(8)锁定轨温资料。
(9)水准点资料。
(10)正线曲线资料。
(11)正线坡度资料。
(12)车厂线平面布置图。
(13)车厂线配轨图。
(14)车厂曲线表。
(15)车厂道岔设计图。
(16)容许运行速度资料。
(17)变更设计通知书。
(18)质量检查和验收资料。
(19)排水系统设计图。
(20)附属线路设备台账。

(三)其他准备

其他准备包括人员组织准备、生产用房准备、机具准备、线路材料准备、劳防用品准备等。

二、编制维修计划

正线线路维修,原则上以整公里为单元,车厂线以股道为单元,道岔以组为单元。由于城市轨道交通线路的曲线较多,并且多为跨公里,鉴于曲线的特点,在维修过程中,不能分段进行,应以整条曲线为单元。因此,组织线路维修,编制维修计划之前,必须首先合理地确定维修基本单元。

(一)年度维修计划

年生产计划以每条运营线路为单元,主要根据设备维修的周期编制维修周期表,然后按周期表编制年度维修计划。除周期性计划以外,再结合线路的状态,编制年度重点保养计划。

(二)月度生产计划

月度生产计划也以运营线路为单元,月计划是年计划的分解。
编制依据有:
(1)年度维修计划与年度重点保养计划。
(2)上月线路检查的技术质量资料。

(三)班组作业计划

班组维修作业计划由线路工班编制,与年计划、月计划的区别是:年计划、月计划只反映计划量的大小与多少,而不反映日程的安排;但班组作业计划要分解到工作日,将本班组的月度养护维修计划按作业日期进行编制。

第三节　养护维修技术标准

一、轨道静态几何尺寸管理值

轨道静态几何尺寸管理值分为三档,即作业验收、经常保养和临时补修。其中作业验收管理值为线路综合维修质量验收标准以及其他各项作业后质量必须达到的共同标准,经常保养管理值为轨道日常应保持的质量标准和技术状态,临时补修管理值是及时安排整修的质量控制标准,换言之,一旦超过容许偏差管理值,就应立即进行整修。

二、线路验收标准

(一)线路综合维修验收标准(表6-1)

线路综合维修验收标准　　　　　　表6-1

项目	内容	编号	扣分条件 正线、试车线	扣分条件 车厂线	抽验数量	单位	扣分	说明
轨道几何尺寸	轨距、水平、三角坑、	1	超过作业验收标准容许偏差		连续检验100m	处	4	选择质量较差地段,有曲线时检测一个曲线的正矢,曲线正矢超过作业验收标准容许偏差每处扣4分
		2	超过经常保养标准容许偏差			处	41	
		3	轨距变化率大于0.2%	轨距变化率大于0.3%		处	2	
	轨向、高低	4	超过作业验收标准容许偏差		全面差、重点测	处	2	
		5	超过经常保养标准容许偏差			处	41	
钢轨	错牙	6	轨面及内侧错牙大于1mm	轨面及内侧错牙大于2mm	全面差、重点测	处	4	错牙大于3mm时扣41分
	接头相对	7	直线偏差大于40mm,曲线偏差大于40mm加缩短量的一半	直线偏差大于60mm,曲线偏差大于60mm加缩短量一半	全面差、重点测	处	4	在限制范围以内检查
	轨缝	8	连续瞎缝或大于构造轨缝,普通绝缘接头轨缝小于6mm		全面差、重点测	处	8	
		9	轨端肥边大于2mm		全面差、重点测	处	8	
轨枕	位置	10	位置、间距偏差或偏斜大于50mm	位置、间距偏差或偏斜大于60mm	重点测	处	1	枕上或枕下离缝大于2mm者为吊板,枕下暗吊板不明显者,可拔起道钉或松开扣件查看
	失效	11	接头或焊缝处失效,其他处连续失效	接头或焊缝处失效,其他处连续三根及以上失效	重点测	处	8	
	修理	12	应修未修		全面查	根	1	
	吊板率	13	大于8%（每增加1%）		连续检测50头	每增加1%	2	
连接零件	接头螺栓	14	缺少、松动或力矩不符合规定		抽测4处	个	2	
	垫板	15	铁垫板和橡胶垫板、橡胶垫片缺少		连续查100头	块	2	
		16	橡胶垫板或橡胶垫片失效超过8%		连续检测100头	每增加1%	1	

续上表

项目	内容	编号	扣分条件 正线、试车线	扣分条件 车厂线	抽验数量	单位	扣分	说 明
轨道加强设备	道钉扣件	17	道钉、扣件缺少		连续查100头	个	2	一组扣件的零件不全,按缺少一个计算
		18	扣件力矩不符合规定或弹条扣件离缝大于1mm者,超过8%	扣件力矩不符合规定或弹条扣件离缝大于1mm者,超过12%	连续检测50个	每增加2%	1	
		19	扣件力矩不符合规定或弹条扣件离缝大于1mm者,超过8%	扣件力矩不符合规定或弹条扣件离缝大于1mm者,超过12%		每增加1%	1	
	拉杆轨撑	20	缺损或松动		全面差、重点测	根、个	2	无缝线路无观测桩或观测桩不起作用按爬行超限计算;站内线路爬行检查道岔及绝缘接头前后
	防爬设备	21	防爬器缺损、松动或离缝大于2mm		连续检测50个	个	2	
		22	支撑缺损、失效、尺寸不合标准		连续检测50个	个	1	
	线路爬行	23	普通线路爬行量大于20mm,无缝线路位移观测无记录		全面查	km	41	
碎石道床	脏污	24	枕盒或边坡不净		重点扒开检查	10m	2	
	尺寸	25	轨枕中部下尺寸不符合规定		查100m	10m	1	
	外观	26	不饱满、不均匀、不整齐、有杂草		全面查	10m	1	
路基	路肩	27	不平整、有反坡			20m	1	单侧计算
	排水	28	侧沟未疏通			10m	2	
道口	铺面	29	铺面不平整、松动		查看检测	块	4	
	轮缘槽	30	尺寸不符合规定			处	16	
	护桩	31	缺损、歪斜			个	2	
标志	标志	32	缺损、歪斜、字迹不清		全面查	个	2	道口标志缺扣41分
	标记	33	标记不齐全、位置不对、字迹不清			处	1	

(二)道岔综合维修验收评分标准(表6-2)

道岔综合维修验收评分标准 表6-2

项目	内容	编号	扣分条件（正线及试车线道岔）	扣分条件（车厂线道岔）	抽验数量	单位	扣分	说明
轨道几何尺寸	轨距、水平	1	超过作业验收标准容许偏差		全面检测	处	4	同时检测两线间距小于5.2m的连接曲线轨向。用10m弦测量。连续正矢差超过2mm，每处扣4分
		2	超过经常保养标准容许偏差			处	41	
	轨向、高低	3	超过作业验收标准容许偏差		全面查重点检	处	4	
		4	超过经常保养标准容许偏差			处	41	
	查照间隔	5	超过容许限度		全面	处	41	尖趾距离指可动心轨辙叉长心轨尖端至叉趾的距离
	护背距离	6	同上			处	41	
	尖趾距离	7	同上			处	41	
钢轨	尖轨、可动心轨靠贴	8	不靠贴		全面检测	处	41	不靠贴指二者之间的缝隙大于1mm
	接头错牙	9	轨顶面或内侧面错牙大于1mm			处	4	错牙大于3mm时扣41分
	轨缝	10	连续瞎缝或大于构造轨缝			处	8	
		11	轨端肥边大于2mm			处	8	含胶接绝缘钢轨
岔枕	位置	12	位置或间距偏差大于40mm	位置或间距偏差大于50mm	全面查看	处	2	
	失效	13	接头处失效,其他处连续失效	—		处	8	枕上或枕下离缝大于2mm者为吊板,枕下暗吊板可根据道床与岔枕间状态判断。不明显者可扒开道床查看
	修理	14	应修未修			根	2	
	空吊率	15	大于8%（钢枕不得有空吊）	大于12%		每增1%	2	
连接零件	滑床板	16	尖轨与滑床板缝隙大于2mm		连续检测	块	2	
		17	滑床板及护轨弹片上反或离缝大于2mm,销钉离缝大于5mm			块	2	
	螺栓	18	连杆、顶铁、间隔铁及护轨螺栓缺少		全面查看	个、块	16	
		19	连杆、顶铁、间隔铁及护轨的螺栓松动		查看检测	个、块	2	
		20	心轨螺栓缺少、松动			个	41	
		21	连接螺栓缺少、松动			个	16	
		22	其他各种螺栓缺少、松动			个	1	
	铁垫板	23	铁垫板或橡胶垫板、橡胶垫片缺少		连续查看50块	块	2	

续上表

项目	内容	编号	扣分条件 正线及试车线道岔	扣分条件 车厂线道岔	抽验数量	单位	扣分	说 明
	胶垫	24	橡胶垫板或橡胶垫片失效超过8%	失效超过12%	连续检测50块	每增1%	1	
	道钉扣件	25	道钉、扣件缺少		连续查看50个	个	2	一组扣件的零件不全,按缺少一个计算
		26	扣件力矩（扣压力）不符合规定或弹条扣件中部前端下颚离缝大于1mm者,超过8%	超过12%	连续检测50个	每增1%	1	
轨道加强设备	轨撑、轨距杆	27	转辙或辙叉部位轨撑离缝大于2mm		查看检查	个、根	2	轨撑离缝系指轨撑与轨头下颚或轨撑与垫板挡肩之间的间隙
	防爬设备	28	防爬器缺损、松动或离缝大于2mm;支撑缺损、失效、尺寸不符合标准		查看检查	个	2	
	爬行	29	爬行量大于20mm		检测	组	41	测尖轨尖相错量
道床	脏污	30	道床不清		重点扒开检查	组/孔	6	
	外观	31	不饱满、不均匀、不整齐、有杂草		全面查看	组	4	
路基	路肩	32	不平整、有反坡			组	2	
	排水	33	侧沟未疏通			组	4	

（三）线路保养质量评分标准（表6-3）

线路保养质量评分标准　　　　表6-3

项目	编号	扣分条件	抽验数量	单位	扣分	说 明
几何尺寸	1	超过经常保养标准容许偏差	轨距、水平、三角坑连续检测100m;轨向、高低全面查看,重点检测	处	4	选择线路质量较差地段检查,曲线正矢全面检测;曲线正矢超过容许偏差,每处扣4分
	2	超过临时补修标准容许偏差		处	41	
	3	轨距变化率大于0.2%		处	2	
钢轨	4	钢轨接头顶面或内侧面错牙大于2mm	全面查看,重点检测	处	4	错牙大于3mm,每处扣41分
	5	轨缝大于构造轨缝或连续3个及以上瞎缝	全面查看,重点检测	处	8	轨缝在调整轨缝轨温限制范围以内时检查。"未及时"是指钢轨折断后超过一天未进行临时处理或进入设计锁定轨温季节超过一个月
	6	轨端肥边大于2mm	全面查看,重点检测	处	4	
	7	未及时进行临时处理或及时进行永久性处理	全面查看	处	16	

续上表

项目	编号	扣分条件	抽验数量	单位	扣分	说明
轨枕	8	接头或焊缝处轨枕失效,其他处轨枕连续失效	全面查看,重点检测	处	6	
	9	每处调高垫板超过2块或总厚度超过10mm	连续查测100头	头	1	使用调高扣件,每头超过3块或总厚度超过25mm
连接零件	10	扣件缺少	连续查测100头	个	1	
	11	浮离或扣件前、后离缝大于2mm的超过12%	连续查看50头	注	1	每增2%
	12	力矩不符合规定或扣件离缝大于1mm者,超过12%	连续查测50头	注	1	每增1%
	13	接头螺栓缺少、松动或力矩不符合规定	抽测4个接头	个	1~2	
防爬设备	14	防爬器、支撑缺损或失效	连续查看50个	个	2	
	15	爬行量超过20mm,观测桩缺损、失效,无缝线路位移观测无记录	全面检测	km	16	
道床	16	翻浆冒泥	全面查看	孔	2	
	17	宽度不足、不饱满	全面查看	注	1	注:20m
路基	18	侧沟未疏通	全面查看	注	1	注:20m
	19	路肩冲失路肩有大草	全面查看	注	1	注:10m
道口	20	铺面缺损、松动,护桩缺损	全面查看	个	4	
	21	护轨不符合标准	全面检测	处	16	
标志	22	标志缺少字迹、不清晰	全面查看	个	1	

(四)道岔保养质量评分标准(表6-4)

道岔保养质量评分标准 表6-4

项目	编号	扣分条件	抽验数量	单位	扣分	说明
轨道几何尺寸	1	轨距、水平、轨向、高低超过经常保养标准容许偏差	全面检测	处	4	同时检测线间距小于5.2m的连接曲线,用10m弦测量,连续正矢差超过4mm
	2	轨距、水平、轨向、高低超过临时补修标准容许偏差		处	41	
	3	查照间隔超过容许限度	全面查看,重点检测	处	4	
	4	护背距离超过容许限度		处	41	
	5	尖趾距离超过容许限度	全面查看,重点检测	处	41	
钢轨	6	接头顶面或内侧面错牙超过2mm		处	4	错牙大于3mm,每处扣41分
	7	存在尖轨、心轨等五大病害之一	全面查看,重点检测	组	41	
	8	存在基本轨等各项病害之一		组	16	
	9	轨缝大于构造轨缝或有连续3个及以上瞎缝	全面查看,重点检测	处	4	

续上表

项目	编号	扣分条件	抽验数量	单位	扣分	说明
	10	轨端肥边大于2mm	全面查看,重点检测	处	4	含胶接绝缘
轨枕	11	接头岔枕失效,其他处岔枕连续失效	全面查看,重点检测	处	6	
连接零件	12	尖轨、可动心轨与滑床板间缝隙大于2mm	全面检测	块	2	
	13	连接螺栓缺少,顶铁离缝大于2mm	全面检测	个	8	
	14	心轨螺栓缺少、松动	查看检测	个	41	
	15	长心轨与短心轨连接螺栓缺少、松动	查看检测	个	16	
	16	接头螺栓缺少	全面查看	个	2	
	17	其他螺栓缺少、各种螺栓松动	全面查看	个	1	
	18	垫板、道钉、胶垫、扣件缺少	全面查看	个	1	
	19	道钉浮离、扣件力矩(扣压力)不符合规定或弹条扣件中部前端下颚离缝大于1mm者,轨距挡板前、后离缝大于2mm,不良者超过12%	连检50头	每增1%	1	
加强设备	20	转辙和辙叉部分轨撑离缝大于2mm,其他部分轨撑或轨距杆损坏、松动	查看检测	个、根	1	
	21	防爬器、支撑缺损或失效	全面查看	个	2	
	22	爬行量超过20mm	全面查看	组	16	尖轨尖相错
道床	23	翻浆冒泥	全面查看	孔	2	
	24	肩宽不足,不饱满	查看	组	1	
标志	25	警冲标损坏或显示不良	查看	组	1	
	26	标志缺少、字迹不清晰	查看	处	1	

三、线路动态检查

线路动态检查就是利用大型轨检车对线路动态情况进行检查。由于大型轨检车在运行过程中进行检测时,与地铁列车对线路具有较为接近的动荷载,通过检查,能够了解线路局部不平顺和区段整体不平顺的动态质量,它能够在检查的同时,对检测的数据进行记录,并能够按事先规定的需要进行数据输出,通过数据分析处理,其结果可以用于指导线路养护维修工作。

检查项目有:轨距、水平、高低、轨向、三角坑、车体垂直振动加速度和横向振动加速度,共七项。检查结果以千米为单位进行评分。

对轨道基本要素的检测,一共有3种方法:第一种是使用大型轨检车进行动态检测;第二种为使用手推式小型轨检车进行静态检测;第三种是使用轨距尺、弦线等传统工具进行人工检测。三种手段分别应用于不同的场合。

四、线路静态检查

(1)线路检查记录。

(2)道岔检查记录。

(3)曲线正矢检查记录。

(4)无缝线路长钢轨位移观测记录。

(5)线路保养质量评定统计表。

(6)道岔保养质量评定统计表。

(7)扣件扭力矩检测。

扣件扭力矩是保证轨道结构稳定的重要指标,线路扣件的扭力矩必须保持在设计文件的容许范围之内。通常,设计所规定的数值范围,地面线扭力矩最高,隧道次之,高架线路最低。

因此,扣件的扭力矩不是越大越好,如果扣件扭力矩过高,不仅使扣件弹性大大减少,而且影响扣件的使用寿命。特别是高架线路,无缝线路有一定的计划伸缩量,用以有限量地释放一部分应力,通常依靠扭力扳手人工检测,可以根据线路的长度,按一定的比例进行抽检。由于扭力矩的大小受人为因素的影响,因此,要努力提高机械化的作业程度,尤其是小型机械的作用。如普遍使用符合扭力矩范围的标准电动扳手,可以完全解决扭力矩不均的问题。

五、钢轨探伤

应用超声波探伤仪对钢轨进行周期性的探伤,是保证轨道质量的重要措施。钢轨探伤还包括接头焊缝探伤。探伤的周期一般根据运量制定,城轨线路正线的周期可以定为每月一次,站场线路可以三月一次。探伤的结果每月以报告书的形式上报。凡发现钢轨伤损,探伤人员除了在伤损处做好轻伤或重伤的标志外,还要分别向调度及所属养路工区报告。隔日,填报钢轨伤损报告单。伤轨的处置,可以根据轻重缓急,分别采取不同的方案。特别是重伤钢轨,不得延误,必须立即处理。

六、钢轨磨耗检测

钢轨磨耗检测由养路工区自行组织,当磨耗量极小时可以每年检测一次,磨耗至一定程度时半年检测一次,磨耗发展到接近重伤标准时必须每月检测一次。因此,检测的时期完全由磨耗的程度决定。

磨耗测量应与曲线正矢测量相结合,通过对应点的正矢值及磨耗值进行比较分析,而对曲线线路的状况做出判断。

七、扣件性能检测

当失效的扣件没有及时更换时,往往给人以假象。一条运营线路,在一定运量的前提下,线路扣件究竟能够使用多少年限,从教科书上并不能找到依据。扣件的失效,与线路状况的好坏、线路运量的大小以及零配件的质量等各种因素都有关系。在无法进行实现预测的情况下,应在一定的年限对扣件进行试验性的检测,一般养护维修单位不具备试验能力时,可以与相关大学取得联系,进行联合测试,通过实验数据进行分析,为后续的更换扣件工作提供可靠的依据。

八、计量器具检测

工务专业的计量器具包括轨距尺、支距尺、扭力扳手、钢轨磨耗测量仪、钢轨探伤仪、轨温计等,根据计量器具的检测要求,所有的计量器具都有规定的检测周期,应严格按照计量法的规定办理。

九、无缝线路伸缩位移检测

无缝线路的纵向位移有两种情况,第一种为伸缩,第二种为爬行。长轨条受轨温影响而发生纵向位移,如果当轨温经过多次上升下降的反复,长轨条的位移变化幅度始终与轨温变化幅度保持一定的正常关系,这种情况称为伸缩位移。反之,如果不存在这种关系,钢轨发生纵向位移后不能恢复至原有状态,称为爬行。

通常,对于爬行,利用长轨条的爬行观测桩进行人工检测。

高架桥梁的无缝线路都设计安装有伸缩调节器,可以利用"钢轨位移检测仪"对伸缩调节器进行检测。

第四节　轨道铺轨的规定

一、普通线路标准轨的使用

钢轨接头是轨道的薄弱环节,它不仅加剧车辆的振动,而且加速接头钢轨的伤损,增大线路养护维修工作量。据有关资料统计:钢轨在接头处伤损约占伤损总数的一半;接头处混凝土枕的失效相当于其他部分的3～5倍;为防治接头处道床变形及消除接头病害,投入的养路工作量占总量的 35%～50%；接头振动对行车的稳定性影响也很大。因此，钢轨的长度应尽量长，以减少接头数量。不过由于制造、运输和使用上的原因，我国规定钢轨的标准长度为 25m 和 12.5m 两种。

二、接头连接的方式

线路上两股钢轨的接头，在我国铁路上采用相对悬空式作为接头连接的标准方式，以减少轮对的冲击次数，改善列车运行和维修条件，而且也是铺轨的必要条件。

三、直线接头相错量

铺轨时应按钢轨长度误差量配对使用。在每节钢轨上相差量一般不得大于 3mm，并在前后、左右相抵消。配轨有困难时，一对钢轨的相差量虽可不大于 3mm，但在两股钢轨上的累计相差量必须控制在不大于 15mm。这是考虑到一股钢轨的窜动和少量的爬行及其他误差以后，接头相错量不致太大。

四、曲线缩短轨的铺设

在曲线地段，轨道外股比内股长，如内外股钢轨都用同一长度的钢轨，内股钢轨接头要比外股接头超前。为保持接头相对，曲线地段外股应使用标准长度钢轨，内股应以厂制缩短轨配合使用，以保证内外股两钢轨接头相对。每当超前量大于缩短轨缩短量的一半时，则此根钢轨应铺设厂制缩短轨。

我国铁路采用的缩短轨长度：配合 25m 钢轨的有 24.96m、24.92m、24.84m 三种，配合 12.5m 钢轨的有 12.46m、12.42m、12.38m 三种。

五、曲线接头相错量

在曲线里股铺设一定数量的缩短轨以后，不可避免地仍存在里股钢轨接头超前或错后的现象，因此，必须利用单根钢轨长度的误差量进行调整。一般应在曲线内两股钢轨上配轨调整，有困难时，也可在就近的直线上配轨调整，切不可用增减轨缝尺寸的方法调整接头相错量，因为轨缝不仅本身已有一定的误差，而且其留有的尺寸本身，也有一定的要求和限制，如再加上较大的误差，势必导致轨缝技术状态不良。**钢轨接头采用对接式时，两股钢轨接头位置的相错量，在正线和到发线上，直线不大于 40mm，曲线不大于 40mm 加采用的缩短轨缩短量的一半。**

六、钢轨接头不宜设置的地段

下列位置不得有钢轨接头：
(1)桥台挡砟墙间的长度为 20m 及以下的明桥面上。
(2)钢梁端部、拱桥温度伸缩缝和拱顶等处前后各 2m 范围内。
(3)设有温度调节器的钢梁的温度跨度范围内。
(4)钢梁的横梁梁上。
(5)平交道口内。

钢轨接头若恰在上列位置并铺设 25m 长度标准轨时，可插入一根 12.5m 长度的标准轨，以调整接头位置；铺设 12.5m 长度的标准轨时，可更换成一根 25m 长度的标准轨以调整接头位置，也可挤严轨缝后将接头用高强螺栓拧紧冻结或焊接。困难时，才准予插入个别短轨调整接头位置。

第七章　道岔铺设与养护

岗位应知应会

1. 通过了解道岔的铺设方法,更加熟悉道岔的构造。
2. 熟悉道岔的更换流程。
3. 掌握道岔的伤损标准,能够判断道岔的伤损标准。
4. 掌握道岔的养护方法。

重难点

重点:道岔的养护。
难点:道岔的更换、道岔的伤损判断和道岔病害处理。

第一节　道岔铺设、更换与技术标准

了解道岔的铺设和更换步骤,对分析道岔故障产生原因、熟悉道岔构造和进行道岔养护具有重要意义。

一、新线道岔铺设

城市轨道交通中车辆段和停车场道岔(简称车厂道岔)一般设计为碎石道床道岔,正线一般设计为整体道床道岔。下面分别对其铺设方法进行介绍。

(一)碎石道床道岔铺设

碎石道床道岔铺设可按三个步骤进行,即准备工作、基本工作和检查整理工作。下面以车场道岔为例,介绍普通单开道岔(木枕)的铺设过程。

1. 准备工作

为保证新铺道岔的质量,在铺设前应充分做好以下几方面的准备:

(1)熟悉道岔布置图。

不同轨型不同号码的道岔,各有其相应的标准布置图,铺设前应熟悉该道岔的类型、构造、主要尺寸、各部配件及数量等。

(2)材料、工具准备。

①材料：道岔材料运至现场后，应进行详细的检查、核对。可按转辙器、辙叉及护轨、连接部分及岔枕四个部分，仔细清点数量和检查类型的规格。对各部钢轨、垫板及岔枕等都应进行长度丈量，并用白铅油标注型号尺寸，分类堆码整齐。垫板按分组捆好，不要拆开，以免混乱或丢失。如发现有缺少或尺寸类型不符者，应及时补充或修改。此外，道岔前后所用的短轨、接头夹板等也应事先准备好。

②工具：铺设道岔用的各种工具，如撬棍、道钉锤、夹轨钳、杠子、钢轨锯、枕木夹钳、道尺、方尺、木钻、间隔绳、钢尺及粉笔等，都应事先准备齐全。

(3)整平路基面。

道岔范围内的路基顶面如有凹凸不平现象时，应进行铲平或填夯，使之平整，以便于铺放岔枕和钉连轨件。若道岔范围内事先已铺轨时，应将道岔前后轨道仔细拨正，然后将道岔位置内的轨节拆除。

(4)测定(校核)道岔位置桩。

根据车场图中坐标的里程，在路基面上首先确定道岔中心桩，然后分别由道岔中心向前量测道岔前部长度，钉出岔头桩，向后量测道岔后部长度，钉出岔尾桩以及侧线岔尾桩。钉立道岔位置桩，必须用钢尺精确丈量并核对（或用全站仪放样道岔桩位）。若道岔侧线后设连接曲线时，应将连接曲线的交点桩及曲线起、终点桩等一并测定。

2. 基本工作

(1)铺摆岔枕：沿道岔直线上股枕木头位置，由岔头至岔尾插立间隔绳(绳距直线中心线为1.25m)，绳上标有岔枕间距尺寸标记，作为散布和摆放岔枕的依据，并注意将岔枕由岔尖至岔尾按规定长度及根数依次对正标记摆放，大致放正。

(2)散布配件：按照道岔布置图中规定的部位，散放相应的垫板、夹板、轨撑、螺栓和道钉等，注意有些配件有左右之分和前后之别，防止颠倒错放，散布时可放在岔枕顶面上或枕木头外侧的路基面上。

(3)岔枕钻孔：由于道岔内的垫板形式、尺寸以及钢轨在岔枕上的位置不同，在钻孔前必须仔细正确地打出道钉孔位置印，然后按照孔印位置进行钻孔，其方法如下：

①直股：铺设平垫板的岔枕，可用普通轨道的枕木钻孔样板打印，铺设其他垫板(如滑床板、辙前垫板、护轨垫板及桥型垫板等)的岔枕，要根据轨距、轨头、轨底和垫板尺寸，计算出枕木端头至垫板的距离，画出垫板的边线位置，然后摆上垫板(如滑床板)，按垫板孔眼打印。

②曲股：曲股的道钉孔，应在直股道钉打入后，根据支距及轨距尺寸画出垫板的边线，再照垫板孔眼打印。

(4)铺钉轨道：铺钉道岔钢轨，一般可按下述步骤进行：

①铺钉直股及辙叉。

②抬摆钢轨：按图7-1中Ⅰ-1～Ⅰ-9的顺序，将基本轨、中轨、主轨及护轨、尖轨及辙叉抬摆到岔枕上，使岔头、岔尾与中心桩对齐。

③铺导曲线上股钢轨:抬摆图中Ⅱ-1～Ⅱ-3的上股尖轨和导曲线钢轨,连接好接头。
④铺导曲线下股钢轨:抬摆图中Ⅲ-1～Ⅲ-3的导曲线下股钢轨和护轨,连接好接头,放入垫板,以导曲线上股为准,按规定的轨距及递减距离(前三后四),钉好下股。

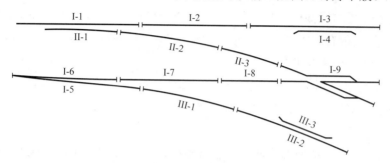

图 7-1 抬摆钢轨示意图

⑤安装连接杆:在两尖轨中间部分安装连接杆,第一根长度最短,系用方钢制造,其余几根系用扁钢制造,第三(四)根最长。要求两根尖轨应连成一个整体,使摆动灵活,尖轨竖切部分与基本轨密贴,动程尺寸在142～152mm。
⑥安装转辙机械。

3. 检查整理工作

(1)检查各部位间隔尺寸。
①全面检查道岔各部轨距,其容许误差在尖轨尖端处为±1mm,其他处为+3mm,-2mm。
②检查查照间隔1391mm和1348mm两个间隔尺寸是否符合规定数值。
③全面检查各部垫板的位置是否正确,有无错置倒放以及轨底未落槽等现象,结合检查进行岔枕的全面放正。
④检查核对导曲线支距尺寸,容许误差为±2mm,或用5m长度的线绳检查导曲线正矢,容许误差最大、最小差数不得超过3mm。

(2)检查尖轨密贴情况。

扳动转辙器,检查尖轨摆动是否灵活,是否与基本轨完全密贴,如果发现不密贴时,应找出原因进行调整。影响尖轨不密贴的原因,一般有下列几种情况:
①滑床板位置不对,应进行调整。
②连接杆长度不合适,应对连接杆的顺序、长度及类型进行检查,有无颠倒安错等情况,最后可对尖轨的接头铁螺栓进行调整,使尖轨全部密贴。
③尖轨本身弯曲不直或有硬弯,背面有肥边或顶铁过长等。

(3)整理。
①补足全部道钉,上紧各部螺栓。
②仔细拨正道岔位置,使之与前后轨道连接方向顺直。
③若铺设完毕后向直线开通(侧向不开通)时,应将道岔转辙器加锁,或用夹板及道钉将尖轨钉固,以保证安全。

(二)整体道床道岔铺设

整体道床道岔铺设步骤包括如下几个步骤:

1. 基底处理

按照规范要求,对基底进行凿毛处理,要求间距 30mm×30mm,深度为 5～10mm,清理施工现场杂物,采用高压水或高压风进行冲洗,保证整体道床混凝土与下部的结构板面粘接良好。

2. 复测基标

施工前对道岔起讫点、岔心及岔尾等控制位置点进行复测,在所有控制点均符合设计后,进行下一步施工。

3. 安装钢轨支撑架及轨距拉杆

钢轨支撑架按每隔 3～4 根岔枕布置,钢轨支撑架采用上承分离式,即每个支撑架只控制一根岔枕上的钢轨、转辙器或辙叉的高程和平面位置,支撑架的立柱用 $\phi 50$ 钢管加工,其顶部为上承式横梁的调高螺栓,其底部为钢底板并用螺栓固定在隧道结构面上,使支撑架能独自牢靠固定。

上承式横梁的长度与其附近的岔枕长度相近,其两端靠调高螺母调整横梁及钢轨的高度,横梁顶有轨卡螺栓可调整钢轨的平面位置。将钢轨位置、高程、方向大致定位,再将道岔直股钢轨、曲股钢轨、直股与曲股钢轨间用轨距拉杆锁定调整轨距,其误差不超过 ±2mm。

4. 道岔安装基本就位

安装前先将支撑架上承式横梁的承轨面调至道岔钢轨底设计高程,然后逐件安装道岔部件,以结构底板上钢轨内侧底边线的施工测量标桩为依据(图 7-2),调节支撑架上各调节螺栓,将该部件精确就位。用鱼尾板与已拼装的部分相连接,转辙器的尖轨及辙叉部分的护轨用间隔铁连接,上好尖轨拉杆、连接杆。

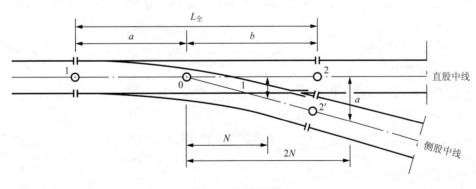

图 7-2 道岔位置桩

0- 岔中交桩;1- 岔头桩;2- 岔尾桩(直股);2'- 岔尾桩(侧股)

5. 吊挂岔枕

按图纸顺序分部吊挂岔枕,吊挂时避免撞动道岔部件,吊挂后再根据标桩进行检查和调整,分部吊挂,分部调整。直线上两股钢轨的支承块中心线连线与线路中心垂直,曲股上支承块中心线连线与线路中线的切线垂直。

6. 绑扎钢筋网

根据基标在结构面上用墨线弹出岔区钢轨内侧底边线、岔枕中心线、钢筋网纵横向钢筋控制线、钢轨支撑架支墩位置线。进行钢筋绑扎,纵向钢筋采用搭接焊接长、纵横钢筋的节点按防迷流设计要求进行焊接。

7. 道岔精调

使用直角道尺、万能道尺和10m弦丈量,配合目测对道岔的轨距、水平、高低、方向、轨缝、接头、尖轨与滑床板、尖轨与基本轨、转辙器连接零件、辙叉与护轮轨进行全面的检查和调整,使之符合道岔技术标准。

8. 浇筑道岔混凝土支承墩

无直接浇筑条件地段,在两个支撑架间的一根岔轨下浇筑混凝土支承墩,将该岔枕牢靠地固定在隧道结构面上,使道岔在浇筑道床混凝土时不易移动,以达到验收标准,待正线整体道床施工到达时一并完成道岔道床混凝土的浇筑。

9. 浇筑道床混凝土

具备条件地段可直接采用泵送一次性浇筑,按设计要求支立道岔整体道床模板,浇筑时要设防护罩,防止道岔扣件、滑床板等被污染,抹面时及时清理掉钢轨、岔枕、扣件和滑床板上的混凝土残渣。

二、运营线铺设道岔

城市轨道交通一般规划比较长远,近期内不会在运营线上铺设道岔(有需要整组更换道岔除外),但会在线路延长或和其他线相接时,存在与运营线接轨,或接轨处铺设道岔。本节只做简单介绍。

在运营线上铺设道岔是一件复杂而又细致的工作,其特点是在规定时间内,做到准备工作完善,施工组织严密,既安全又高质量地完成铺设工作。

运营线铺设道岔应遵循的原则:必须充分作好准备工作,把一切能预先做的工作尽量放在准备作业内完成,争取最大限度地压缩基本作业时间。

现将运营线路铺设碎石道床道岔(更换道岔)作业步骤介绍如下:

(一)准备作业

1. 施工前的调查

主要调查内容为施工条件、工作情况、材料堆放位置等,作为编制作业计划的依据。

2. 测量道岔长度

施工负责人在施工前对道岔中桩要用钢尺进行精细的丈量核对,以防错误,同时对道岔前后的钢轨长度,也应进行精细量测,以便锯配短轨和确定两端接头位置及轨缝大小。

3. 调整道岔前后轨缝

道岔前后的线路轨缝如有连续瞎缝或大轨缝时,应先调整并加强防爬锁定,防止拆开线路铺入道岔钢轨时,发生钢轨拨不进或连不上的现象。

4. 运送材料、工具及岔枕钻孔

将道岔所需用的全部材料(包括配件、配轨、岔枕以及异形夹板等)及所用工具运至施工现场,并逐一核对是否有误。在岔枕头上写明顺序号及长度,按铺设次序堆放好。道岔前后所配短轨进行准确量锯,并钻好螺栓孔。

5. 划岔枕间隔及抽换岔枕

(1)划岔枕间隔印:根据已测定的道岔位置,在原线路钢轨的腹部内侧,按照道岔布置图上规定的岔枕间距尺寸画上标印。

(2)抽换岔枕:根据已画好的岔枕间隔印,每隔6根枕木将原铺枕木换成岔枕,交错进行,并注意将每根新岔枕下面的道床捣固密实。上述工作完毕后,应对轨距、水平全面检查一遍。

6. 散布道岔垫板、道钉及各种零件

将道岔各部垫板按顺序位置散布于岔枕头上,连杆、轨撑等零件散布于所在位置的枕木盒内。

7. 松动螺栓加垫圈

将计划拆开接头的螺栓,逐个松开涂油并加垫垫圈再拧紧。若接头为6个螺栓时,可先拆去2、5螺栓,只拧紧4个,这样可以节省拆卸接头螺栓的时间。

8. 连接道岔钢轨构成轨组

将道岔直股钢轨(包括道岔前后所配短轨)分别连接成钢轨组,留够轨缝,上紧螺栓,然后将已连接好的道岔钢轨组放在道心内拨正位置,注意新轨组距原有钢轨头部内侧的净距,应不少于200mm,轨面不应高出原轨面25mm,并用道钉将轨组临时钉固。

9. 检查料具

上述各项准备工作完成后,施工负责人应进行一次全面检查,确认材料、工具、人力及防护用品均按计划准备落实后,召集全部人员召开班前会议,交代施工方法和安全注意事项,准备施工。

(二)基本作业

1. 计划申报

应制定铺设方案,并根据方案提报施工计划。

2. 防护

根据施工计划,施工负责人向车场调度请点,得到车场调度施工命令后,应按施工防护办法设好防护,方可进行施工。

3. 拆道钉、卸螺栓

根据施工计划分工,负责拆除原有线路两端接头的工人,分别在两端接头卸下螺栓及钢轨夹板,其余工人在规定范围内拆下全部道钉。

4. 换轨

将原有钢轨向外横移拨出,然后将置于道心的道岔轨组横移拨入原轨位置,随即将两端接头连接好。

5. 钉道

将旧垫板撤出,逐根插入道岔垫板,摆正位置钉入道钉(钉道作业顺序与新线铺设道岔作业相同,不再重述)。

6. 检查整修质量(质量回检)

道岔铺完后,由施工负责人和经验丰富的人员进行全面检查。主要检查以下几项:

(1)按照表 7-1 中综合维修标准,确认各部轨距、水平、高低、方向、支距等无超限。
(2)道岔零配件、夹板、螺栓道钉齐全并且上紧。
(3)尖轨与基本轨完全密贴。
(4)尖轨与滑床板密贴。
(5)限位器 A 和 B 之间间隙满足 7mm±1mm。

7. 轨道与信号联调

道岔铺设完成后,信号专业需要安装转辙装置、钢轨连线等,轨道专业应根据需要在现场配合,并在完成后,进行轨道专业与信号专业联调。联调结束后,拆除防护,向车场调度销点。轨道专业与信号专业联调内容如下:

(1)轨道专业作业内容。
①整治基本轨硬弯,尖轨拱腰、硬弯、翘头。
②调整尖轨密贴、动程和开程,调整顶铁间隙。
③调整尖轨与滑床板密贴,检查滑床板涂油及磨耗情况。
④调整道岔轨距、水平等几何尺寸等。
(2)信号专业作业内容。
①调整安装装置,更换不合格角钢,做到两根长角钢平顺,间距符合标准。
②更换上部不顶,下部、腰部不贴角型座。
③整治、平顺密贴调整杆,表示杆与基本轨直股或直股延长线相垂直。
④消除 4mm 不能锁闭病害。
⑤绝缘接头采用高强度绝缘件。
⑥更换不合格销子、螺栓及弹簧垫圈。
⑦做到手摇道岔无反弹,动作电流、故障电流不超标。
⑧更换锈蚀折损及整理安装不标准的轨道电路引接线、接续线。
⑨完善防松装置。

(三)注意事项

(1)在运营线上铺设道岔的特点是作业时间受限,施工方案应尽可能详细考虑各方面影响,做好准备工作,做好质量回检。

(2)尖轨跟及护轨间隔铁、辙后垫板以及连接杆等零件,安装时应注意检查,避免出现左右颠倒、前后错位等现象。

三、道岔的更换

道岔更换工作,包括局部更换和整组更换两类。

局部更换是指更换道岔中磨耗超限或损伤的尖轨、基本轨、辙叉及其他钢轨和零件等。

整组更换是指将整组旧道岔更换为新道岔的工作。

道岔更换工作应根据道岔伤损情况提前编制施工方案。其更换流程和运营线铺设道岔流程基本一致,本节不再赘述。

四、道岔警冲标

道岔警冲标是指示机车车辆停车时,不准向道岔方向或线路平面交叉处所越过的地点停车的标志,即使停放在Ⅰ线上的列车或车辆,不妨碍相邻Ⅱ线上的列车安全运行(图7-3)。根据机车车辆限界规定,由线路中心计算,一侧最大宽度为1800mm,当机车车辆停于道岔内方,相邻线路有机车车辆运行两线路中心线之间必须保持不小于3600mm才能顺利通过。另外还需考虑机车车辆运行中摆动等因素,所以规定警冲标设在两会合线路限界交点外侧,距离两侧线路中心距离 h 需要请限界和信号专业确认。铁路上,一般要求警冲标设在两线间距为4m的中间,有曲线时还要按限界加宽。如在道岔后附带曲线内侧设置警冲标时,应按曲线内侧加宽办法计算,将警冲标与附带曲线的距离加大。城市轨道交通中,警冲标设在距离直线线路1.8m,距离曲线线路为1.98m(当警冲标在曲线内侧时)或1.95m(当警冲标

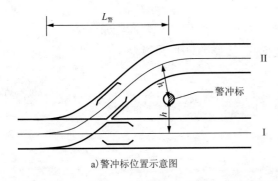
a) 警冲标位置示意图

b) 警冲标现场图

图7-3 警冲标位置示意图(一)

在曲线外侧时),曲线部分所设道岔附近的警冲标与线路中心线间的距离,应按限界的加宽增加。如图7-4所示。

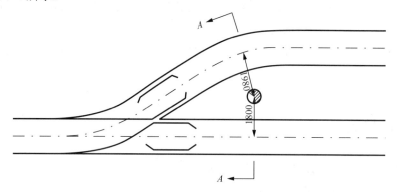

图 7-4 警冲标位置示意图(二)(尺寸单位:mm)

第二节 道岔养护探讨

道岔作业质量及结构状态是否良好直接制约列车运行速度和影响行车安全,因此应加强道岔的维护。道岔维护应贯彻"预防为主,防治结合,修养并重"的原则,按道岔状态的变化规律和程度,相应地进行综合维修、经常保养和临时补修,有效地预防和整治设备病害,有计划地补偿设备损耗。本节主要就道岔的维修定义、道岔维修标准、常见故障处理措施等方面进行探讨。

一、道岔维修定义

道岔维修分为计划修、临时修及故障修。

(一)计划修

计划修是按周期有计划地对道岔进行整治养护,包含综合维修和经常保养。

综合维修指改善轨道弹性,调整道岔几何尺寸,整修和更换道岔部件,以恢复道岔完好的技术状态。

经常保养指根据道岔变化情况,在全年度和道岔范围内,有计划、有重点地进行经常性养护,以保持道岔质量经常处于均衡状态。

(二)临时修

临时修主要是及时整修超过临时补修容许误差限度的道岔几何尺寸及其他不良状态,

以保证行车平稳和安全。

(三)故障修

故障修是道岔出现故障时,相关部门为恢复线路正常运营而组织的紧急抢修,如钢轨折断、列车挤岔、道岔道床沉降等。相关部门应根据应急抢险流程和应急抢险方案组织线路功能恢复工作。

二、道岔维修标准

(一)道岔静态几何尺寸

道岔静态几何尺寸容许偏差管理值详见表 7-1。

道岔静态几何尺寸容许偏差管理值　　　　表 7-1

项目		综合维修(mm)		经常保养(mm)		临时补修(mm)	
		正线及试车线	车辆段(停车厂)线	正线及试车线	车辆段(停车厂)线	正线及试车线	车辆段(停车厂)线
轨距		+3 -2	+3 -2	+5 -3	+5 -3	+6 -3	+6 -3
水平		4	6	6	8	9	10
高低		4	6	6	8	9	10
轨向	直线	4	6	6	8	9	10
	支距	2	2	3	3	4	4
查找间隔、护背距离		—	—	—	—	>91 或 <48	>91 或 <48
轨距递减率(‰)		0.1		0.2		0.3	
导曲线反超高		0		2		3	

注:支距偏差为现场支距与计算支距之差。

(二)道岔的其他部件维修标准

1. 尖轨

尖轨有下列伤损或病害时,应及时维修或更换:

(1)尖轨尖端与基本轨不靠贴。

(2)尖轨侧弯造成轨距不符合规定。

(3)在尖轨轨顶面宽 50mm 及以上断面处,尖轨顶面低于基本轨顶面 2mm 及以上,AT 型尖轨除外。

(4)尖轨工作面伤损,继续发展,轮缘有爬上尖轨的可能。

(5)距尖轨尖 380mm(第一连接杆)处,尖轨侧面磨耗达到 4mm。

(6)距尖轨尖 380mm 之后,尖轨侧面磨耗达到 7mm。

(7)其他伤损达到钢轨轻伤标准时。

2. 基本轨

基本轨有下列伤损或病害,应及时修理或更换:

(1)曲股基本轨的弯折点位置或弯折尺寸不符合要求,造成轨距不合规定。

(2)基本轨垂直磨耗,50kg/m 及以下钢轨,在正线、试车线上超过 6mm,在其他线上超过 10mm。

(3)基本轨垂直磨耗,60kg/m 及以上钢轨,在正线、试车线及正线辅助线上超过 8mm,在其他线上超过 11mm。

(4)其他伤损达到钢轨轻伤标准时。

3. 其他零部件

有下列伤损或病害,应进行修理或更换:

(1)各种螺栓、连杆、顶铁和间隔铁损坏、变形或作用不良。

(2)滑床板损坏、变形或滑床台磨耗大于 3mm。

(3)轨撑损坏、松动,轨撑与轨头下颏或轨撑与垫板挡肩离缝大于 2mm。

(4)护轨垫板折损。

(5)钢枕和钢枕垫板下胶垫及防切垫片损坏、失效。

(6)弹片、销钉、挡板损坏。弹片与滑床板挡肩离缝、挡板前后离缝大于 2mm,销钉帽内侧距滑床板边缘大于 5mm。

(7)其他各种零件损坏、变形或作用不良。

4. 辙叉伤损

辙叉伤损分为轻伤和重伤两类。

(1)高锰钢整铸辙叉轻伤标准。

①辙叉心宽 40mm 断面处,辙叉心垂直磨耗(不含翼轨加高部分),50kg/m 及以下钢轨,在正线上超过 4mm 断面。

②辙叉顶面和侧面的任何部位有裂纹。

③辙叉心、辙叉翼轨面剥落掉块,长度超过 15mm,深度超过 3mm。

④钢轨探伤人员或养路工长认为有伤损的辙叉。

(2)高锰钢整铸辙叉重伤标准。

①辙叉心宽 40mm 断面处,辙叉心垂直磨耗(不含翼轨加高部分),50kg/m 及以下钢轨,在正线上超过 6mm,在试车线上超过 8mm,在车厂线上超过 10mm。

②辙叉心宽 40mm 断面处,辙叉心垂直磨耗(不含翼轨加高部分),60kg/m 及以上钢轨,在正线上超过 8mm,在试车线上超过 10mm,在车厂线上超过 11mm。

③纵向水平裂纹长度超过表 7-2 所列限度者。

纵向水平裂纹长度　　　　　　　表 7-2

项 目	辙叉心(mm)	辙叉翼(mm)	轮缘槽(mm)
一侧裂纹长度	100	80	200
一侧裂纹长度发展至轨面(含轨面部分裂纹长度)	60	60	—
两侧裂纹贯通(指贯通长度)	50	—	—
两侧裂纹相对部分长度	—	—	100

④垂直裂纹长度(含轨面部分裂纹长度)超过表 7-3 所列限度者。

垂直裂纹长度　　　　　　　表 7-3

项 目	辙叉心（mm）		辙叉翼（mm）
	心宽 0～50	心宽大于 50	
一条裂纹长度	50	50	40
两条裂纹相加	60	80	60

⑤叉趾、叉跟轨头及下颚部位裂纹超过 30mm。

⑥叉趾、叉跟浇筑断面变化部位斜向或水平裂纹，长度超过 120mm，或虽未超过 120mm，但裂纹垂直高度超过 40mm。

⑦底板裂纹向内裂至轨腰，并超过轨腰与圆弧的连接点。

⑧螺栓孔裂纹延伸至轨端、轨头下颚或轨底，两相邻螺栓孔裂通。

⑨辙叉心、辙叉翼轨面剥落掉块，长度超过 30mm，深度超过 6mm。

⑩钢轨探伤人员或轨道巡检人员认为有影响行车安全的其他缺陷。

(3) 辙叉有轻伤时，应注意检查观测；轻伤有发展，应计划进行更换；达到重伤标准时，应及时更换。

（三）钢轨伸缩调节器

（1）钢轨伸缩调节器种类、型号及技术条件应符合设计要求及产品技术条件规定。铺设钢轨伸缩调节器时，应根据铺设时的轨温预留伸缩量，铺设后应作好伸缩起点标志并应达到基本轨伸缩无障碍，尖轨锁定不爬行。钢轨伸缩调节器铺设位置应符合设计要求。

（2）轨伸缩调节器的尖轨刨切范围内应与基本轨密贴；尖轨尖端至其后 400mm 处，缝隙不得大于 0.2mm，其余部分不得大于 0.8mm。

（3）钢轨伸缩调节器轨道中线与设计中线允许偏差 20mm。

（4）钢轨伸缩调节器铺设应符合以下规定：

①水平螺栓、轨撑及导向轨撑处的 T 形螺栓拧紧力矩为 100～120N·m，螺旋道钉拧紧力矩为 150～200N·m。

②伸缩调节器各部分几何尺寸如图 7-5 所示。

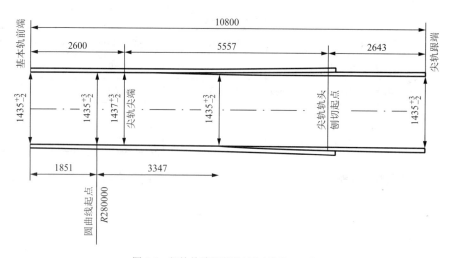

图 7-5　钢轨伸缩调节器(尺寸单位:mm)

三、道岔常见病害处理

道岔常见故障可根据道岔的构造进行分解,具体分为:转辙器部分常见病害、连接部分常见病害和辙叉及护轨常见病害。另外,道岔的整体水平和方向病害对道岔的平顺性影响也较大。

(一)转辙器部分常见病害

1. 尖轨与基本轨不密贴

(1)病害产生原因。

①加工制造时,50mm 范围内刨切长度不够。

②尖轨顶铁过长,补强螺栓凸出。

③转辙机位置与尖轨动作拉杆位置不在同一水平线上。

④基本轨弯折点有误。

⑤基本轨工作边与尖轨非工作边有肥边造成假密贴。

⑥基本轨横向移动。

⑦基本轨或尖轨本身有硬弯。

⑧基本轨、轨撑、滑床板挡肩之间存在"三道缝"。

⑨第一、二连接杆与尖轨耳铁连接的距离不合适。

(2)预防整治尖轨与基本轨不密贴的措施。

①对刨切不足的尖轨再进行刨切。

②打磨焊补或更换顶铁和补强螺栓。

③调整转辙机及尖轨拉杆位置,使其在同一水平线上。

④拨正基本轨方向,矫正弯折点位置和失度。

⑤打磨基本轨和尖轨肥边。

⑥打靠螺栓与钢轨,消除假轨距。

⑦调直尖轨与基本轨,拨正方向,改好轨距。

⑧调整连接杆长度,改编尖轨耳铁的孔位或加入绝缘垫板,误差较大时,可更换接头铁或方钢。

⑨焊补或更换磨损挠曲不平的滑床台、轨撑、滑床板挡肩,或用螺栓将轨撑、滑床板与枕木连接在一起,消灭"三道缝"。

2. 尖轨跳动

(1)病害产生原因。

①尖轨跟端轨缝过大,间隔铁和夹板磨耗,螺栓松动,过车时冲击力大。

②跟部桥型垫板或凸台压溃。

③捣固不实,有吊板。

④尖轨拱腰。

(2)预防整治尖轨跳动的措施。

①焊补或更换间隔铁、夹板,更换磨耗的双头螺栓。

②增补整修跟部桥型垫板和防跳卡铁,进一步采取尖轨防跳措施,如下基本轨轨底增设尖轨防跳器,或在尖轨连接杆两端安设防跳补强板,使其长出部分卡在基本轨轨底,以防止尖轨跳动。

③加强转辙部分枕下的捣固,尤其是加强接头及尖轨跟端的捣固。

④调直拱腰的尖轨。

3. 尖轨轧伤与侧面磨耗

(1)尖轨轧伤与侧面磨耗的原因。

①尖轨与基本轨不密贴或者假密贴。

②尖轨顶铁过短。

③基本轨垂直磨耗超限。

④尖轨前部顶面受车轮踏面和轮缘的轧、挤、碾作用。

(2)预防整治尖轨轧伤与侧面磨耗的措施。

①防止尖轨跳动及确保尖轨竖切部分与基本轨之间的密贴。

②加长顶铁,使尖轨尖端不离缝。

③将垂直磨耗超限的基本轨及时更换。

④必要时安装防磨护轨,减小尖轨侧面磨耗。

4. 尖轨扳动不灵活

(1)尖轨扳动不灵活的原因。

①尖轨爬行,两股前后不一致。

②拉杆或连接杆位置不正确。

③尖轨跟端双头螺栓磨损或间隔铁夹板磨耗严重,螺栓上紧后影响扳动。
④基本轨有小弯,滑床板不平直。
⑤拉杆、连接杆、接头螺栓孔壁磨耗扩大,螺杆磨细。
(2)预防整治尖轨扳动不灵活的措施。
①窜动尖轨、基本轨使之处于正确位置,将尖轨跟端螺栓放正,锁定爬行。
②调整拉杆或连接杆位置。
③焊补或更换磨损超限的双头螺栓、间隔铁和夹板。
④整正滑床板。
⑤保持尖轨跟端轨缝符合设计规定,不允许挤成瞎缝。

(二)连接部分常见病害

1. 导曲线钢轨侧面磨耗
(1)导曲线钢轨侧面磨耗的原因。
由于导曲线外股没有设置超高,长期受离心力作用,导致反超高和上股钢轨偏心磨耗。
(2)预防整治导曲线钢轨侧面磨耗的措施。
①在导曲线上股铺设 1/20 的铁垫板。
②根据需要设 6mm 超高,在导曲线范围内按不大于 0.2% 顺坡。
③保持连续部分钢轨无接头相错。

2. 导曲线不圆顺
(1)导曲线不圆顺的原因。
尖轨跟端和辙叉前后开口尺寸不合标准,支距点位置不对,支距尺寸不标准和作业不细,维修不当以及列车车辆冲击作用等。
(2)预防整治导曲线不圆顺的措施。
①保证支距点位置和跟端支距正确。
②保持支距尺寸并使递减率符合要求。
③导曲线目测圆顺,消灭鹅头。
④个别处所,通过拨道和改正轨距解决。

(三)辙叉及护轨常见病害

1. 辙叉垂直磨耗和压溃
(1)辙叉垂直磨耗和压溃产生的原因。
车轮通过有害空间时对心轨和翼轨产生冲击作用,辙叉心处的岔枕经常发生吊板;破坏道床坚实性是引起辙叉垂直磨耗和压溃的主要原因。
(2)预防整治辙叉垂直磨耗和压溃的措施。
①加强辙叉底部捣固,特别是叉心和辙叉前后接头处的捣固。

②消除辙叉底部空吊情况。

③增加竖螺栓,加强辙叉的整体稳定性。

2. 辙叉偏磨

(1)辙叉偏磨的原因。

辙叉偏磨是由单侧通过列车次数较多造成的。

(2)预防整治辙叉偏磨的措施。

①焊补偏磨辙叉。

②可倒换方向使用。

③加强偏磨部位捣固,且兼顾辙叉水平状态。

④建议调整列车运行方式,使两侧进行对称磨耗。

3. 辙叉轨距不合标准

(1)产生的原因。

查照间隔和护背距离不合标准,护轨轮缘槽、辙叉轮缘槽尺寸不合标准是造成辙叉轨距不合格的原因。

(2)预防整治措施。

①拨正直股方向。

②调整辙叉及护轨轮缘槽尺寸,使其符合标准。

③打磨作用边肥边,焊补伤损心轨、翼轨。

④整修查照间隔和护背距离,使其符合标准。

(四)道岔水平不良

碎石道床道岔,通常,两个方向的行车密度是不会相同的,有的甚至相差悬殊,容易造成道岔上水平的变化有着不同的规律。归纳起来,影响道岔上水平变化的主要因素有:

(1)由于两个方向行车密度不同,造成同一根岔枕上机械磨损不一致。

①主要行车方向为直向,则直股钢轨下垫板切入岔枕(机械磨损)的深度普遍比行车较小的曲股严重,并且曲股两股钢轨产生吊板,尤其是导曲线上股最为显著。出现这种现象是因为:受荷载的钢轨下岔枕和轨下基础(道岔)所产生的变形都比非荷载的钢轨大,而且非荷载的钢轨总是力图"阻止"荷载钢轨的变形,因此非荷载钢轨受力的方向是向上的,当道钉不能把非荷载钢轨和岔枕连接在一起时,就会产生吊板,尤其是导曲线上股受直向两荷载轨的影响,吊板的程度更为明显。严重时甚至发生"担"道尺的现象,无法测量直向钢轨的水平。

曲股两钢轨行车较直股虽少,但经常行车时,曲股两钢轨产生吊板的程度就轻,或不产生吊板,但由于对道岔机械磨损程度不一致,其钢轨底面与直向钢轨的底面因而不会在一个平面上。在这种情况下,如果进行岔枕的单根抽换,未经磨损的岔枕顶面将与曲股两钢轨底面产生空隙,给养护作业造成麻烦。

②主要行车方向是侧向,这里将产生与第一种情况相对应的结果,岔枕的机械磨损有更

加鲜明的特征。因为侧向导曲线半径小、无超高,过车时产生偏载;若行驶电力或内燃机车时,侧压力比蒸汽机车大得多,则导曲线上股钢轨承受的荷载大,岔枕的机械磨损急剧。尤其是在行车繁忙的道岔上,导曲线上股外侧垫板切入岔枕的初期速度,一年可达 10mm 左右,造成导曲线反超高。

(2)长岔枕中部低洼,造成导曲线反超高、内直股钢轨水平低、辙叉心沉落等。

岔枕长度超过 2750mm 时,就可能发生中部低洼。因为从此部位开始,两内股钢轨逐渐移向岔枕中部,两内股钢轨靠得越近,岔枕越长,其中部低洼越显著。因为荷载向岔枕中部集中,道床的变形积累比两端快,犹如两端受到支承的梁。加之岔枕埋于道床内,底部的湿度比上部的湿度大得多,本身就存在着使岔枕弯曲的收缩应力,致使岔枕中部低洼,造成导曲线反超高、内直股钢轨水平低、辙叉心沉落和岔后中间两股水平低等病害。

(3)错开铺设的钢轨接头,造成水平不良。

车轮通过接头产生的附加动力冲击,因为接头处的道床沉陷速度和岔枕的机械磨损比其他部位快得多,钢轨本身变形产生"低接头"、"高小腰"的病害。道岔的连接部分,钢轨接头为错开布置,一股钢轨的接头正对相应一股的小腰,很难使水平达到要求,也给起道整修造成许多困难。

(4)钢轨垂直磨耗不均,造成水平不良。

由于道岔直、侧两个方向行车密度相差悬殊,使两个方向的钢轨垂直磨耗显著不一,这种情况多和岔枕机械磨损不一致同时存在,给起道整治水平不良,起一股时把邻近的一股同时抬起,可能使另一方向的水平超限。

(5)养护作业不当,造成水平不良。

在养护作业中,往往由于起道和捣固工作不慎,造成水平超限;另外,在维修道岔时,不是根据道岔两方向行车的密度不同,采取不同的起道、捣固形式。因而不适应列车的运行情况,使水平不能长久保持。

道岔水平不良一般整治办法有:整修道岔水平和前后高低,可采取起道和捣固,还可辅以在铁垫板下垫入垫片、倒换垫板钢轨、整治焊接、胶接及冻结接头病害等措施。

(五)道岔方向不良

1. 道岔方向不良的原因

(1)忽视对道岔的整体维修,造成道岔前后方向不顺。

(2)铺设位置不正确,随弯就弯。

(3)钢轨及其零件磨损,作业方法不合理,硬性凑合支距和轨距,造成各连接部位不圆顺。

(4)曲基本轨弯折点位置不对,造成转辙器部分方向不良。

(5)捣固不实,使线路出现坑洼。

(6)道砟不良,夯实不好,降低道岔阻力。

(7)钢轨及其零件连接不好,导致方向不正等。

2. 预防整治道岔方向不良的措施

（1）做好道岔前后 50m 线路的整体维修，经常保持轨面平、方向顺。

（2）做好直股基本轨方向，拨好道岔位置。

（3）弯好曲基本轨弯折点，拨好轨距递减。

（4）检查确认基本轨既有弯折量，按标准做好弯折段长度和矢量。

（5）加强捣固作业，除按规定捣固外，还应根据道岔构造的特点进行适当加强。

（6）加强各部分零件的养护维修，充分发挥各种扣件固定钢轨位置的作用。

第八章　无缝线路养护维修

> **岗位应知应会**
>
> 1. 了解无缝线路养护维修的内容。
> 2. 掌握日常养护维修中需要注意的内容。
> 3. 熟悉无缝线路位移观测周期和相关技术。
> 4. 掌握无缝线路应力放散基本流程和操作。
>
> **重难点**
>
> 重点：无缝线路应力放散应力调整与应力放散。
> 难点：无缝线路养护维修的基本原则。

第一节　无缝线路养护维修规定

一、基本原则和要求

无缝线路养护维修的特殊性，主要反映在锁定轨温和线路阻力两个方面。无缝线路的养护维修，都应以保持合理的锁定轨温、充分提高线路阻力为提前，以"夏防胀、冬防断"为中心。

（一）无缝线路养护维修的基本原则

1. 基本原则

（1）不使合理的锁定轨温发生变化，必须在设计锁定轨温范围内牢固锁定。

（2）道床横断面必须按设计标准经常保持完好。因清筛或其他施工等原因导致缺砟时，应按设计标准补足、夯实、整形。

（3）线路应经常保持平整圆顺，其几何偏差要经常控制在养护标准的超限值内。无三角坑、暗坑、吊板。

（4）要根据季节性特点、锁定轨温情况和线路状态，制订维修计划和组织线路作业。

（5）严格按无缝线路作业轨温标准安排各作业项目和作业量。

（6）在无缝线路伸缩区与固定区交界处、道口前后、桥头、曲线头尾、变坡点、制动地段等容易出现温度力峰值的处所，尤其应注意加强线路结构，对有关作业规定从严掌握，对线路状态加强检测。

(7) 要注意伸缩区和缓冲区的养护工作。

(8) 备料齐全。

2. 条件

为满足上述要求,养护维修时必须做到:

(1) 缓冲区接头螺栓必须使用 10.9 级螺栓,扭力矩要达到 900N·m,并经常保持在 700N·m 以上。

(2) 扣件应经常保持紧、密、靠、正,达到三点接触,扭力矩保持在 80～150N·m(一般情况扭力矩达到 100N·m,半径不大于 650m 曲线应达到 150N·m),扣件不良率不得超过 8%,防止长轨节爬行及过量伸缩。

(3) 道床要经常保持丰满、密实、整齐、排水良好。

(4) 线路方向要经常保持顺直。钢轨硬弯或焊缝工作边矢度用 1m 直尺测量,超过 0.5mm 时要及时整修。

(5) 严格控制轨道结合尺寸偏差。

(6) 焊接接头轨顶面凸凹面不平必须打磨、焊补。整治后用 1m 直尺测量不超过 0.5mm。线上钢轨无重伤。

(7) 翻浆等影响线路稳定的病害应及时整治。

(8) 位移观测桩,要保持齐全、牢固、标记明显准确,并定期对线路进行观测分析,发现不正常位移时,要及时采取有效措施,进行纠正。

(9) 作业前、作业中、作业后要测量轨温,做到作业不超温,作业过程中不改变锁定轨温。严格做到"一准""二清""三测""四不超""五不走"(准确掌握锁定轨温;维修作业半日一清,补修作业一撬一清;作业前、作业中、作业后测量轨温;作业不超温,扒碴不超长,起道不超高,拨道不超量;扒开道床不回填不走,作业后道床不夯实不走,不组织检查不走,质量不合格不走,发生异状不处理不走)。

(10) 加强巡道工作,根据季节气候特点,有重点地检查线路,发现异常情况,应及时采取措施并汇报,确保行车安全。

(11) 按单元轨条建立技术档案,准确、及时登记胀轨、断轨、焊接、应力放散、大中修施工等情况,以及线路上进行各种影响无缝线路施工的施工情况。(为便于查找,每段无缝线路应在长轨条两端钢轨腹部注明铺设日期、锁定轨温及长度等情况。每处现场焊接的焊缝都应有特殊标记。)

(12) 备齐各种常备材料,并保持完好。

(二) 检查及观测制度

1. 检查制度

(1) 经常检查。

无缝线路的经常检查和监视,主要由工班长和巡道工负责,工班长和巡道工应熟悉无缝线路的特点,掌握管内每根长轨条的锁定轨温和每个爬行观测桩的位移情况。巡道工应按巡道工作要求检查线路;工班长应结合每月一次的线路检查,重点检查伤损焊缝的情况。在夏季,要注意观察线路方向和轨缝变化情况,特别是线路薄弱地段和施工作业地段,更应认真注意检查;在冬季,则应重点检查现场焊接的焊缝和轨缝变化情况。掌握了解轨缝变化的情况,就是掌握了长轨条长度变化的情况,即锁定轨温变化的情况;而锁定轨温的变化,则直接反映了线路阻力的大小。所以,冬夏季都必须密切注意缓冲区的轨缝大小。

（2）定期检查。

①每年冬、夏季之前,各工班对管内无缝线路进行全面检查、分析,做出书面总结。

②入冬前,钢轨探伤组对现场焊接的焊缝进行一次全断面检查;工班对用鱼尾板或急救器加固的伤损钢轨和不良焊缝,应进行全面拆检。

③入夏前,工班使用的测温应计进行检查、校正。

（3）特别检查。

高温季节,工务技术人员应深入现场,应添乘列车,检查线路的变化情况;必要时,临时增设巡检人员,加强巡查监视。施工作业地段,在气温变化急剧时,要留人看守。

2. 位移观测制度

位移观测桩是检查钢轨位移量、判断应力是否均匀的重要设施。工班长每月、工程师每季应通过位移观测桩观测、分析一次钢轨位移的情况,做好记录。发现观测桩处累计位移量大于 10mm 时(不含长轨条两端观测桩),应及时上报技术组查明原因,并采取相应措施。

3. 测温制度

坚持执行作业测温制度,是无缝线路防止超温作业的重要依据。

4. 故障报告分析制度

钢轨折断或胀轨、跑道事故发生后,及时深入现场,分析原因,处理故障,制定改进工作的措施。

二、无缝线路作业轨温条件

无缝线路的稳定性,依靠各种线路阻力的支持,而在线路上进行作业时,会暂时降低线路阻力。因此,为使无缝线路能在任何温度状态下都具有足够的稳定性和强度,就必须对不同作业内容和范围的作业轨温加以限制。无缝线路作业必须遵守作业轨温条件。

三、无缝线路养护维修的工作特点

(一)无缝线路质量状态变化特点

应按照无缝线路质量变化的三个阶段,实行有针对性的养护维修工作。

第一阶段：为无缝线路铺设的初期，在此期间，线路变化较大，为稳定期。应以单项维修为重点，辅以临时补修和经常保养，加速线路稳定，缩短稳定期。

(1)全面修整扣件。按紧、密、靠、正的要求作业，同时改好轨距和拨正轨向，尽快稳定线路。

(2)全面矫直死弯钢轨。

(3)全面整修道床。按设计要求修正道床横断面，夯实道床。

(4)全面修理焊缝。焊缝平顺度用1m直尺测量矢度不大于0.3mm，打磨与焊补相结合，全面修正焊缝，提高焊缝平顺度。

(5)全面捣固线路。消灭暗坑、空吊。

第二阶段：为无缝线路的稳定期，是充分发挥无缝线路优越性的时期。在此期间，应以经常保养为重点，适当安排综合维修。注意加强轨道结构，充分延长稳定期。

第三阶段：为无缝线路的后期，线路的总体质量开始下降。在此期间，应以综合维修为重点，辅以临时补修和保养，保持线路的平顺性。

(二)合理安排综合维修和经常保养

综合维修和经常保养的部分作业，因为动道量较大、动道范围长，所以施工期间线路阻力的损失就较大，施工完毕后阻力恢复所需的时间也较长，故安排工作时，要照顾到以下几个方面：

1. 尽量避开高温季节和低温季节

在炎热的夏季和寒冷的冬季，无缝线路钢轨断面上承受较大的力，正需要较大的线路阻力去适应它。综合维修和经常保养的部分作业却不可避免地严重扰动线路，损失线路阻力，使临界温度力降低，给无缝线路带来不安全因素。尤其是一些质量状况欠佳、阻力严重不足的无缝线路，在轨温变化度数较大的夏季盲目进行动道量较大的作业，更无异于雪上加霜。所以，无缝线路的综合维修和其他对线路扰动较大的作业，应尽量避开高、低温季节。年初制订维修计划时，应首先考虑到这一点。

2. 与锁定轨温相适应

一个工班不止作业一段无缝线路，而各段无缝线路的锁定轨温可能有高有低。为使维修作业时的轨温变化度数尽量小一些，进行维修作业时，不宜逐段按部就班地做下去，而应根据各段无缝线路锁定轨温的高低，安排施工进度。锁定轨温较高的地段，安排在气温较高的时候维修；锁定轨温较低的地段，安排在气温较低的时候维修。维修作业应以每段长轨条或单元轨条为单位一次性完成，不宜一段无缝线路分几次在几个轨温条件下进行，以免造成锁定轨温不均的后果。

3. 与线路状况相适应

线路状况千差万别，阻力强弱有时相当悬殊，对一些阻力薄弱又未及时整修的地段、小半径曲线地段、长大坡道、制动地段、长大钢梁上——的无缝线路进行维修时，实际锁定轨温与现场轨温的差数更不宜过大，更应避开高温和低温作业。

（三）突出养护维修的季节性特点

无缝线路的养护维修工作，应突出季节性特点，即针对无缝线路的季节性病害，确定各个季节的重点工作，防患于未然。

1. 春秋季节作业重点

春秋季节轨温比较稳定和适中，可供作业的时间也较长，作业的限制条件也较少，适宜进行各种线路作业。在此季节应着重做好以下工作：

（1）应做好防胀、防断预防性工作。

（2）对需要进行应力放散或调整的单元轨条，应做好计划进行放散。

（3）应做好缓冲区的养护工作。重点做好接头轨缝的调整、胶接绝缘接头的综合整治、一般接头的综合整治、拧紧扣件和夹板螺栓、更换失效轨枕和胶垫、扣件和夹板螺栓涂油。

（4）春末、夏初，应做好胀轨跑道的预防工作；秋末、冬初，要做好钢轨、焊缝防断的预防工作。在此期间应全面拧紧扣件及夹板螺栓，检查和整修不良的绝缘接头，全面进行扣件涂油，整修好道床断面，矫直硬弯钢轨，拨正不良轨向，消灭三角坑、暗坑和空吊，综合修正焊缝。

（5）做好断轨的焊接修复工作。

2. 夏季作业重点

夏季着重做好防止胀轨跑道工作。

（1）加强巡道工作，在高温时间内必要时应加班巡道。发现胀轨预兆，要及时采取措施进行处理，并应及时向上级汇报。

（2）根据气候特点，及时调整上班及作业时间。严格掌握作业轨温条件及允许进行的作业项目和作业量。作业时应密切注意线路状态、行车情况，如发现起道省力、线路方向不良、碎弯增多、拨道拨不动或拨好一处临近又复鼓出、高低水平不好、连续空吊、轨枕一端石砟离缝等胀轨的预兆，应立即停止作业，设置防护，采取降温措施，防止线路胀轨跑道。

（3）高温期间，如无特别需要应停止维修作业。尤其是缓冲区、伸缩区及其附近200m的线路，一般以不动为好。可以做一些有利于巩固线路稳定性的工作，如均匀补充石砟、夯实道床、拧紧各种螺栓等。

（4）打磨接头及焊缝。

（5）在允许的作业轨温下，矫直硬弯钢轨。作业后要拧紧扣件，并按规定做好复拧工作。

（6）加强线路检查和位移观测分析工作，发现有危机稳定性的处所，要及时消灭。

3. 冬季作业重点

（1）要加强夜间，尤其是黎明前后的巡道工作。在一天之中，这一刻轨温最低，容易发生钢轨折断。巡道人员应熟悉断轨急救的处理方法。

（2）加强线路检查，重点检查轨缝、焊缝及有伤损的钢轨。及时调整伸缩区大轨缝。

（3）综合整治接头及焊缝病害，消灭不平顺接头及焊缝。

（4）加强钢轨探伤工作，发现伤损钢轨，根据情况及时处理。工区应加强急就器、拱形夹板加固钢轨的拆检工作。

（5）全面拧紧扣件及接头扭力。

（6）及时消灭三角坑、暗坑、空吊等超限处所。

第二节　无缝线路的应力调整与应力放散

一、应力调整

无缝线路运营过程中，经常会出现在固定区纵向温度力分布不均匀的现象，如不进行调整，则在局部区段就会出现温度应力集中，影响无缝线路的安全运营，为此需要进行应力调整。

应力调整不改变原来的锁定轨温。在应力调整时，将长轨条两端伸缩区的扣件上紧，夹板螺栓拧紧，将固定区的扣件部分或全部松开，用列车碾压法或滚筒法进行应力调整，使固定区钢轨的温度应力均匀。应力调整完成后，上紧扣件，锁定线路。

二、应力放散

受施工季节和施工条件的限制，铺设无缝线路时，往往不能在设计锁定轨温进行锁定，这给维修养护工作带来很多困难。如锁定轨温偏低，不仅维修养护工作受到许多限制，而且高温时钢轨受到很大的温度压力，加之长钢轨不均匀爬行造成"应力集中"，就有胀轨跑道的危险；反之，如锁定轨温偏高，低温时钢轨受到很大的拉力，线路不均匀爬行后，某些地段拉应力增大，温度拉力与爬行附加拉力合在一起，容易拉断螺栓或引起钢轨折断。因此，对非设计锁定轨温锁定的无缝线路，特别是低温锁定或已产生严重"应力集中"的无缝线路，应该进行应力放散。

（一）应力放散的条件

（1）实际锁定轨温不在设计锁定轨温范围以内，或左右股轨条的实际锁定轨温相差超过5℃。

（2）锁定轨温不清楚或不准确。

（3）跨区间和全区间无缝线路的两相邻单元轨条的锁定轨温差超过5℃，同一区间内单元轨条的最低、最高锁定轨温相差超过10℃。

(4)当无缝线路的铺设条件不成熟,必须在铺设后组织应力放散。
(5)铺设或维修作业方法不当,使轨条产生不正常的伸缩。
(6)固定区或无缝道岔出现严重的不均匀位移。
(7)夏季线路轨向严重不良,碎弯多。
(8)通过测试,发现温度力分布严重不匀。
(9)因处理线路故障或施工改变了原锁定轨温。
(10)低温铺设轨条时,拉伸不到位或拉伸不均匀。

(二)应力放散的方法

无缝线路应力放散主要是通过温度控制或长度控制来实现。具体地说,温度控制就是在合适的轨温范围内使钢轨伸缩,抵消钢轨内部的温度力,然后再重新锁定线路;长度控制是靠外力强迫钢轨伸缩,当伸缩量达到预定数值时,立刻锁定线路。**对应可使用滚筒放散、撞轨等方法。**

(1)滚筒放散是把钢轨扣件松开,把滚筒放在轨枕上,滚筒作为支点支撑钢轨,使轨底与垫板之间的滑动摩擦变为轨底与滚筒间的滚动摩擦,以减小放散阻力,待轨温达到预定锁定轨温时,取下滚筒,锁定线路。

滚筒有两种:一种是带支架的滚筒;另一种是用钢管或圆钢直接锯成的圆棍。使用时,可把圆棍放在轨底与轨枕之间,以达到放散的目的。

该放散方法需要中断行车,施工时间长,额外配备滚筒,但应力放散均匀,锁定轨温准确。

(2)撞轨放散是在封锁线路时,松开所有扣件和缓冲区接头螺栓,朝放散方向撞击钢轨,在外力的作用下,克服轨底与胶垫间的摩擦力,迫使钢轨伸缩。

这种方法需要劳力多,另外需配备撞轨器,放散量集中在撞轨器附近,而其他地方放散量不均匀,容易使钢轨内部产生新的不均匀的温度力。

无缝线路应力放散可根据具体条件采用滚筒配合撞轨法,或滚筒结合拉伸配合撞轨法。

(三)应力放散计算

(1)放散量计算。

$$\Delta L = \alpha \cdot (T_{锁} - T_{原}) \cdot L \text{(mm)} \tag{8-1}$$

(2)缓冲区预留轨缝计算。

$$\delta = 0.0118(T_{max} - T)L - C \text{(mm)}（前面钢轨连接部分已介绍）$$

计算结果必须满足

$$3.3 < \delta < 8.1$$

(3)锯轨量计算:

$$K = \Delta L + \sum a - \sum b \tag{8-2}$$

式中:K——锯轨量;

ΔL——放散量；

$\sum a$——缓冲区计划预留轨缝总和；

$\sum b$——放散前原有轨缝总和。

以上计算可以提前通过内业完成，但当原轨温不明时，只能现场测量计算。首先让钢轨自由回缩，必要时使用撞轨器回撞，当轨条回缩稳定后，实测轨温作为原始轨温，然后进行该系列计算。

第三节　无缝线路位移观测

一、无缝线路位移观测桩设置

无缝线路位移观测桩的设置要满足设计要求和生产需要。普通无缝线路每段应设位移观测桩 5～7 对，固定区较长时，可适当增加对数（其中固定区中间点 1 对，伸缩区始、终点各 1 对，其余设置在固定区）。

无缝线路，单元轨条长度大于 1200m 时，设置 7 对位移观测桩（单元轨条起、讫点，距单元轨条起、讫点 100m 及 400m 和单元轨条中点各设置 1 对）；单元轨条长度不大于 1200m 时，设置 6 对位移观测桩（单元轨条起、讫点，距单元轨条起、讫点 100m 及 400m 各设置 1 对）。

位移观测桩必须预先埋设牢固，在轨条就位或轨条拉伸到位后，应立即进行标记。标记应明显、耐久、可靠。

二、利用观测桩的观测资料分析锁定轨温的变化计算方法

计算公式为：

$$\Delta t_{锁} = \frac{(84.7\Delta l)}{L} \tag{8-3}$$

式中：$\Delta t_{锁}$——锁定轨温改变值（升降值）；

Δl——长轨条长度变化值（mm）；

L——轨条设计长度（m）。

对单线线路，观测桩点编号顺里程增加方向，依次编号。顺上行方向（即里程减少方向）爬行为负，反之（即顺里程，里程增加方向）为正。两桩间爬行量差 Δl，用前方桩的爬行量减后方桩的爬行量（均带符号计算），若差值为正则两桩间钢轨伸长，为负则两桩间钢轨缩短，

相应表明其锁定轨温上升、下降。

[例8-1] 如图8-1所示,某线无缝线路,一股钢轨各点观测到的爬行量如下,各桩号在上侧记录,桩距180m,试计算3～4桩间和4～5桩间的锁定轨温变化度数。

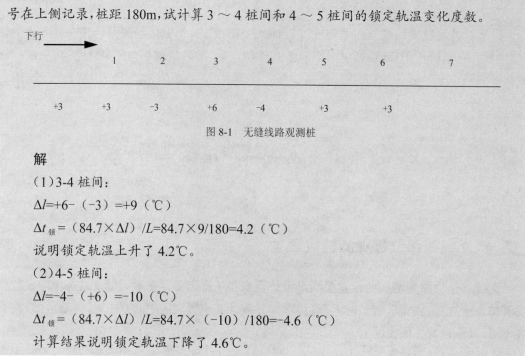

图8-1 无缝线路观测桩

解

(1) 3-4桩间:

$\Delta l = +6 - (-3) = +9$ (℃)

$\Delta t_{锁} = (84.7 \times \Delta l)/L = 84.7 \times 9/180 = 4.2$ (℃)

说明锁定轨温上升了4.2℃。

(2) 4-5桩间:

$\Delta l = -4 - (+6) = -10$ (℃)

$\Delta t_{锁} = (84.7 \times \Delta l)/L = 84.7 \times (-10)/180 = -4.6$ (℃)

计算结果说明锁定轨温下降了4.6℃。

三、位移观测

日常观测以工班为单位负责进行,爬行观测以同一单元轨条为一个观测单位,观测数据及时通知工班并记录在册。

固定区累计位移量大于10mm时,应及时上报工务段查明原因,采取相应措施。

观测周期原则上定为1年4次,即防胀始、终日期,一年最热、最冷日期,也可根据设备状态需要适当增加观测次数。

第九章　线路设备养护维修

> **岗位应知应会**
>
> 1. 了解到轨道专业一些常见的专项维修,加深对该专业的了解。
> 2. 通过对线路、道岔、轨道维修的知识学习,为在今后工作中遇到该类问题时能够及时作出正确的解决方式。
>
> **重难点**
>
> 重点:常见线路设备养护维修问题的处理以及分析。
> 难点:当该类问题发生时,及时作出正确的处理。

第一节　线路养护维修

一、巡道作业

(一)轨道巡检员的职责

轨道巡检员的主要职责是:巡查线路,及时发现线路病害,及时正确地处理故障,确保行车安全,并在巡查线路的空余时间内,做好小补修工作,保持线路状态完好。为此,轨道巡检员应掌握以下各项技术:

(1)会检查并能及时发现线路、道岔、路基所发生的病害。

(2)能对线路上发生的故障进行防护和紧急处理。如钢轨或夹板折断、胀轨跑道、塌方落石、自然灾害以及因各种原因侵入限界危及行车安全等情况的处理。

(3)会手工检查钢轨,能监视轻伤轨件和辙叉的变化情况。

(4)会小补修工作中的各项作业操作。如打紧道钉、拧紧螺栓、更换与整修防爬设备、疏通排水设备和除草等。

(5)会正确设置防护、显示和使用各种防护信号。

(6)能监视电客车装载和运行情况。

(二)巡道图

巡道图又叫巡回图,是巡道工作的行动依据。它不但关系到巡道工作质量,而且关系到巡道工作的安全条件和劳动条件。

巡道图要结合线路的行车条件、线路特点等实际情况编制,经批准后执行。

(三)巡道作业标准

(1)正线办理好请点手续,方可上道巡道。

(2)巡查时应严格执行工务车间编制的巡道图巡查(如遇作业令冲突时,以作业令为主进行适当调整),以3km/h左右的速度全面查看线路、道岔。

(3)如线路、道岔发生影响行车的故障,应立即排除处理、并按汇报制度规定向上汇报。

(4)巡视过程中发现兄弟单位明显设备故障,如触网零部件脱落、高压电缆脱架及电缆支架脱落的情况,及时通知相关车间。

(5)巡查结束后,必须进行销点工作,并将详细情况记录在巡道记录薄内,重要的情况向工长或调度汇报。

(四)巡道作业内容

轨道巡检员在当班巡道时,应穿戴防护服,按照编制的巡道图巡道,以3km/h左右的速度全面检查线路,在车辆段巡道时要注意瞭望,及时下道避车。轨道巡检员应根据季节特点和线路设备状态,摸清规律,确定管内的巡检重点。

巡检重点:

(1)钢轨、道岔、防磨护轨、钢轨伸缩调节器及主要联结零件有无缺损,尖轨和基本轨是否密贴,已有标志的伤损有无发展。

(2)各种设施、材料有无侵入限界,是否有胀轨跑道迹象及其他线路故障。

(3)隧道有无明显变形,路基沉陷、塌方、落石、水害、雪害。

(4)隧道有无明显的漏水,桥梁设施有无大的破损。

(5)道口铺面及护桩是否缺损。

(6)规定的一些小补修作业,松动连接零件和扣件的复拧和补充,折返道岔尖轨涂减磨剂等。

二、线路检查作业

线路设备检查是养路工作"检查、计划、作业、验收"四个环节中最基本、最重要的环节,它是制订线路维修计划和研究分析病害的依据。为掌握设备状态,提高设备质量,确保行车安全,必须对线路进行经常性的检查。

静态检查,线路处于静止状态,其各部分已经发生的永久变形和内部伤损,通过仪器工具及目测等检查方法确定其变形程度或伤损情况。静态检查项目比较全面,检查的条件也较充分,它是线路经常检查中最主要的一种。

动态检查,在机车、车辆的动力作用下,线路发生弹性变形,这种弹性变形的大小是不固定的,它随列车的速度、重量的不同而改变,通过轨道检查车来检查,它可以反映出线路弹性变形和永久变形的叠加状态。

上述两种检查方法相互配合使用可以较全面地掌握线路状态。

几种常用的静态检查项目如下所述。

(一) 轨距

钢轨头部内侧顶面以下 16mm 范围内两股钢轨作用边之间的最小距离称为轨距。

目前,测量轨距采用的主要是专作检查用的轨距尺。轨距尺的尺体是以铝镁合金制作,严禁摔磕,出现碰痕时,应用摇表测量该处绝缘电阻值,若达不到规定指标要求时,须停止使用。用轨距尺测量轨距时拉手要轻放轻拉,不得用力过大,以免影响尺的使用寿命和精度。测量水平和超高时,手须离开握把,以便于取得正确的读数。

测量轨距时,轨距尺必须置于与钢轨垂直的位置。为避免因位置不正确而发生错误,应把轨距尺固定端紧靠一股钢轨的内侧一点上,另一端作少量的前后移动,再记取最小的读数。在实际测量轨距时,不论钢轨头有无飞边和有无磨耗,也不论轨顶坡度的大小,均以国家规定的标准轨距尺所测得的数据为准。

测量轨距时,除检查误差是否超限外,还应注意轨距变化率是否符合规定。在日常检查时,通常每 6.25m 检查一处,即每节 25m 钢轨的接头、中间(俗称大腰)及两个四分之一处(俗称小腰)共检查四处,每节 12.5m 钢轨的接头及中间各检查一处。在日常管理上采用的符号:大于标准误差用"+",小于标准误差用"-"。最大误差值不得超过线路轨道几何尺寸容许误差。

(二) 水平

水平指两股钢轨顶面的高度差。有曲线超高时,以设置的超高为基准,在此基础上的高度差。

在日常检查时,通常每 6.25m 检查一处,与轨距的检查处相同,并可与轨距检查同时进行。测量水平时,在直线部分一般习惯是面向线路终点,以左股钢轨为基准股;右股高于左股为正,反之为负。在曲线部分以里股为基准,外股钢轨顶面高度比超高值大时,误差用"+"号,比超高值小时,误差用"-"号。最大误差值不得超过线路轨道几何尺寸容许误差。

线路两股钢轨顶面在直线地段应保持同一水平,其误差不超过规定标准。曲线地段外股设置超高,其大小按实测行车速度和曲线半径确定。

(三) 三角坑

三角坑指两股钢轨顶面的共面性,表现为轨道顶面的扭曲状态,即两股钢轨顶面不在同一平面上,以一定范围内的水平误差变化量来表示。

在日常检查时,与轨距、水平检查相同,通常每隔 6.25m 检查一处,以前后两点的水平正负误差的代数差来计算。如连续两处水平误差符号相同或有一处为零(最大水平误差与三角坑误差相等)时,皆不需要计算三角坑。只有在连续两处的水平误差符号有正有负时,才计算三角坑。

对三角坑一般不单独进行检查,只按水平检查的结果计算。如在非标准长度钢轨地段,水平检查的前后距离不足 6.25m 时,则按此两处距离计算三角坑。

(四)轨向

轨向是指钢轨头部内侧,距钢轨轨顶面下 16mm 处,沿钢轨作用边方向的横向凹凸不平顺处量的值,称为轨向。轨向检查时,均在轨头内侧顶面下 16mm 处测量。

检查直线方向用 10m 弦线,配以 1m 木折尺。测量直线方向时,首先跨一股钢轨,目视前方(根据视力和光线情况可远可近,一般为 30m 左右)找出方向不良的位置,在该处的前后将 10m 弦线紧贴钢轨头部内侧,拉紧弦线,用尺在弦线范围内任意点量出最大矢距,即为该处方向误差。有时为测量一股钢轨反弯,也可将弦线紧贴钢轨头部外侧进行测量。

在检查曲线轨向时,一般连续检查若干点,各点间距 10m,以 20m 弦线交叉拉绳量取正矢,弦的两端置于所测点的前后邻点上,正矢是弦线中央与所测点轨头内侧面的距离。曲线正矢误差为现场正矢减去计算正矢所得之差。

在日常检查时,对直线地段两股钢轨的轨向均进行检查,先直观目测,全面查看直顺情况,后对误差量较大处所用弦线检测。对曲线地段,只用弦线检查外股钢轨的轨向。在不能用弦线检查或不需要详细检查时,对直线或曲线,均可只用目测。现场表示符合可采用下列表示:向轨道外凸出时的误差用"+"号,向轨道内凹入时的误差用"-"号。在曲线地段亦即现场正矢减去计算正矢所得的正负数。

(五)高低

高低是指钢轨顶面沿钢轨方向的垂向凹凸不平顺。皆以 10m 弦量取最大矢度,均在钢轨顶面中间测量。

在检查高低时,10m 弦的两端应置于能测量出最大矢度的位置上(如高低矢向上凸出者,应同时使用 20mm 厚垫片,将弦的两端垫起)。最大矢度是弦线与钢轨顶面之间的距离最大者。

在检查时,对直线地段两股钢轨的高低均进行检查,对曲线地段只检查里股钢轨的高低。检查时先直观目测,全面查看平顺状况,然后对误差量较大处所用弦线检测。不能用弦线检查或不需详细资料时,可只用目测。现场表示符合可采用下列表示:向上凸起时的误差用"+"号,向下凹起时误差用"-"号。

(六)钢轨接头

钢轨接头的轨缝应根据钢轨温度计算确定。装有绝缘的接头轨缝,在最高轨温时不应小于 6mm,最大不应大于构造轨缝。钢轨接头轨顶面和内侧面不应有超过 2mm 的错牙。相对式钢轨接头,两股钢轨的接缝应处在同一位置。

（1）检查接头轨面错牙时,将钢板尺平放在较高一端轨面上,量取较低一端轨面至钢板尺底面距离,即为错牙数值。

（2）检查轨距线内侧错牙时,将钢板尺密贴轨头内侧较突出一端,量取另一端至钢板尺里面距离,即为错牙数值。

（3）测量轨缝时,用楔形轨缝尺,由钢轨头部外侧插入(以免受飞边影响)。

（4）检查接头相错可用方尺测量。检查时,直线以左股为准,曲线以外股为准,将方尺短边紧贴钢轨,长边与另一股钢轨端面齐平,标准股钢轨断部到方尺边的距离,即为钢轨接头相错量。

（七）连接零件

零件齐全无失效,以目视直观检查为主。

对浮离道钉可用木折尺检查,每千米可任意抽查 2 处,每处连续检查 100 个道钉,取其平均数。对于失效扣件除直观检查外,必要时可用小锤敲击或拆下检查。

对鱼尾螺栓和混凝土枕的螺栓的拧紧程度,用定力矩的扭力扳手检查其扭力矩,凡未达到固定力矩便能转动螺帽时即为松动失效。每千米可任意检查 5 处,每处应连续检查 10 个,再取其平均值。

第二节　轨道维修作业

轨道线路日常养护维修作业中有一些常规基本作业及一些小修补作业项目,是线路工应该掌握的基本技能,也是确保线路设备正常、安全使用的基本手段。

一、起道、拨道、改道作业

（一）线路起道作业

在线路综合维修中,如线路状态较好,质量基本稳定,可采取重点起道。如线路坑洼较多,积累的下沉量较大,应有计划地适当地全面起道。全面起道时,应结合线路坡度和变坡点的情况,合理地确定起道地段的延长和起道量。木枕地段,在综合维修中,全面或重点起道时,应全面进行捣固。在经常保养和临时补修中,可进行重点起道和重点捣固。每次起道长度,应根据列车间隔时分确定,要求在列车到来前,能完成起道地段的捣固和顺撬。

1. 作业范围

(1) 整正轨道的水平、三角坑及纵向高低。

(2) 需抬高偏低线路以及周期性维修全起、全捣,增加道床厚度。

(3) 调整线路纵断面,应进行起道作业。

2. 作业条件

(1) 起道量为 40～100mm 时,用减速信号专业防护,放行列车或单机时限速不超过 25km/h。限速列车的时间、次数、速度由施工单位决定。

(2) 起道高度超过 100mm 时,设置停车信号专业防护,放行列车或单机时限速不超过 15～25km/h。限速列车的时间、次数、速度由施工单位根据具体情况决定。

(3) 限速放行列车或单机时,起道顺坡应不小于 200 倍,轨枕下道砟应串实,轨枕盒内及枕头道砟应不少三分之一;不减速放行列车时,临时起道顺坡不小于 200 倍,收工时不小于 400 倍,轨枕下道砟捣固密实。

无缝线路与轨温有关的起道作业应严格执行有关规定。

(1) 普通线路 25m 钢轨地段,如在轨温超过 30℃ 条件下起道作业,应实现在轨温 25℃ 左右时,松动接头螺栓,适当放散钢轨温度应力,或将接头螺栓扭力矩调整为 300～400N·m。

(2) 成段面起道,大部分起道量超过 40mm 时,应用水准仪测量调整纵断面,按水平标桩起道。

(3) 起道地段应有足够的道砟。

3. 作业技术标准

(1) 两股钢轨应处于同一水平,无明显小坑。

(2) 在 6.25m 距离以内的水平误差变化量,即三角坑符合《线路检修规程》的容许规定。水平变化率(含超高)最大不得大于 0.2%。

(3) 纵向长平、目视平顺,无明显漫包漫洼。检查水平、高低误差,符合《线路检修规程》的容许规定。轨顶符合设计高程,误差不大于 ±20mm。

(4) 起道时应保持既有坡度,不改变变坡点位置和竖曲线半径,不侵入限界,不超过与相邻线规定的最大高差。

(5) 由线路起道引起的有关项目变动,应做到符合各单项技术标准。

4. 作业程序与要领

(1) 调查工作量和确定标准股:在起道作业前(最好在前一天)进行。全面起道时,直线以左股为标准股,曲线以下股为标准股,每隔 20m 为一点,将计划起道量记在钢轨上。用标桩全面起道时,量取并记录轨面与标桩的高度差,标记各点起道量。重点起道时,不论直线或曲线,起道人应先俯身观察坑洼,在较高处丈量水平,然后以水平高的一股为标准股。

(2) 起道地段要查明坑洼位置,准确画好每撬的始终点或确定起道量。同时,要将钢轨拱起、低接头、死坑、空吊板等查明及画上符号,以便指导捣固作业。若起道量较大时,应根据道砟数量确定一次起道高度。

（3）核准与检查工具：作业前由起道负责人检查与校正道尺、水平板或高度板。由起道操纵人员检查起道器的完好状态。

（4）压打道钉：一般先撤除找平用的垫板，如重点起道作业，对捣垫结合处所，则按计划撤除或保留垫板，然后压打道钉，调整胶垫和拧紧扣件。

（5）指挥起道。

①由三人组成的起道组，一人看道量水平，一人使用起道器，一人打塞。

②全面起道时，由看道指挥者按标记的起道量，将各点起够，各点之间用目测起平。将标准股起出一段后，返回起好对面股。

③起标准股时，看道指挥者俯身在标准股钢轨上，一般距起道器不少于 20m 处看道，目测钢轨外侧下颚水平线高低情况，用手势指挥起道，起对面一股水平后，若有高低不平情况，先在标准股上目测补撬，后找对面股水平高低。

④不用起道标桩在坡道上起道时，从上坡往下坡看道，每点都不能低；从下坡往上坡看道，每点都不能高。

⑤起道时需要预留下沉量，接头、基础松软及大石砟地段，坑底多留，但不得超过 4mm。

（6）放置起道器及打塞。

①使用起道机人员应按指挥人员的手势，准确地把起道机置于起道位置，起道器要放置迅速、平直、稳起、稳落。曲线上股放在外口，下股放在里口。接头处将起道器放在接缝下，必须先扒好起道器窝，防止挤走轨枕。全起全捣时，在接头起一次，混凝土枕每隔 6 根，木枕每隔 6～8 根起一次，顺次前进。重起重捣或重起全捣时，陡坑在坑底起一次，慢坑按长度增加次数，坑底要起平。

②看道、起道和打塞人员要紧密配合，打塞时要将轨底部分串实，接头部分要对接缝两侧轨枕打塞，每根打两面镐，混凝土枕非接头部分也打两面镐，打塞后方准撤除起道机。若遇起冒过高时，应用镐尖透塞，严禁用起道机撞击钢轨或轨枕。

（7）起道负责人在标准股打完撬塞起道机回落后，应复查起道高度是否符合要求，对面股打完撬塞起道机回落后，应复查水平，不符合要求应进行反撬。

5. 作业质量

（1）轨道前后高低目视平顺，无漫包，用 10m 弦量最大矢度正线、试车线不超过 4mm，车厂线不超过 5mm。

（2）静态水平误差：正线、试车线不超过 4mm，车厂线不超过 5mm。

（3）三角坑误差不含曲线超高顺坡造成的扭曲度，正线、试车线不超过 4mm，车厂线不超过 5mm。

（4）除经测量调整纵断面外，应保持既有坡度、坡度变更点位置和竖曲线半径不得改变。

6. 注意事项及作业安全

（1）在轨道电路区段，起道机严禁放在绝缘接头处或在绝缘接头处钢轨顶面滑行。

（2）起道后不准遗留整治水平超限用的垫板。

(3)使用起道机人员不得兼做其他工作,做到人不离机,能随时下道。

(4)天气炎热时,事先要检查轨缝,必要时均匀轨缝,控制起道高度。如道床不足或连续瞎缝时,则不能起道,防止胀轨跑道现象的发生。

(二)拨道作业

1. 线路拨道作业

线路直线地段轨向不良,可用目测方法拨正。曲线地段轨向不良,可用绳正法测量、计算与拨正。如需改变曲线头尾位置、缓和曲线长度、圆曲线半径,应用仪器测量改动。

线路上其他设备影响轨道不能按应有位置拨正时,应用仪器测量校正。原则上应以线路中线为准,调整其他设备的位置和尺寸。在困难条件下,可通过测量调整轨道位置。

(1)作业范围。

在计划维修、临时补修和大中修整理作业中,拨直线路方向。

(2)作业条件。

①每次列车间隔内拨道量为 41~100mm 时,应办理施工手续,用减速信号专业防护。放行列车或单机时限速不超过 25km/h,限速列车的时间、次数、速度由施工单位申请决定。

②每次列车间隔内拨道量超过 100mm 时,应办理封锁施工手续;设置停车信号专业防护。

放行列车或单机时,限速不超过 15~20km/h,限速列车的时间、次数、速度由施工单位申请决定。

③无缝线路与轨温有关的拨道作业条件,按《线路检修规程》规定办理。

④拨道量大时,应事先检算轨缝。轨温较高时,道床应充足。

(3)作业技术标准。

①直线大方向直顺无甩弯,用 10m 弦量最大矢度,其偏差正线、试车线不超过 4mm,车厂线不超过 5mm。

②曲线无鹅头,无反弯,用 20m 弦量其偏差不超过《线路检修规程》规定的限度。

③由于拨道引起轨缝、水平、道床发生变化或产生吊空板者,必须按标准修好。

(4)作业程序与要领。

①确定标准股:直线两方向相差不大时,应以左股为标准股,若一股方向较好,则比较好的一股为标准股;曲线以上股为标准股;根据标准股的拨道量大小,确定施工防护办法和调查轨缝的工作量。

②调查轨缝:调查轨缝的大小,计算其影响量,预先做好调整,以防胀轨跑道。

③根据拨道量大小确定拨道步骤,一般拨道大于 20mm 时,应先荒拨,捣固后再细拨。确定拨道量时,不得侵入建筑限界。

④拨道前应将轨枕头道砟刨松,拨道量大或道床坚硬应扒开轨枕头道砟。根据需要扒开轨枕盒内防爬支撑一侧的道砟或拆除防爬支撑。拨道前应全面打紧、打靠浮离道钉。

⑤拨道指挥人员双脚跨在标准股上看道指挥。拨大甩弯时看道地点应距拨道地点100m左右,拨小弯时在50m以内。远处大方向看轨面光带,近处小方向看钢轨里口,向不动点目测穿直。

⑥指挥人员用手势指挥拨道,手势要及时、准确。指挥手势如下:

a. 远离指挥者:右臂屈举于右肩前,手心向外,然后右臂平伸向前推出。

b. 靠近指挥者:右臂向前平伸,手心向内,做退回动作。

c. 向左拨或向右拨:左臂向左平伸或右臂向右平伸。

d. 拨接头:屈举双臂,双手握拳相碰于头上。

e. 拨大腰:两臂微屈,两手伸开,高举头上比成大圆形。

f. 拨小腰:两臂弯曲,两手放在胸前,张开食指和拇指比成小圆形。

g. 交叉拨:两臂在体前交叉。

h. 用力拨:两臂下垂,在体前向拨动方向快速摆动。

i. 停止拨道:两臂左右平伸。

j. 拨道结束:摆动右臂划大圆圈。

⑦使用起道机拨道,因为力量较大,可以减少拨道人员,但容易抬起轨道。一般混凝土枕线路,可使用起道机拨道,每次拨道量不宜超过 20mm。

⑧使用液压拨道器拨道:用 3 台拨道器,每撬 6 个轨枕空,每台拨道器相距 3 个枕空。在拨正方向一侧钢轨上安装 2 台,另一侧安设 1 台,三台为"V"形安设。安装拨道器前后应扒窝,深度距钢轨底面 120~150mm,拨道器与钢轨联结以后,工作油缸和钢轨顶面夹角不大于 45°。每次拨道量不宜超过 40mm,并须在列车到达前及时做好顺撬。

⑨要根据具体情况预留 5~6mm 回弹量,拨道后,必须回填轨枕头、防爬支撑旁及撬窝的道砟,并加以夯实。曲线地段应回检正矢,并及时填写曲线正矢登记簿。

⑩在过车后和 1~2d 以后,应进行复查和找细,整修个别超限处所。

(5)注意事项。

①拨道量较大时,在放行列车或单机时应做好顺撬。

②在轨道电路地段拨道撬棍须有绝缘套,拨道器和撬棍不准插在绝缘接头下。在无缝线路地段拨道,撬棍不得插在焊缝下。

③前后转移时不准肩扛撬棍,应在身体一侧两手握持撬棍,以防伤人。

2. 道岔拨道作业

(1)作业范围。

①道岔方向发生显著变化,通过综合维修拨正方向。

②道岔铺设位置不合适,需进行改移。

(2)作业条件(车厂线)。

①拨道量在 40mm 及以下时,利用列车间隔时间进行,设专人防护,班长负责作业。

②拨道量在 41~100mm 间,使用移动减速信号专业防护,放行列车或单机时限速不超

过 25km/h,工长负责作业。

③拨道量超过 100mm 以上,办理封锁施工手续,设置移动停车信号专业防护。

(3)作业技术标准。

①大方向良好,与前后线路及道岔群连接顾直,连接曲线不得有鹅头。

②直股方向用 10m 弦绳测量,正线、试车线道岔方向误差不超过 4mm,其他线道岔不超过 5mm。

③附带曲线正矢连续差,正线试车线道岔不超过 3mm,其他线道岔不超过 4mm。

④拨道处的道床应恢复到标准,拨道量大时引起的水平、高低、防爬设备不良,应进行整修。

(4)作业程度与要领。

①调查工作量,安排作业计划。

②根据作业计划,准备材料工具。

③与车厂信号楼或车站联系登记,确认作业时间,用减速信号专业防护或封锁施工。

④扒松岔枕头砟,拨道量较大或道床较坚实时,扒开岔枕头石砟。

⑤撤除影响拨道地段的防爬设备。

⑥拨道人员可分两组,分别在两股钢轨相对位置上作业。

⑦拨道量大时,拨道指挥人以道岔直向外股钢轨为基本股,跨站在距拨道地点 30m 位置,背向阳光,目视两端线路及道岔,根据预先埋设的侧桩,指挥拨道,拨道结束后进行捣固。

如果拨道量不大,拨道指挥人站在适当位置,以直向外股钢轨为基准,目视两端和道岔,判定拨动量,进行拨移。

⑧拨道人要注意指挥人的动作,根据手势拨道。在基本股最前面,持撬棍的人要负责在钢轨上点撬,往回倒撬时,也要点撬。大弯需一撬倒一撬地向前拨,每拨到中间可隔 3～4 个轨枕孔,遇到接头时必须插撬。遇到钢轨有硬弯时,可用起道机加顶调直的方法配合拨道,局部小方向可用几根撬棍集中插入轨底拨正,防止插偏或撬位过长拨成反弯。

在混凝土岔枕道岔上拨道,用液压拨道器或起道机拨道,先扒好窝,或在起道机下垫上铁板。起道机与地面夹角在 20°左右,拨道应预留回弹量。

⑨按计划先拨正道岔直股方向,然后以直股为准做好曲股的支距和各部间隔。

⑩安设防爬设备、回填石砟,并整平夯实。

(5)注意事项。

①调查工作量时,发现拨道影响其他设备,或其他设备影响拨道时,与有关部门协商解决。

②使用撬棍拨道时,必须插牢,防止脱撬伤人。

③在电气集中道岔上作业,防止轨道电路的短路或断路。

④拨道时要注意邻线间距、线路、道岔与信号专业机、站台等建筑物的距离。

（三）改道作业

1. 作业目标

（1）改正超限或接近超限的轨距及其变化率作业（直线和曲线）。

（2）改正轨道上因轨距引起的小方向不良。

（3）消除"三不密"扣件，用垫片整正线路水平、高低，整修扣件，以及其他有关松卸与组装扣件作业。

2. 技术标准

（1）轨距、轨向、轨距变化率偏差满足《线路检修规程》的要求。

（2）曲线轨距加宽应在整个缓和曲线内完成递减。若无缓和曲线，则在直线上递减，递减率满足《线路检修规程》要求。

（3）复曲线应在正矢递减范围内，从较大轨距加宽向较小轨距加宽均匀递减。

（4）连续松开或卸下不超过7个轨枕头的扣件（50kg/m及以下钢轨不得超过5个轨枕头），遇来车作业未完时，准许每隔两根轨枕有一个轨枕头不上扣件。

（5）改道时，混凝土枕地段应调整不同号码的扣板、轨距挡板、挡板座，且可用厚度不超过2mm的垫片调整尺寸。同时，应修理和更换不良扣件，按规定补齐道钉。

3. 作业程序和要领

（1）调整与画撬：直线以方向好的一股为标准股，曲线以外股为标准股，若轨枕中心位置不对（表现为钢轨一侧扣板上坑，另一侧扣板离缝），应先松开扣板串动轨枕。凡需要调整的扣板应画撬标记。

（2）调换标准股扣件：对方向良好处所，采用加垫片，调边或更换挡板座的方法，消灭轨距挡板前后离缝现象，注意防止挤动钢轨，引起方向不良，若遇胶垫破损，歪斜与串出应先调换整正。若方向不良时，应同时改正方向。

（3）改正对面股轨距：根据计划改道量，采用加垫片、调边、更换（其中更换只适合于50kg/m钢轨）挡板座。内外侧调换轨距挡板的方法，按先外口后里口顺序将轨距改好，同时要整正不良胶垫。

（4）拧紧螺母：弹条中部前端下颚应靠贴轨距挡板，或保持在80～140N·m，在半径650m及以下的曲线地段，还应将螺母再拧紧1/4圈或保持在120～150N·m。

（5）回检与复拧：收工前须回检轨距与弹条状态，返修失格扣件，并复拧一遍。保证扭力达到上述（4）的标准。

4. 注意事项

（1）不得盲目提高扭力矩。

（2）禁止以道钉锤敲打扣件，不得以螺栓为支点撬动钢轨，不得以挡板为支点挤动螺栓。

（3）扣板（轨距挡板）的几何尺寸要与图纸规定的尺寸抽检对照，防止使用不合格的扣板（轨距挡板）。

(4)使用加垫片调整轨距尺寸时,厚度不超过2mm。

二、接头连接零件作业

(一)夹板和螺栓涂油

1. 作业范围

(1)为便于安、卸夹板螺栓,保持夹板螺栓作用良好每年进行一次螺栓丝扣涂油。

(2)为使夹板和钢轨接触面在轨温变化时作用良好,减少列车冲击振动磨损,对夹板上下缘必须涂油。

2. 作业条件

放行列车时,每个接头至少上紧4个螺栓,即每端2个。

3. 作业技术标准

(1)积锈、油垢应清除干净,要求涂上的油层均匀。

(2)接头错牙,正线及试车线不得大于1mm,车厂线不得大于2mm。

(3)各种连接零件,应做到数量齐全,作用良好,缺损时应同时补充和更换。

(4)接头螺栓扭矩应达到《线路检修规程》规定的要求。

(5)拆卸夹板后,对钢轨应进行检查,发现伤损作出标记和记录。

4. 作业程序与要领

(1)使用螺丝刀卸螺栓时,两脚站在被卸螺母的另一侧,相距300～400mm,呈90°角。两脚趾踏在夹板边缘,上体前屈,螺丝刀嵌入螺母后,重心移到旋回方向的前脚,一手持螺丝刀,另一手握把端。卸螺栓时左手在前,紧螺栓时右手在前,两手握柄用力旋转。

(2)使用活螺丝刀时,前脚踏在轨枕上离轨底约250mm,后脚踏在后一根轨枕上离轨底约50mm。右手持活螺丝刀,左手支撑在钢轨面上,并以手指按住螺栓头部。

(3)螺栓孔去锈:卸下螺栓后,应立即用圆钢丝刷除去螺栓和螺栓孔内铁锈。

(4)卸夹板:使用撬棍尖或螺丝刀尖,插入夹板与轨腰之间卸下夹板,不要用锤打。卸下夹板后,应先将内部积土扫净,然后用钢丝刷和小铲将夹板、钢轨上铁锈去除干净,并检查钢轨有无裂缝伤损。

(5)涂油:对夹板上下缘和螺栓的丝扣进行涂油。

(6)上夹板及螺栓:上夹板要注意里外口是否有磨损或需要内外调换。螺栓全部上完以后,应再拧紧一次。接头上螺母应交叉设在线路内外侧,防止列车脱线时螺栓全部被车轮切断。

(7)按轨距打好道钉或安装扣件、拧紧扣件螺栓。

5. 注意事项

(1)严禁坐在钢轨上卸、紧螺栓。

(2)进行夹板涂油前,应先把轨缝调整好,以免螺栓孔不对正而发生故障。

(3)安装垫圈时,须使垫圈口向下,以免积水生锈。

(二)更换接头连接零件

1. 作业范围

(1)线路上伤损夹板达到下列标准,应及时更换:

①折断。

②中央裂纹(指中间两螺孔范围内):平直及异形夹板超过5mm、双头及鱼尾形夹板超过15mm。

③其他部位裂纹发展到螺栓孔。

(2)接头螺栓及垫圈伤损达到下列标准,应及时更换:

①螺栓折断、严重锈蚀、丝扣损坏或杆径磨耗超过3mm不能保持规定的扭力矩。

②垫圈折断或失去弹性。

2. 作业条件

(1)只拆开一个接头进行作业,利用列车间隔施工,设停车手信号专业防护,放行列车或单机时不限速。

(2)放行列车时,每个接头至少上紧4个螺栓,即每端2个。

3. 作业技术标准

(1)换入夹板应与钢轨类型一致,连接要严密,作用良好。

(2)更换夹板后,接头轨面及轨距内侧错牙,正线试车线不得大于1mm,车厂线不得大于2mm。

(3)各种连接零件,应做到数量齐全,作用良好,缺损时应及时补充和更换。

(4)接头螺栓扭力矩应达到《线路检修规程》的规定值。

(5)接头轨枕无暗坑、吊板。

4. 作业程序与要领

(1)检查两端轨缝,对大轨缝或瞎缝进行调整,必要时打紧防爬设备锁定线路,防止拆开接头后,轨缝拉大影响连接。

(2)更换夹板作业,一般由两名工人进行(如更换螺栓可由一人担任)。木枕线路,一名工人削平木枕,起下第三个道钉及方向钉(内外侧各保留一个道钉),并插入钉孔木片;另一名工人卸下第2、5螺栓。混凝土枕线路,起道钉工人负责拧松扣件螺栓、加垫圈再拧紧。

(3)利用列车间隔施工,待设好信号专业防护后;一名工人卸下其余螺栓,另一名工人起下全部道钉,钉孔加入木片(或卸下扣件螺栓)。

(4)拆下夹板(仅更换螺栓,可不卸下夹板)。检查轨腹、轨端有无伤损,将换上的夹板扣入。

(5)用螺丝把尖将夹板孔与钢轨孔串顺后,再穿入全部螺栓,先拧紧1、6、3、4位螺栓,再拧紧 2、5 位螺栓。

(6) 将接头道钉全部打齐(或上好扣件),绝缘接头处钉头或扣件不得贴靠夹板。

(7) 经列车碾压后,将接头和轨枕螺栓复紧一遍,使扭力矩达到标准要求。

(8) 换下的旧料应及时收回。

5. 注意事项

(1) 更换夹板后 4～5 天应再拧紧螺栓,拧紧时应先紧中间两个。

(2) 如旧螺栓卸不下来时,不能用锤击,以免新螺栓穿入后损伤丝扣,应先串动钢轨然后再更换。

(3) 为了加强接头,最好是两块夹板同时更换。如果是利用再用品时,事先要选择两块高度相同的夹板。

三、调整轨缝作业

(一)作业范围

轨缝应经常保持均匀,有下列情况之一者,应进行调整:

(1) 原设置的轨缝不符合《线路检修规程》规定的。

(2) 轨缝严重不均匀。

(3) 线路爬行量超过 20mm。

(4) 轨温在《线路检修规程》规定的调整轨缝轨温限制范围以内时,出现连续三个及以上瞎缝或轨缝大于构造轨缝。

(二)作业条件

(1) 不拆开接头调整轨缝,只松动接头螺栓,利用列车间隔施工,用停车信号专业防护,放行列车时,每个接头至少拧紧 4 个螺栓(每端 2 个)。

(2) 拆开接头调整轨缝,拉开空隙不超过 50mm,利用列车间隔施工,用停车信号专业防护,放行列车时,应将拉开的尺寸暂时均匀到其他接头内,每个接头至少拧紧 4 个螺栓,每端 2 个。每个枕木头含桥枕里外侧各钉 1 个,混凝土枕扣件应上齐。

以上两种情况放行列车或单机时可不限速。

(3) 拆开接头调整轨缝,拉开空隙超过 50mm,必须封锁施工,放行列车时,限速插入带轨底的短轨头,配合使用长孔夹板,并垫短枕,每个接头至少拧紧 4 个螺栓(一端 2 个,另一端 1 个,短轨头上 1 个),准许每隔一根钉一根或每隔两根上紧一根。半径小于 800m 的曲线地段接头两根轨枕和桥枕上,要全部压打冒起的道钉和拧紧松动的扣件。

(4) 使用短轨头时,接头拉开的最大空隙不得超过 150mm;短轨头的长度分为 50mm、70mm、90mm、110mm 及 130mm 五种。

(5) 12.5m 钢轨地段,更换钢轨或调整轨缝时的轨温不受限制。25m 钢轨地段,更换钢轨或调整轨缝时的轨温限制范围为 (t_z+30℃)～(t_z-30℃);最高、最低轨温差不大于85℃的地区,如将轨缝值减小 1～2mm,轨温限制范围相应地降低 3～7℃;特殊情况下,在轨温限制范围以外更换的 25m 钢轨,必须在轨温限制范围以内时调整轨缝。

(三)作业技术标准

(1)轨缝均匀,无瞎缝,无大轨缝。每千米轨缝误差符合《线路检修规程》规定。

(2)接头应相对,正线及试车线直线误差不超过 40mm,曲线不超过 40mm 加缩短量的一半,车厂线及专用线直线误差不超过 60mm,曲线不超过 60mm 加缩短量的一半。相错式曲线接头相错不少于 3m。

(3)接头螺栓扭力矩应符合《线路检修规程》规定。

(4)防爬设备齐全,无失效、轨距杆无歪斜,无松动。

(5)浮离道钉在容许范围之内,扣件扭力矩符合《线路检修规程》的有关规定。

(6)由调整轨缝引起的有关项目的变动,做到符合各单项技术作业标准。

(四)作业程序与要领

1. 轨缝调查

对要调整地段的轨缝作全面调查,调查时最好以两股钢轨接头相对处为起点,调查实际轨缝和左右两股钢轨接缝的直角相错时,一般由两人进行,一人量接头差错和左股轨缝,另一人量右股轨缝并作记录。量接头差错有正负之分,一般以左股钢轨为准,沿着测量方向,当右股向始端错动时,接头差错为正,反之为负。量轨缝时,用楔形轨缝尺,由轨头外侧插入,以避开轨端"飞边"的影响,并将结果记录于整正轨缝计划表中。

2. 安排计划

根据作业地段长度、钢轨串动量做出分段作业安排。如需调配钢轨时,做出调配钢轨计划,准备钢轨;如需锯短钢轨时,事先锯好并钻好孔。

3. 松开配件

打松影响钢轨串动的防爬器,松开轨距杆,冒起道钉和松动扣件,拧松接头螺栓和松动夹板。

4. 串动钢轨

按计划串动钢轨。使用液压轨缝调整器时,25m 钢轨每次串动 1 根,12.5m 钢轨每次串动不超过 2 根。

5. 紧固配件

拧紧接头螺栓,压打道钉和拧紧扣件螺栓,安装防爬器,上紧轨距杆。

6. 回检整修

按作业标准检查,对不合格处所进行整修。通过列车后,复拧螺栓及进行其他找细整修。

（五）注意事项

（1）不得用撞击夹板的方法调整轨缝。

（2）与信号专业有关时，应有信号专业人员参加。

（3）一个区间内插入的短轨，原则上应设在道岔引轨的外方，如区间内已有插入的短轨，则可调整已有短轨的长度。

（4）用轨缝调整器，逐接头串动钢轨，将预制的硬木片，从外口侧面塞入缝内。

（5）使用液压轨缝调整器时，必须先使油缸活塞伸出 30mm 的预留量，然后再卡紧轨头串动钢轨，以防止临时来车时撤不下来。

（6）最高、最低轨温差大于 85℃ 地区的 25m 钢轨地段，一般应在夏季前和冬季前调整轨缝，通过放散钢轨温度力，将轨缝调整均匀，避免在炎热季节过早地出现瞎缝，在严寒季节过早地出现大轨缝。

（7）成段调整轨缝时，应事先调查与计算，确定每根钢轨的串动方向和串动量，编制分段作业计划。如因配轨不当、接头相错量较大时，在一股或两股之间按长度误差量调配钢轨，不得用增减轨缝尺寸的方法调整接头相错量。

四、弯（直）轨作业

由于弯轨与直轨道作业程序及操作要领基本相同，本文以对硬弯钢轨进行直轨为例，进行讲解。

（一）作业范围

线路上钢轨存在硬弯，造成轨距、方向不良，而不能用拨道、改道解决时，应使用直轨器进行矫直。

（二）作业技术标准

（1）矫直后的钢轨，目视无方向不良，无不直；用 5m 弦量，其误差不超过 2mm。同时，轨距和方向不再有规律性的变形。

（2）矫直钢轨，如影响轨道的正常状态，应同时予以整修。

（三）作业程序与要领

1. 硬弯钢轨的鉴别

鉴别钢轨是否存在硬弯，可采用"一看、二查、三对、四量、五判断"的方法。

"看"——鉴别钢轨硬弯的最基本方法，检查硬弯时，先站着骑在一股钢轨上看，发现有陡弯现象时，再细看。站立位置一般距硬弯顶点 10～15m，应背着阳光，沿着轨距线，由远到近，再由近到远，采取立、蹲、俯三种姿势，要反复检查左右两股钢轨。先看硬弯凸出的顶点在什么地方(轨枕上、轨枕中间),再看弯曲状态(平顺的、急骤的)。如一股钢轨弯急而短,另一股有同向弯曲,则弯急而短的一股则是硬弯钢轨。

"查"——用拨道的方法查找硬弯。即对弯曲缓顺、长度较大的钢轨,难以区别时,可先行拨道;如拨道后又恢复而出现的硬弯,即是钢轨硬弯。

"对"——根据工长检查记录簿对照弯曲处的轨距、方向变化情况,分析变化规律,如果变化频繁而又有规律性,便可确定是硬弯钢轨。

"量"——用1m长直钢尺测量该处轨距线的矢度大小,如矢度大于0.5mm时,一般都是硬弯钢轨。

"判断"——根据木枕被挤切的状态,判断是否是硬弯钢轨。凡是木枕被轨底或垫板切压面积大的,切压边线距轨底远的,一般都是硬弯钢轨。

2. 确定矫直量

用看的方法确定硬弯的始终点,以拉绳和钢板尺测定硬弯的矢度及最大矢度的位置。

用铅油或石笔标明位置,用箭头表明矫直方向。硬弯钢轨的矫直量,不能恰好等于硬弯的矢度,必须留有一定的回弹量。预留的回弹量一定要根据气温和钢轨材质情况而确定,一般调直量为硬弯矢度的1.5～2倍。

3. 矫直时间

北方地区,一般选在6～8月;如在5月或9月进行直轨,矫直时间要选在上午9时以后、下午4时以前。南方地区,则要选在5～10月。

4. 矫直钢轨

(1)施工前,应按规定设好防护。

(2)调试直轨器,使其灵活好用,并备齐道钉、改道的工具以及垫平弯轨器的垫木等料具。

(3)根据硬弯起止点卸掉扣件,安装好直轨器,要垫平放稳,防止钢轨扭曲。矫直后,应检查轨距、整理扣件,使其顶严、靠紧。

(四)注意事项

(1)直轨前,要注意前后有无瞎缝。

(2)直轨时,要随时注意直轨器的完好状态,如有裂损,应立即停止作业。

(3)矫直钢轨作业时,钢轨温度不得低于25℃。

(4)起下道钉和卸下扣件一面连续不超过7个轨枕头,另一面冒起道钉或松开扣件。

五、换轨作业

(一)作业范围

(1)更换线路上发生的断轨或重伤钢轨;有计划地更换轻伤钢轨。

(2)有计划地成段更换线路旧轨。

(二)作业条件

(1)办理封锁手续或经车站值班员承认利用列车间隔时间施工,设置停车信号专业防护,更换长度在100m以内,放行列车或单机不限速。

(2)放行列车时,每个钢轨接头至少上紧2块夹板、4个螺栓(每端2个),每根轨枕(包括桥枕)头上钢轨里外口至少各钉好一个道钉或拧紧混凝土轨枕上的扣件。

(三)作业技术标准

(1)换入的钢轨须确认无重伤,长度应与计划尺寸相符。

(2)换入钢轨与线路上相邻钢轨的断面应一致,接头错牙在正线及试车线上不超过1mm,在站线及专用线上不超过2mm。两端轨缝必须保持正常无过大或过小现象。

(3)轨距、方向及连接零件、防爬设备应符合有关单项作业的技术标准。

(4)换入的钢轨若需截断和钻孔,必须全断面垂直锯断和用钢轨钻按标准钻孔。

(5)钢轨标记须完整、准确、清晰。

(四)作业程序与要领

(1)对准备换入的钢轨或钢轨组,要用钢尺丈量长度,并全面检查断面尺寸和有无伤损。

(2)检查换轨处所前后不少于5节钢轨的轨缝,对瞎缝和大轨缝应根据情况调整。避免新轨换不进去或换入后轨缝过大。

(3)在炎热或寒冷天气,应将换轨处所前后5节钢轨的扣板螺栓扭力矩适当加大,打紧防爬器,防止发生过大的伸缩。

(4)备齐必要的料具和应急料具。

(5)准备换上线路的钢轨,可放在道心或轨枕头上,并与线路上钢轨平行。放在道心时,距线路上钢轨不少于300mm;放在轨枕头时,不少于150mm。新轨放置的高度不得超过线路钢轨25mm。新轨组搭头或空头量必须根据计算决定。

钢轨组在线路上放置时,两端应安装木棱头,每个接头要上紧2个螺栓,钢轨组两端各钉2个道钉,中间适当钉固。

(6)换轨前,将计划拆开的接头螺栓,逐个卸下涂油加垫圈拧紧;并卸掉6孔夹板中第2位和第5位螺栓。

(7)换轨前,起掉里口两个道钉中的一个及方向钉,并插入道钉孔木片;混凝土枕线路则将螺栓松动、涂油再上紧。同时,拆除防爬器、卸下轨距杆。

(8)散布好道钉孔木片、道钉(扣板、胶垫、铁垫板、螺栓、垫圈)等。如不同类型钢轨还必须备异型夹板、桥型垫板等。

(9)按规定设好防护,并在施工领导人下达封锁或更换命令后才能更换。

(10)卸掉前后端接头(计划拆开接头)的全部螺栓和夹板,起掉里口道钉,插入道钉孔木片,并冒起外口道钉;混凝土枕线路,卸掉扣件。拨出旧轨,拨入新轨,使轨底恰好拔到外口道钉脖下边;拨动新旧钢轨时,必须使用撬棍穿入钢轨眼孔或翻轨器卡住钢轨,以防止倾倒。

(11)串动、连接钢轨。

①串动钢轨:串移钢轨有用撬棍拨、用夹钳抬及人力抓移等方法。用人工抓移时所有人员应站在钢轨一侧,用双手抓住钢轨头部,由专人指挥统一动作,防止挤手压脚。

②连接钢轨:一人在钢轨端部,按预留轨缝尺寸,在轨缝内插入楔形铁尺或木片。将钢轨串移到正确位置,再进行连接。连接时,先上好内外侧夹板,用螺栓扳手尖端试一下,对准孔后,再穿入螺栓,拧紧螺母。

③安装好前后端的夹板,上好四个螺栓,用轨距尺测量好轨距,随后钉上里口一个道钉,打好外口道钉。混凝土枕线路,上好扣板螺栓。

(12)换好新轨、拆除防护后,补齐前后端接头螺栓,补齐里口道钉,起下外口道钉,插入道钉孔木片,再钉好道钉;混凝土枕线路,拧紧扣板螺栓,使扭力矩达到 80~120N·m;按规定位置安装好防爬设备、轨距杆。

(13)遇有方向不良时,应进行拨道,硬弯必须矫直,如有高低接头或左右错牙,必须整正。

(14)整理与回收材料。

(五)注意事项

(1)自动闭塞及轨道电路地段有导接线接头时,须联系信号专业部门配合施工。

(2)在换轨过程中,遇有不良联结零件和扣件,应同时进行整正或更换。

(3)作业后,应对接头和扣件螺栓复紧一遍,并整理新、旧轨料,做到工完料清。

第三节 道岔维修作业

道岔因其构造特点和行车条件都比较复杂,零配件也比较多,是线路的薄弱环节之一。提高道岔的维修质量是保证列车安全、平稳通过的必要条件。

在道岔上进行检修或作业,与一般线路上的检修或作业不同,当影响使用或涉及信号专业设备时,应联合信号专业共同作业。检修作业完了之后,检修作业人员还应会同车站使用人员检查试验,试验良好,三方确认后方可撤离。

本节只对道岔起道及捣固、道岔拨道、道岔改道和调整附带曲线等主要作业做重点介绍,在实际作业中可按照各单项作业标准有关规定执行,以保证道岔养护维修质量。

一、道岔起道及捣固

(一)作业范围

(1)在对道岔进行综合维修、保养、临时补修时,对道岔范围内的水平、高低、三角坑进行调整。

(2)整治坑洼、爬底,增加道床厚度,调整纵断面而进行的局部或全面起道捣固。

(二)作业条件

电气化铁道线路单股起道不得超过30mm,若需大于30mm起道,应联合机电部门共同调查研究后确定具体起道高度。

起道地段要有足够的道砟。全面起道,起道量普遍超过40mm时,一般应用仪器测量并设置起道标桩,按标桩起道。

(三)作业程序

调查道岔技术状态,安排作业计划。全面起道时,将转辙、连接、辙叉各部的计划起道量,以及道岔前后线路起道量标记在轨腰上。重点起道时,标好坑洼头尾及钢轨低接头、拱腰、空吊板等捣固标记。

(1)起道。

全面起道时,按计划标好起道量,看道与指挥起道。起道可分为转辙部分、连接部分、辙叉部分及叉后长轨部分。先以道岔直股外轨为标准股起足起道量,做好长平,然后做好水平起道后同时方正轨枕,再做好对应的另一股水平,逐段进行。重点起道时,一般距起道机不少于20m处目测基本股钢轨外侧轨头下颚线高低情况,指挥起道,做好对应的另一股钢轨水平。

(2)捣固。

全面捣固时,尖轨尖端及其前后各3根轨枕和辙叉部分,适当增加捣固力和镐数,尖轨跟端和钢轨接头加强捣固。对辙叉部分个别空吊板,可用起道机吊起岔枕进行捣固。重点捣固时,从坑头、坑尾向中间,逐渐增加捣固力和镐数。

回检找细,检查水平、高低和空吊板情况,进行整修。

(3)安装防爬支撑。

(4)回填整理道床,夯拍密实。

(5)全面检查,确认符合技术要求,通知车站开通道岔,注销登记,清理现场,转移。

(四)作业要求

进行全组道岔起道,以岔首和辙叉的高程为基点高程,整治道岔各部位的坑洼、鼓包、不平倾,做好转辙部、连接部和辙叉间的前后高低平顺。

放置起道机前,应先挖好起道机窝。起标准股时尖轨部分、导曲线前部和护轮轨部分起道机应放在钢轨外口;起其他股时,比照起标准股的做法,起道机放在最外一股钢轨的外口;混凝土岔枕道岔,起道机应放在接缝以外的轨枕孔内。

尖轨跟端起道应以下股为准,一般取其直股、曲股两线水平值和的一半作为该点的起道量。

导曲线起道,起下股时,导曲线长平要与尖轨跟平顺;导曲线上股较下股稍抬高2～3mm,起道机起道后,三股轨要同时打镐塞,以减少起道次数。起道时,四股钢轨应保持在同一水平面上,导曲线后端直、曲股接头中间处,抬到养护标准,做好顺坡。如遇四股钢轨无法做到处于同一水平面,翻转个别导曲线岔枕,然后再进行起道捣固。

辙叉部分起道,把起道机放在下股钢轨外侧,同时用道尺量上股,抬起后迅速捣固辙叉。从辙叉趾端起,或者从辙叉跟端起,按前进方向,依顺序打四面交叉镐对辙叉心及前后接头,增加镐数。大号辙叉起道可用2台起道机同时起道。

道岔捣固时,每根岔枕打八面锚,捣固轨底两侧各不少于400mm。单开道岔的尖轨尖端、转辙器拉杆处的3个枕木孔,交分道岔钝角辙叉、可动心轨处的3个枕木孔,均受转辙器拉杆的影响,此处采用斜向捣固或斜向杆的方法慢捣细捣。尖轨根部和辙叉,以及菱形钝角辙叉部位,均为列车振动冲击严重部位,捣固要细致,采用四面交叉捣固。辙叉单侧行车影响形成偏载,应增加镐数。

一般小坑在坑底放置起道机,漫坑除坑底外适当增加放置起道机处数。打塞时,用捣固镐在钢轨外侧枕下适当捣实。在铺设木岔枕的道岔上,起道机放在钢轨接头时,在接缝前后轨枕盒内向接缝两侧轨下捣实。

起道时应考虑岔群长平的一致性,以及建筑物、管道、电缆等不受干扰,使线路与道岔、道岔与道岔之间衔接平顺,并保证转辙机拉杆保持水平位置。

（五）技术要求

水平不超限,正线误差不超过4mm,其他线不超过6mm。

道岔前后的线路与道岔接续良好,用10m弦绳检查高低,正线道岔不超过4mm,其他线道岔不超过6mm,曲线无反超高。

除变更设计外,保持原有的坡度、坡度变更点和竖曲线半径。

道床石砟饱满,捣固密实,正线道岔空吊板率不超过8%;其他线道岔不超过12%。由于起道捣固引起的有关项目的变动,应做到符合各单项作业标准。

（六）作业安全

起道作业,使用液压起道机或装有速降装置的齿条式起道机,操作时做到人不离机,手不离把。多机起道,必须同时起落。

作业时气温较高时,作业前应先调查轨缝,串好钢轨。捣固作业时,每根岔枕两头同时捣固。同时捣固 2 根以上岔枕时,至少保持相隔 3 根以上岔枕的安全距离。

涉及信号专业设备时,应有信号专业部门配合作业,并防止轨道电路短路或断路。

二、道岔拨道

(一)作业范围

(1)道岔方向发生显著变化,通过综合维修拨正方向。
(2)道岔铺设位置不合适,需进行改移。

(二)作业条件

线路中心位移不得超过 ±30mm;一侧拨道量年度累计不得大于 120mm,并不得侵入限界。

(三)作业程序

(1)调查工作量,安排作业计划。
(2)根据作业计划,准备材料及工具。
(3)办理施工封锁登记。
(4)扒松岔枕头石砟,拨道量较大或道床较坚实时,扒开岔枕头石砟,撤除防爬设备。
(5)按计划先拨正道岔直股方向,然后以直股为准,做好曲股的支距和各部间隔。拨道量较大时,拨道结束后进行捣固。
(6)回填石砟,并整平夯实。
(7)安装防爬设备。
(8)作业结束,会同有关人员共同检验,确认符合技术要求,通知车站,开通道岔,注销登记,清理现场,转移。

(四)作业要求

(1)调查工作量时,发现拨道影响其他设备,或其他设备影响拨道时,与有关部门协商解决。
(2)拨道人员可分 2 组,分别在两股钢轨相对位置上作业。
(3)拨道量较大时,拨道指挥人以道岔直向外股钢轨为基本股,跨站在距拨道地点 30m 位置,背向阳光,目视两端线路及道岔,根据预先埋设好的测桩,指挥拨道。如果拨道量不大,拨道指挥人站在适当位置,以直向外股钢轨为基准,目视两端和道岔,判定拨动量,进行拨移。

（4）拨道人要注意指挥人的动作,根据手势拨道。在基本股最前面,持撬棍的人要负责在钢轨点撬,往回倒撬时,也要点撬。大弯需一撬倒一撬地向前拨,每拨到中间可隔3～4个轨枕孔,遇到接头时必须插撬。遇到钢轨有硬弯时,可用起道机加顶调直的方法配合拨道,局部小方向可用几根撬棍集中插入轨底拨正,防止插偏或撬位过长拨成反弯。在混凝土岔枕道岔上拨道,用液压拨道器或起道机拨道先扒好窝,或在起道机下垫上铁板。起道机与地面夹角在20°左右,拨道应预留回弹量。

（5）拨道时要注意邻线间距,线路、道岔与信号专业机、站台等建筑物的距离。

（五）技术要求

（1）方向直顺,用10m弦绳测量正线道岔方向误差不超过4mm,其他线道岔不超过6mm。

（2）附带曲线正矢连续差,正线道岔不超过3mm,其他线道岔不超过4mm。

（3）由于拨道引起的有关项目的变动,应做到符合各单项作业标准。

（六）作业安全

（1）使用撬棍拨道时,必须插牢,防止脱撬伤人。

（2）作业过程中要防止轨道电路的短路或断路。

三、道岔改道

（一）作业范围

（1）改正超限及变化率不合标准的轨距。

（2）整修道岔支距,护轮轨与辙叉心的查照间隔。

（二）作业条件

封锁条件下进行。

（三）作业程序

（1）调查道岔技术状态,安排作业计划。用道尺由道岔的前部向后检查轨距每隔2～3根岔枕量一次,轨距变化处必须测量,做好改道标记。改支距时,用支距尺测量各点支距或量出导曲线正矢,做好改道标记。

（2）办理封锁登记。

（3）在改道范围内,将有铁垫板压陷或四周有毛刺的岔枕削平,清理干净。

（4）按作业要求起拨道钉或松卸扣件。

（5）对需要改变的旧钉孔塞入经防腐的木片,在新钉孔位置用直径12～12.5mm的钻头钻孔。

(6)用直钉器校直弯曲道钉,如旧钉不能使用,更换新道钉。

(7)用撬棍或改道器,将钢轨拨正到正确位置,然后钉好道钉或拧紧扣件。

(8)全面检查,对不良处所进行整修。

(9)作业结束后会同有关人员进行检验,确认符合技术要求,取消登记。

(四)作业要求

改道作业可以按转辙部分、连接部分及辙叉部分分段进行。

(1)转辙部分:先改好直向外股基本轨,使道岔与前后线路或道岔连接良好,尖轨根端至护轮轨前端,可在两端与钢轨等距离的岔枕上钉拉线,改好方向。

(2)连接部分:用支距尺按标准图改好导曲线上股,用长钢尺在直向外股钢轨上;上支距点,用支距尺改好导曲线上股,用道尺改好导曲线下股。根据直向外股,道尺改好直向内股、尖轨跟端后做好轨距递减。

(3)辙叉部分:辙叉趾端、根端轨距,限制在2mm内,改好查照间隔。

(五)技术要求

(1)道岔各部尺寸符合相关规定。

(2)目视线路,直股直顺,导曲线、附带曲线圆顺。实际支距与设计支距误差不超过2mm,或用5m弦绳量导曲线正矢,连续误差不超过2mm。

(3)改道范围内的其他各种零件均应达到标准,与改道有关的项目符合各项标准。

(六)作业安全

(1)使用撬棍必须插牢,防止脱撬伤人,不得骑跨或仰靠撬棍上。

(2)作业过程中,要防止轨道电路的断路或短路。

(3)打道钉,防止锤头脱出伤人。

四、调整附带曲线

(一)作业范围

对位置不正、方向不好及变更半径的附带曲线进行调整。

(二)作业条件

(1)在封锁条件下进行。

(2)拨动量较大时,先调整轨缝或更换钢轨。

(三)作业程序

(1)按设计图,调查附带曲线实际状态,安排作业计划。
(2)根据作业计划,准备材料、工具。
(3)根据作业内容,到车站办理封锁登记。
(4)拨正道岔后直向直线方向和附带曲线两端直线方向。
(5)检查附带曲线及其前后轨缝,必要时进行调整,并根据需要调整钢轨长度。
(6)测量两线路实际线间距与平均正矢。
(7)根据平均正矢,试算附带曲线半径。如有设计图,取用设计半径。
(8)计算附带曲线始、终点横距。
(9)标记各支距点位置。
(10)计算拨动量。
(11)按计算出的拨动量,调整附带曲线。
(12)作业结束后,全面检查,整修不良处所、确认符合技术要求,注销登记,清理现场,转移。

(四)作业要求

(1)与信号专业有关时,应有信号专业配合作业。
(2)试算附带曲线半径,用10m弦绳测量正矢,至少测量3点,取其平均值,按下式计算半径:

$$R = \frac{12500}{f_p} \tag{9-1}$$

式中:f_p——平均正矢(mm);
　　　R——附带曲线半径(m)。

(3)标记附带曲线始、终点横距,先从叉尖或叉跟量出始、终点横距,由始点起,每5m量一点,直至终点,用方尺及钢尺将各点引到附带曲线外股钢轨上,画好标记。
(4)检查时,用10m弦检查连续正矢情况,仔细拨正,将附带曲线拨到符合技术要求,并做好由拨道引起的其他作业。
(5)无设计图时,道岔附带曲线半径。根据计算值,选用10m为单位的整数。

(五)技术要求

(1)附带曲线端直线方向顺直,曲线起、终点位置正确。
(2)连接曲线半径应大于或等于导曲线半径,超高不大于15mm,顺坡0.2%。
(3)道岔与连接曲线之间夹直线不小于6m。

(六)作业安全

(1)如用撬棍拨道,防止滑撬伤人,不得跨骑或仰靠撬棍。
(2)作业中应防止短路或断路。

第十章　钢轨铝热焊

> **岗位应知应会**
>
> 1. 了解钢轨铝热焊特点、发展状况。
> 2. 熟知钢轨铝热焊作业程序。
> 3. 掌握钢轨铝热焊作业程序的相关技术标准。
>
> **重难点**
>
> 重点：钢轨铝热焊作业程序。
> 难点：钢轨端头对正、砂模的安装和封泥、预热、推瘤。

铝热焊——铝粉、氧化铁粉、铁屑和铁合金等按一定比例配成铝热焊剂，高温火柴点火，发生激烈的化学反应和冶金反应，得到高温钢水和熔渣。高温钢水注入预热铸模中，将轨端溶化，冷却后即把两根钢轨焊在一起。

第一节　钢轨铝热焊知识

一、钢轨铝热焊特点及国内应用现状

钢轨铝热焊接其焊接原理是通过配置的铝热剂在坩埚内点燃，反应后形成高温铝热钢水，注入由焊接砂模和待焊钢轨组成的型腔内，高温钢水通过特别设计的砂模浇筑系统，熔化部分待焊钢轨端面，经冷却凝固后将待焊钢轨连接成一个整体。

钢轨铝热焊具有以下几个特点：

（1）钢轨铝热焊自带热源，因此，设备简单，操作方便、快速，少量人员就可进行焊接操作。

（2）钢轨在焊接过程中几何位置几乎不变，因此其平顺性取决于工装卡具，故焊接接头的平顺性优于气压焊。由于焊接过程中钢轨无纵向移动，因此特别适用于跨区间无缝线路的焊接。

（3）钢轨铝热焊是铸造过程，其焊缝金属是铸态组织，因此其接头的性能具有铸造的特

点。力学性能相对闪光焊、气压焊要差。

基于上述特点,铝热焊成为铁路无缝线路铺设的主要现场焊接方法。特别对于提速及高速线路,铝热焊接头以其优良的平顺性而得到世界各国的广泛采用。20世纪80年代推出的小型移动式气压焊在铁路高速化的趋势下因其平顺性较差已被逐步淘汰。近年,原来作为厂焊的闪光焊也开始应用于现场焊接,出现了移动式焊轨作业车。但因我国铁路运量巨大,移动式焊轨车必须占用线路,以及道岔空间小等原因,移动式焊轨车无法焊接所有的现场焊接接头,铝热焊仍将是提速及高速线路重要的焊接手段。

铁道科学研究院在20世纪60年代开始铝热焊的研究,自1967年开始应用于铁路无缝线路的铺设,由于铝热焊焊剂的生产长期以来一直依赖手工作业,控制手段落后,产品稳定性差,因此,推广受到限制。特别是20世纪90年代后期,我国铁路开始既有线提速后,铝热焊用量大大增加,焊接质量参差不齐。出现了国内铝热焊生产水平与铁路提速要求不相适应的状况。国内开始大量进口铝热焊剂。目前,我国应用的主要有法国RAILTECH公司与德国THERMIT公司的产品。

1997年我国铁路大提速前,全路铝热焊用量为每年3000份左右,全部为国产焊剂,到2003年经过五次大提速,线路改造力度逐步加大,全国用量已达到每年3万份,部分铁路局取消气压焊。目前每年进口产品要占90%的市场份额。

二、国外钢轨铝热焊技术发展

20世纪初,德、英、美、法等国开始采用铝热焊法焊接电车轨道。1924年,德国开始于铁道线路上应用铝热焊法。1928年,德国国营铁路批准采用铝热焊法焊接铁路线路,主要用于无缝线路的焊接。

国外钢轨铝热焊在工艺上由湿模焊接法发展到干模焊接法,由长时间预热法,小焊剂量SmW法发展到短时预热大焊剂量的SKV法,在铝热焊剂方面,研究出了适合于各种强度的钢轨铝热焊剂。强度分别为700MPa(普通质量)、800MPa(中等耐磨)、900MPa(耐磨)以及1100MPa(高强度)。在焊接工艺装备方面,研制了小型的对轨装置(包括框形和A字形)。废除手锤修整轨头焊缝的方法,研制双向液压推凸(焊缝凸出量)装置以及小型切轨和打磨装置。

国外在简化铝热焊作业方面近年也有许多进步,如进入国内的两家公司都推出了一次性坩埚产品,美国一家公司甚至将一次性坩埚做到焊后不留坩埚残渣。

德、英、美、法等国铝热焊技术发展大同小异。其中德、法两国是世界上最大铝热焊产品供应国,焊接材料产量每年达百万份。

鉴于铝热焊出现的焊接缺陷主要是由于施工时焊接预热不足造成的,国外开始研究对焊接预热温度进行监控,已有相应的产品投入应用。

三、国内铝热焊研究的进展

1966年我国开始成批生产铝热焊剂（铁I-50型）用于湿模铝热焊接法。20世纪70年代中期,采用干型小焊筋快速预热工艺,并研制了铁II-50型（中耐磨焊剂）;80年代中期研究了钢轨定时预热法工艺（相当于SKV法）研制了铁III型铝热焊剂（高耐磨焊剂）;90年代研制厂铁IV型、铁V型铝热焊剂,用于大秦线75 kg/m钢轨、京广高速线路及广州地铁线路焊接。

为了适应铁路我国提速及高速的需要,铁道科学研究院在铝热焊领域进行了大量的研究工作,在焊剂研究、焊接工艺和焊接接头的热处理方面进行改进和提高。使铝热焊接头的性能有了大幅度提高。

第二节　钢轨铝热焊焊接作业

一、到焊接现场前的准备工作

(1)技术交底和施工组织。
(2)机具及材料准备。
(3)选配合适的焊剂:
PD3（U75V）—U71MN钢轨对接时选U71MN焊剂。
U71MN—稀土钢轨对接时选用稀土焊剂。
PD3（U75V）—稀土钢轨对接时选用稀土焊剂。

二、在焊接现场的准备工作

(1)检查造成安全事故的隐患:如潮湿的道砟、作业现场湿滑等。
(2)检查并找出任何可能造成火灾的隐患:如干草、灌木丛及树枝、易燃材料等。
(3)找一个适合的地方,挖一个废渣弃置坑（深30cm,挖之前检查是否有地下电缆或电缆槽）,保持焊接附近及弃置坑的干燥（整体道床区段焊接,需制作特殊容器盛放废弃物,并将废弃物带出轨行区妥善处理）。
(4)将防火设施放置在较近的适当地方。
(5)将预热装置连接好（预热枪、管、表、缸瓶等）。

三、轨道的准备工作

（一）轨温计测轨温

(1) 轨温＞15℃时，可以直接预热。
(2) 轨温≤15℃时，在预热前将焊接钢轨两端各 1m 范围内加热到 37℃。

（二）轨道的工作空间

(1) 焊头距离轨枕＞100mm。
(2) 道砟距轨底＞100mm。
(3) 松开焊头两侧 3～6 根枕木的扣件及垫板（直线地段 3 根、曲线地段 6 根）。

（三）稳固钢轨

在焊接过程中始终保持焊缝恒定不变。
(1) 将焊缝两侧各 15m 范围内的扣件上紧。
(2) 温差大时，应借助拉伸器。
(3) 在焊缝两侧第 3 根或第 4 根轨底及轨枕上画线作标记，检查焊缝变化。
(4) 打磨钢轨焊接部位的毛刺及飞边，清刷干净。
(5) 启动并准备好锯轨机、推瘤机及打磨机等。

四、钢轨端头的准备

（一）焊头处理

(1) 裂纹、伤损的钢轨：用锯轨机切完再焊。
(2) 氧气切割过的焊头：用锯轨机切掉至少 100mm。
(3) 其他焊接焊过的焊头：用锯轨机切掉后再焊。
(4) 坍塌接头：低塌＜2mm、长度＜20mm 可以直接焊，否则要锯掉。
(5) 螺孔距轨端的距离＞100mm（避免螺孔在加热后产生细小裂纹，并造成伤损及扩大，最终在螺孔处形成伤损）。

（二）轨端平直度

轨端处理应采用好的锯轨机切割，用直角尺检查，要求轨端平直度＜1mm。

（三）轨端清洁

轨端清洁长度为 100～150mm，用手砂轮或钢丝刷清除，轨端应避免产生氧化隔离层。

如钢轨锈蚀严重,则轨端清洁长度应为 1m,不影响对正。

五、钢轨端头的对正

钢轨端头的对正,是铝热焊工艺中最难也是最关键的部分。

(一)钢轨对正的四要素

(1)轨缝:25mm±2mm。

如轨缝<23mm,热容量小,轨端未熔化就已经冷却,会造成未焊合的缺陷;如轨缝>27mm,会造成预热不足,而且钢水不足填满焊缝间隙。两者均影响焊接质量。

锯轨可能会产生三种结果:两轨端平行,这种结果最好;上大下小(两侧均在 1mm 公差范围内),也可以;上小下大,不行,因为会严重影响预热效果。

(2)尖点(垂直对正):用 1m 直尺及塞尺设置。木枕 3.2mm,轨枕 1.6mm。这是起步值,现场要根据情况,适当调整,不能出现低接头,也不能出现高接头。

(3)水平对正:用 1m 直尺先内侧、再外侧,再轨头、轨腰、轨底对正。若轨头宽度有误差,以工作边对齐;若轨头有侧磨,在侧磨处垫入侧磨垫条。若钢轨高度有误差,误差<3mm,则将高差放在轨底;若钢轨高差 3~8mm,需采用特制的砂模及组件进行焊接。

(4)不等倾斜调整:用 1m 直尺检查轨底及轨底、轨腰拐角圆弧处,如不密贴,则要调整。如两根待焊接钢轨存在不等倾斜而不调整,则造成提前疲劳断裂。

(二)对正调整

对正调整用 2~3 次调整好,顺序始终是:轨缝—尖点—水平—不等倾斜。
A 型对正架

(三)用 A 型对正架注意事项

(1)调尖点时,左右螺杆要松开。
(2)调水平时:应左松右紧或左紧右松。
(3)对正架在浇筑后 15min 才能拆除,不得提前。

(四)对正注意事项

(1)对正前一定要调好钢轨的大方向。
(2)如有低接头,也应提前进行处理。
(3)对正过程中,不要碰焊接区域的钢轨及枕木、对正架等。
(4)对正好后,应在轨底上对正架下塞木楔。

六、砂模的准备检查

(一)检查 QPCJ 组件齐全

(二)密封

(1)将两个侧砂模在焊缝处磨合,消除侧砂模与钢轨间的间隙,防止夹皮的产生。如有夹皮,尤其在拐角处的夹皮会产生应力集中,从而影响焊头的强度。

(2)将锉刀将侧砂模底部与钢轨底部磨平(否则上好底砂模后,会造成侧砂模顶起,轨底轨腰拐角处吻合不好,产生夹皮)。

(三)安装

(1)底模安装:居中,误差在 1mm 以内。有螺杆的一侧放在轨道外侧(高一侧)。安装底板时固定螺栓不要上得太紧,以免挤坏底砂模。

(2)检查对正情况(最终对整)。

(3)安装侧砂模:居中安装,有溢流口的放在轨道内侧(低一侧)。砂模固定夹不要上得太紧,以免挤坏侧砂模。

(四)模泥

(1)模泥太少,会干裂,造成钢水泄漏;模泥太多,则会无法烘干,潮气排不出,易形成气孔。因此模泥要适量、从下至上均匀涂抹。

(2)每个焊头模两遍泥;一般每桶泥模 3～4 个头。

(五)做堵漏棒

做 2 个堵漏棒。

七、预热

预热是铝热焊接的灵魂,也是工艺中最关键的部分。

(一)预热的目的

(1)提高待焊轨轨端的温度,减少与铝热钢熔池的温差。

(2)消除砂模中残余的湿气。

(二)影响预热的关键因素

(1)氧气、丙烷的质量、压力(流量)。

(2)预热的时间。

(3)火焰的调节。铝热焊气体的流量是通过预热装置及压力来保证的,所以铝热焊一定要用整套预热装置(注:预热管子:10m 长、内径 9.0mm,在规定的压力下,控制气体的流量氧气在 105L/min、丙烷在 42L/min 左右。管子不能随意加长,如加长,则必须增加预热时间)。

(三)预热支架的调整

(1)离轨面 50mm(+3、-2mm)。

(2)垂直、居中。

(四)压力的调整

压力标准:氧气:70PSI=0.49MPa=4.9bar;丙烷:10PSI=0.07MPa=0.7bar。调压:

(1)打开枪上氧气、丙烷的阀门。

(2)把瓶上的调压阀松开,松到底,低压归零。

(3)打开瓶,顺时针打压力,调到规定压力。

(4)关闭预热枪阀。

(五)火焰的调节

(1)粗调:在砂模外调火焰。开丙烷阀门－点火－开氧气阀门,出现蓝色焰心－再打开丙烷、氧气,交替调整到焰心约 12mm 稳定－丙烷完全打开－氧气部分打开。

(2)精调:燃烧器放入砂模内的调整。稍关氧气阀门－再新打开约 1/3 转,声音变化均匀,火焰高在砂模上方约 0.5m,即火焰的临界点－再开始按跑表计时。

(六)预热时间

50kg 轨:4min。

60kg 轨:5min。

75kg 轨:6min。

预热要求使用工业丙烷,如使用液化石油气,可适当延长预热时间 20s～1min(液化石油气纯度不如工业丙烷)。

(七)预热温度

轨头:650℃。

轨腰:720～750℃。

轨底:550℃(可不测)。

(八)预热效果及注意事项

(1)分流塞应放在砂模外侧预热。

(2)预热枪以轨缝居中和钢轨垂直放在型腔内,保证预热均匀。

(3)不间断地注视整个预热过程,轨头颜色发红正好。

(4)防止预热不足:易产生气孔缺陷,尤其是轨底角部位。防止预热过度:会形成局部高温,造成缩孔及疏松缺陷,造成疲劳断裂(如预热过度,应马上检查压力,否则把氧气调小一些,及时解决过热现象)。

(5)注意防回火塞堵塞情况,避免因堵塞造成气体流量,影响预热效果。如发现堵塞后拆去防回火塞,则应适当缩短预热时间(防回火塞是易损件,应及时更换)。

(九)预热结束

(1)关闭氧气、丙烷阀门,关掉钢瓶。

(2)将预热后的分流塞放入砂模顶部的入口处,用钢丝刷把轻敲之。

八、焊药的准备

预热—浇筑的时间应小于30s,因此,在预热的同时,应准备焊药。

(一)检查组件齐全、干燥

(1)坩锅及坩锅盖应干净,无破损及裂缝、裂纹。

(2)自熔塞安全地位于底部中央位置。

焊药的包装袋是密封及干燥的。如有结块或包破损应扔掉。

(二)倒焊药

将焊药旋转地倒入坩锅中,顶面呈锥面。

(三)插高温火柴

将高温火柴斜插入,和锥面平行,插入深度为25mm。

(四)贴焊药标签

将焊药标签贴在记录本上。

九、浇筑

(一)点火时间

预热后越快越好。预热—浇筑的时间应小于30s。

（二）点火深度

高温火柴插入深度 25mm，太浅或太深均影响反应过慢或过快。

（三）计时

从浇筑后砂模中流出最后一滴钢水（熔渣）时，开始按秒表计时，一直到焊接结束。浇筑反应的时间一般为 22s±2s。

（四）堵漏

两人手拿堵漏棒，一旦发生钢水泄漏现象，及时堵住。如堵不住，一旦漏出，应立即离开现场。

（五）注意

一次性坩锅应放置时应稍作转动，居中放置。

十、拆模及推瘤

（一）拆模

（1）浇筑结束后 5min 可以拆模，可稍推迟 10～20s，不得提前。避免热焊头在冷却过程中提前受力，影响强度。

（2）拆模过早：会影响冷却过程，造成脆性焊头，影响强度。拆模过晚：难以清除多余焊料，影响推瘤。

（3）废渣盘不要漏出、不要倒在水中、不要放在轨枕上；未冷却前不要倒入弃渣坑中。

（4）顶部砂模推掉后，用钢丝刷快速清理轨顶面的封箱泥，避免随推瘤刀头一起进入焊缝内，形成夹渣或夹砂。

（二）推瘤

（1）浇筑结束后 6.5min 可以推瘤，可稍推迟 20～50s，不得提前。避免热焊头在冷却过程中提前受力，影响强度。

（2）推瘤过早：会造成热拉伤，轨头侧面发生细小裂纹，如不及时处理，会延伸到焊头里面，造成隐患。推瘤过晚：损坏刀头，推不动。

（3）注意：推瘤机刀头的调整，应距轨面及侧面 1.5～2mm。防止刀头栽头，避免造成焊头热拉伤。

(三)折弯钢柱

用热切凿和大锤将大、小钢柱折弯,以不影响热打磨。同时,在大钢柱底部用热切凿或砂轮切一个口子,便于冷却后好打掉大、小钢柱。

十一、热打磨——粗磨

(一)热打磨时间

正常情况:推瘤以后立即进行。当气温(轨温)低于15℃时,应在推瘤后加保温罩至少10min再进行热打磨,防止焊头骤冷,金相组织产生马氏体组织,使焊头脆断。

(二)精度

精度1mm,留有余量,冷打磨再打平。

(三)打磨顺序

内侧顶面、内侧圆角、内侧面;外侧顶面、外侧圆角、外侧面。

(四)打磨

在浇筑后10～15min热打磨最好。打磨不要过快过猛,使表面过脆,避免发蓝。

(五)拆除对正架及楔子

浇筑结束后15min可以拆除对正架及楔子。

(六)通车

浇筑结束后30min(轨温降到370℃以下时),可以过车,同时拆除起道机及拉伸器等设备。

十二、冷打磨——精磨

(一)冷打磨时间

浇筑1h以后或过车30min后(轨温降到90℃以下时)进行。打磨不要过快过猛,使表面过脆,避免发蓝。

(二)精度

用 1m 直尺检查,高 0.25mm、低 0mm。

十三、收尾工作

(1)紧固扣件。

(2)捣固焊头两侧的轨枕。

(3)清理废料。

(4)作焊接报告。

备注:关于焊道焊肋的打磨:为了提高焊头的承载能力,铝热焊在焊头周边设计了焊肋。其作用是提高焊头的截面惯性矩,起加强作用,提高焊头的强度。

对轨腰及轨底坡处的焊肋,则一定不能打磨,否则焊头的加强作用完全丧失。

对轨底底部的加强焊肋,现场一般不用打磨掉。只是在焊头要求送检做型式检验的疲劳强度试验时,可以将底部的焊肋打磨至与轨底平齐,这样可以消除该处的截面变化,避免了截面变化处的应力集中,可以提高疲劳强度值。

第十一章　钢轨打磨

> **岗位应知应会**
>
> 1. 了解钢轨打磨车的发展、分类。
> 2. 了解钢轨打磨车的打磨的原因、意义。
> 3. 掌握钢轨打磨车的打磨目的、策略。
>
> **重难点**
>
> 重点：钢轨打磨车打磨的目的。
> 难点：钢轨打磨车打磨的策略。

第一节　钢轨打磨车

钢轨打磨车分为线路打磨车和道岔打磨车。

一、线路打磨车

PGM96c型钢轨打磨列车在我国大铁上应用广泛，随着我国高速铁路建设的飞速发展和高速重载指标的不断提高，钢轨磨损越来越严重，高速铁路的养护设备需求也在急剧增加，PGM96c型钢轨打磨列车应运而生。它由一辆动力车和四辆打磨作业车组成，设计有96个磨头同时作业，可通过控制系统，针对不同的钢轨缺陷采取各种模式对高速铁路的钢轨波浪形磨耗、钢轨肥边、马鞍型磨耗、焊缝凹陷及鱼鳞裂纹等病害实施快速打磨，以消除钢轨表面不平顺、轨头表面缺陷及将轨头轮廓恢复到设计要求，从而实现减缓钢轨表面缺陷的发展、提高钢轨表面平滑度，进一步达到改善旅客乘车舒适度、降低轮/轨噪声、延长钢轨使用寿命的目的。PGM96c型钢轨打磨列车设计的打磨砂轮能同时工作，在外侧20°到内侧70°间经过调节和计算机控制，以3～24km/h的速度进行打磨；计算机内能存储预设的打磨角度、功率，能快速切换到不同的打磨工况，针对不同的钢轨病害进行施工，适应封锁作业中"高效、快速"的要求，在规定时间内优质地完成打磨施工任务。

PGM96c型钢轨打磨列车设计使用计算机操作，通过点击屏幕中各功能按钮进行作业，界面明了，操作简单。另外，操作列车装有集尘装置符合环保要求，可收集打磨作业粉尘，抑制轨面火花飞溅，减少对环境和列车装备的污染。列车自运行速度100km/h，能快速到达作业现场。

二、道岔打磨车

CMC-20型道岔打磨车主要对道岔区段的钢轨进行打磨、整形,可有效地消除道岔区尖轨的飞边、岔心钢轨和尖轨顶面的波形磨损、侧磨、钢轨踏面与轨距角处的剥离等钢轨缺陷,也可用于干线的打磨。适用于9号、12号、18号、30号、38号道岔和50kg/m、60kg/m、75kg/m钢轨的线路。

第二节 钢轨打磨车的运用

一、钢轨打磨的发展

钢轨打磨车是针对我国铁路不断提速、行车密度不断增加,导致铁路线路钢轨伤损日益严重的情况,铁道部引进国外先进的钢轨打磨列车制造技术进行国产化生产的新型养路机械。国内地铁公司随着地铁线路的增多,也开始引进钢轨打磨车对钢轨进行打磨保养。

二、钢轨打磨的原因

由于列车的动力作用、自然环境和钢轨本身质量等原因,钢轨经常会发生伤损,造成钢轨寿命缩短,养护工作量增加,养护成本增加,甚至毁灭严重影响行车安全。

三、钢轨打磨的目的

(1)通过打磨机或打磨列车对钢轨头部滚动表面的打磨,以及消除钢轨表面不平顺,轨头表面缺陷将轨头轮廓恢复到原始设计要求,从而实现减缓钢轨表面缺陷的发展。

(2)提高钢轨表面的平滑度,进一步达到改善旅客乘车舒适度,降低钢轨噪声,延长钢轨使用寿命。

四、钢轨打磨的策略

(一)确定打磨策略

为实现钢轨打磨最佳质量,通常要根据作业地段的线路等级、运输能力,钢轨断面目标作业前钢轨情况、打磨周期、封锁时间等多方面因素来确定打磨策略。

(二)策略划分

(1)矫正性打磨(打磨量0.5～4.6mm)。
(2)过渡性打磨(历经数次打磨周期的转变)。
(3)预防性打磨或周期性打磨(移除少量金属0.2～0.3mm)。
(4)特殊性打磨(为实现特殊钢轨断面形状、一个平滑的钢轨接触面等)。

第三节　CMC-20型道岔打磨车

城市轨道交通目前采用CMC-20型道岔打磨车比较普遍,现将该类型打磨车介绍如下。

一、CMC-20道岔打磨车简介

CMC-20型道岔打磨车是在运行中利用高速旋转的砂轮对钢轨轨头表面进行磨削,去除钢轨表面锈蚀和氧化皮,钢轨肥边、波磨、裂纹等表面缺陷,同时修复轨头廓形,提高列车运行的平稳性和舒适度、降低运行噪声和振动、延长钢轨的使用寿命的大型打磨机械。道岔打磨车主要用于打磨道岔,同时兼顾线路打磨,采用杯形和碟形两种不同形式的砂轮,适用于护轨区域钢轨打磨。道岔打磨车由两节打磨车组成,可双向行驶和打磨,可对9号、12号、18号、30号、38号道岔区段钢轨进行打磨作业。道岔打磨车外形如图11-1所示。

图11-1　CMC-20型道岔打磨车外形

CMC-20型道岔打磨车具备的功能特点有:
(1)打磨头采用液压马达驱动,可克服电机散热不良的问题;液压马达体积比电机小,能方便对打磨头角度偏转的控制,采用较小直径的磨石,大大提高打磨的适用范围;同时采用液压马达驱动,降低了打磨小车的高度,从而有效地降低了整车的高度,使该车外形小,也适用于地铁线路作业。

(2) 双向打磨作业,采用恒低速作业走行系统。

(3) 双向高速行驶。

(4) 集尘装置,可对含有粉尘的脏污空气进行过滤。

(5) 防火板和防火帘,可防止打磨火花飞溅,利于集尘。

(6) 水系统,可用于消防和生活用水。

(7) 存储99种打磨模式。

(8) 工作装置跨越障碍的能力。

(9) 用于打磨道岔,同时兼顾线路打磨。

(10) 杯形、碟形两种不同形式的砂轮,适用于护轨区域钢轨打磨。

二、主要技术参数

(一)作业条件

(1) 海拔高度:≤2000m。

(2) 温度范围:-20 ~ +50℃。

(3) 相对湿度:85%。

(4) 轨距:1435mm。

(5) 作业最小曲线半径:180m。

(6) 运行最小曲线半径:150m。

(7) 作业线路最大坡度:3%。

(8) 最大连挂运行速度:120km/h。

(9) 最大双向自行速度:100km/h。

(10) 作业走行速度:2 ~ 16km/h(双向)。

(11) 钢轨类型:50kg/m、60 kg/m、75 kg/m。

(12) 适应道岔9号、12号、18号、30号、38号道岔。

(二)主要结构参数

(1) 外形尺寸(长×宽×高):24400mm×2650mm×3760mm。

(2) 转向架轴距:1800mm。

(3) 车辆定距:7620mm(单节车)。

(4) 轮径:840mm。

(5) 整车重量:约50t(单节车)。

(6) 限界符合GB 146.1—1983标准轨距铁路机车车辆限界。

(7)车钩型号:两车之间 MJGH-25T 密接式车钩。

(8)两端车钩:内燃、电力机车车钩+KC-15 型缓冲器。

(9)单机紧急制动距离＜800m（平直道、初速 90km/h）。

(10)传动方式:高速走行、作业走行均采用液压传动。

(三)打磨系统技术参数

(1)砂轮形式:杯形、碟形。

(2)砂轮尺寸(直径×厚度):杯形 152mm×76mm（16 个）、碟形 280mm×30mm（4 个）。

(3)砂轮数量:20 个。

(4)砂轮速度:5800r/min（直径 152mm 砂轮）、3600r/min（直径 280mm 砂轮）。

(5)砂轮倾角调整精度:0.5。

(6)打磨马达最大输出功率:17 kW。

(7)砂轮倾角:75°（内侧）～45°（外侧）。

(8)横向位移调节范围:110mm。

(9)打磨速度(双向):2～16 km/h。

(10)连续工作能力:一般线路上 6h。

(11)纵向轨面打磨精度:300mm 范围最大幅值≤0.02mm、1000mm 范围最大幅值≤0.1mm。

(12)打磨后钢轨表面粗糙度 R_a≤10。

三、主要结构

道岔打磨车由两节作业车组成,每节作业车有 10 个打磨头。每节作业车都由主车架、驾驶室、动力系统、走行系统、制动系统、打磨系统、水系统、液压系统、气动系统、集尘系统、防火系统、控制系统、电气系统等组成。单节作业车主要系统布置如图 11-2 所示。

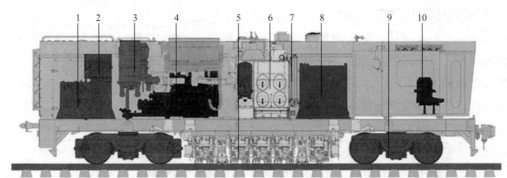

图 11-2 单节作业车主要组成

1-燃油箱;2-工具箱;3-液压油箱;4-发动机;5-打磨小车;6-集尘系统;7-消防系统;8-水箱;9-转向架;10-驾驶室

（一）作业系统

CMC-20型打磨车作业系统包含了打磨小车、集尘装置及水系统。打磨小车是实现打磨的执行机构；集尘装置是针对打磨时吸收打磨粉尘的辅助装置；水系统是用于喷淋钢轨、降尘和消防的安全装置。

1. 打磨小车

打磨小车主要由车架、打磨单元、导向轮、小车提升机构等组成，其结构如图11-3所示。

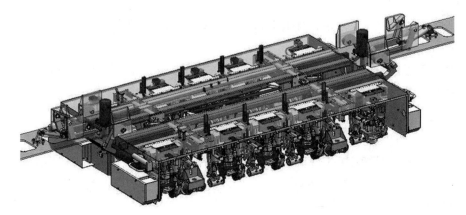

图11-3　打磨小车

车架为打磨小车的承载构架，采用中间半分体式结构，可以实现向两侧横向移动。打磨小车处于锁定位时，小车左右位向中间靠拢收于车下，与车体同宽；当打磨小车处于作业位时，小车左右位分别向两侧横向分开，使打磨头处于钢轨顶面范围的位置。

导向轮采用可收缩和可侧压的结构，一个打磨小车装有四组导向轮，主要起支撑和导向的作用。当小车收起时，导向轮处于锁定位，收回到小车内部；当小车放下时，导向轮对小车起支撑作用，同时导向轮通过车架的侧压油缸，被紧压在钢轨上以防止小车掉道。

打磨小车共有10个打磨单元，左右侧分布各5个打磨单元，位于打磨小车前端左右侧的一组打磨单元，其砂轮直径为280mm，其他打磨单元砂轮直径为152mm，各个打磨单元角度调整范围为钢轨内侧75°到外侧45°。

打磨单元可以实现打磨头的角度偏转、加载、提起、锁定等功能，全部动作为液压驱动。打磨头采用了两级提起方式，打磨马达由安装在打磨框架的油缸提升，打磨框架由安装在小车车架上的框架油缸提升，可以避免在通过道口等部位时，因打磨单元与钢轨距离较近，而造成与道口等设备发生碰撞而损坏打磨单元。每个打磨单元都有独立的锁定装置，在打磨框架油缸底部安装有锁定装置，以避免打磨单元下落，在运行中与线路设备发生刮蹭，造成设备损坏。

小车提升机构主要负责打磨小车的提升、下降及锁定，主要由提升油缸和锁定钩组成。

打磨车在作业过程中会产生打磨火星，小车的四周以及中间都设有防火帘以减少火星的飞溅。防火帘随着打磨小车的升降而升降，不会对整车的适用限界产生不利的影响。

2. 集尘装置

在打磨车的作业过程中不可避免的会产生一些粉尘。为防止这些磨屑和粉尘扩散到附近的空气中,在打磨部位设计了集尘装置。每节车各有一套集尘装置,采用高效防火的滤清器,可以处理掉99.99%大于0.5μm的粉尘。集尘装置内部设置有过滤器自动反吹风路,每隔10s部分滤清器会被反向气流吹动一次,40s完成所有的滤清器的清理。落下的粉尘被收集到集尘抽屉中,拉出抽屉即可将粉尘倒掉。另外,打磨小车四周安装防火帘,防止火星飞溅,同时对集尘装置的吸尘效果也有一定的促进作用。

3. 水系统

水系统在车底和车辆两侧设置喷嘴,可对钢轨和线路两侧喷水,起到对钢轨降温、降尘和消防作用;同时车辆前后端设有消防卷盘,水管可拉出,喷出高压水,对车辆周围一定范围内进行消防,开关设置在卷盘旁,开启方便。单节车水系统的最大容量为3000L,水箱是镀铝的钢结构。水箱设置水位传感器,在水位低时系统会自动报警,设置加水口和放水口,加水口方便向水箱补水,放水口可将水排放干净。

(二)安全保护措施

各打磨小车及作业机构设有锁定装置,运行状态时能可靠锁定。打磨车作业过程中,若液压系统发生故障时,作业机构均可通过应急泵应急复位。

打磨车还安装火灾报警系统和视频监控,能及时地发现火情,同时每节车装有干粉灭火系统,两个20kg的干粉灭火器罐位于机械间。干粉由连接于干粉罐的管路喷嘴排出,每节车共安装14个喷嘴,其中打磨机构上装有8个喷嘴,集尘器内部2个,另外4个喷嘴位于机械间的柴油机上,可通过操作驾驶室内及车辆外前后端触发器启动灭火系统。

四、动力传动系统

每节打磨车都设有一套动力传动系统,采用闭式液压传动。由发动机通过分动箱驱动走行液压油泵,两个走行油泵分别驱动两个走行马达,再驱动车轴齿轮箱,实现车辆的走行,通过调节油泵和马达的排量进行调速。

传动系统分为高速运行传动系统和低速作业走行传动系统两部分。

走行传动路线为:发动机→分动箱→液压油泵→走行马达→动力转向架车轴齿轮箱→轮对。

作业动力传动路线为:发动机→分动箱→液压油泵→各作业机构马达、油缸。

(一)泵箱

泵箱是将发动机自由端的输出功率传递给走行油泵的分动装置,如图11-4所示。本车采用意大利OMSI公司生产的泵箱,每节车布置有一套泵箱,每套泵箱上有5个取力口用以驱动液压泵,泵箱(带油泵)外形尺寸如图 11-5 所示。

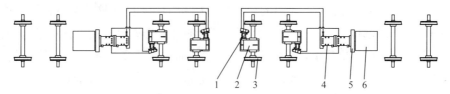

图 11-4 传动系统

1- 走行马达；2- 车轴齿轮箱；3- 轮对；4- 走行油泵；5- 泵箱；6- 柴油机

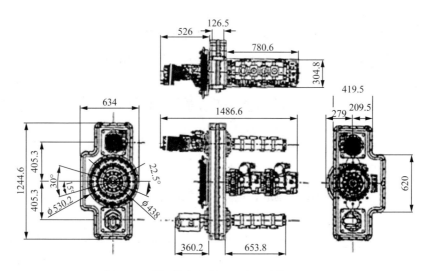

图 11-5 泵箱(带油泵)外形尺寸(尺寸单位:mm)

泵箱主要的技术参数如下：

最大输入功率：700kW。

每泵取力口最大输出功率：515kW。

最大输入扭矩：2710N·m。

每泵取力口最大输出转矩：2032N·m。

输入或输出最大转速：2500r/min。

额定输入转速：1800r/min。

(二)发动机

采用美国 John Deere 公司生产的柴油发动机,废气排放满足美国 Tier3 要求,发动机与主车架之间通过减振器连接,保证发动机在打磨车作业时的正常工作,见图 11-6。柴油机设转速传感器、水温传感器、机油温度传感器、机油压力传感器、燃油油位等显示和保护器件；在两端驾驶室均有发动机工作状态显示并可方便地控制柴油机,柴油机工作异常时有报警功能并可自动和手动停机。其主要技术参数如下：

型号：John Deere 6135HF485。

结构形式：六缸直列式四冲程，涡轮增压，空空中冷。

缸径×行程：132mm×165mm。

额定功率/转速：328kW；1800r/min。

最大转矩：2430N·m。

最大转矩时转速：1400r/min。

排量：13.5L。

额定功率下燃油消耗率：213g/(kW·h)。

图11-6 发动机

1. 发动机辅助系统（图11-7）

a) 燃油系统

b) 进气系统

c) 润滑系统

d) 电气系统

e) 排气系统

f) 冷却系统

图11-7 发动机辅助系统

柴油机辅助系统参数，见表11-1。

表11-1 柴油机辅助系统（冷却系统、润滑系统等）参数

电 气 系 统		燃 油 系 统	
电压	24V	ECU类型	L15控制器
蓄电池最小容量(amp)	925	燃油喷射泵	单元绝缘子
启动运行最大电阻(ohm)	0.002	控制类型	电控
0℃启动电流(amp)	600	总燃油量(kg/h)	148
-30℃启动电流(amp)	700	燃油消耗量(kg/h)	79
曲轴转动ECU最小电压(V)	10	进油最高温度(℃)	100
ECU最高温度(℃)	105	进油最大限制压力(kPa)	10
VTG最高表面温度(℃)	180	进油最大压力(kPa)	24
线束最高温度(℃)	125	回油最大压力(kPa)	35

续上表

空空中冷系统		冷却系统	
空热交换散热量(kW)	94	发动机散热量(kW)	185
系统最大压降(kPa)	16	冷却气流量(L/min)	498
系统最小压降(kPa)	8	调温器开启温度(℃)	82
进气支管压力(kPa)	227	调温器完全打开温度(℃)	92
25℃环境温度时出口最高温度(℃)	53	发动机冷却水容量(L)	18
25℃环境温度时出口最低温度(℃)	45	冷却水最低供应流速(L/min)	12
任意环境温度时出口最高温度(℃)	88	水泵进口最低压力(kPa)	30
排气系统		进气系统	
排气量(m³/min)	71	大气至发动机进气口最大温升(℃)	8
排气温度(℃)	427	最大进气限制压力(kPa)	6.25
最大排气限制压力(kPa)	10	正常进气压力(kPa)	3.75
最小排气限制压力(kPa)	4	进气流量(m³/min)	33
涡轮出口最大弯矩(N·m)	7	空滤器效率(%)	99.9
涡轮出口最大剪力(kg)	11		
润滑系统			
额定转速下机油压力(kPa)	310		
低怠速下机油压力(kPa)	138		

与柴油机有功率输出接口关系的连接设备有：液压泵、空气压缩机、充电发电机和空调压缩机。泵箱与发动机飞轮端键连接，通过齿轮传动将柴油机输出扭矩传递至五个取力口，分别驱动各液压油泵。空气压缩机、充电发电机和空调压缩机与发动机皮带轮通过皮带连接。

2. 故障诊断

发动机电子控制单元（ECU），如图 11-8 所示，能够检测发动机工作中出现的异常现象或发动机各个系统的故障。故障存储在 ECU 中，可以方便维修人员查阅。发动机诊断表（图 11-9）安装在驾驶室的右手控制台。它能够显示发动机的错误和诊断故障代码 DTCS，参看发动机制造商的维修手册有关显示代码的说明。

图 11-8 发动机电子控制单元

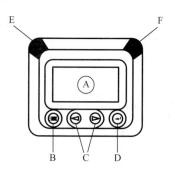

图 11-9 发动机诊断表

A- 液晶显示；B- 菜单键；C- 箭头键——左右或上下；D- 确认键；
E- 报警指示器——琥珀色；F- 关闭或者减载指示器——红色

发动机常见故障,见表11-2。

发动机常见故障　　　　　　　　表11-2

故障	可能引起的原因	可能的方案
发动机不转	(1)主控制断开开关端开; (2)电池隔离开关断开; (3)电脑启动; (4)电池电压低或不能再用; (5)电路开关松开; (6)电池接线端或电缆锈蚀; (7)电气短路,断线,连接器不牢固,接线错误; (8)起动器继电器不起作用;交流发电机启动继电器不起作用; (9)油压发送单元不起作用; (10)电脑开关不起作用; (11)主控制断开开关和/或电池; (12)隔离开关不起作用; (13)发动机不工作	(1)合上主控制断开开关; (2)合上电池隔离开关; (3)关闭电脑; (4)电池充电或更换; (5)检查电路,重装电路开关; (6)清洁或更换电池电缆; (7)参考诊断屏幕,检查接线和连接器,维修或更换; (8)更换继电器; (9)更换继电器; (10)更换发送单元; (11)更换开关; (12)更换开关; (13)见发动机故障检修手册
发动机转,但发动失败	(1)紧急停机开关处于停机位置; (2)主控制钥匙开关关闭; (3)启动灭火系统互锁开关; (4)机器燃油箱空; (5)电路断路器跳闸; (6)发动机由于停机系统问题而停机; (7)电气短路,断线,连接器不牢固,接线错误; (8)燃油电磁铁不工作; (9)主控制钥匙开关不工作; (10)发动机停机开关不工作; (11)发动机ECU不工作; (12)发动机不工作	(1)拨起紧急停机开关至运行的位置; (2)启动主控制钥匙开关; (3)开关先拨起来再按下去; (4)加燃料油; (5)检查电路,复位电路断路器; (6)排除发动机停机故障; (7)参考诊断屏幕,检查接线和连接器,维修或更换; (8)参考发动机诊断信息和操作手册; (9)更换开关; (10)更换开关; (11)参考发动机手册; (12)参考发动机手册
发动机发动后只运转了一会就停止	(1)发动机机油低油压、发动机冷却液低液位、液压油低油位、发动机冷却液温度高,或发动机转速过高启动了发动机停机系统; (2)燃油电磁阀不工作; (3)电气短路,断路,连接器或连线不正确	(1)检查液位,见发动机操作手册和发动机故障诊断手册; (2)电磁线圈有通电:机械故障; 电磁线圈电路有通电:更换电磁线圈或阀门; 电磁线圈没有通电:电路故障; (3)参考诊断屏幕,检查接线和连接器
发动机间歇性停机	(1)燃油电磁阀不工作; (2)由于下列原因发动机停机系统间歇性启动:动机低油压,发动机冷却液位低,发动机冷却液温度高,液压油位低,发动机转速过高; (3)电气短路,断路,连接器或连线不正确; (4)紧急停机开关不工作; (5)发动机灭火系统停机开关,发动机冷却液低液位开关,液压油低油位开关,发动机冷却液高温开关,发动机油压低压开关或发动机速度传感器不工作; (6)发动机停机系统关闭发动机	(1)电磁线圈有通电:机械故障; 电磁线圈电路有通电:更换电磁线圈或阀门;电磁线圈没有通电:电路故障; (2)检查液位,见发动机操作手册和发动机故障诊断手册; (3)参考诊断屏幕,检查接线和连接器。 (4)更换开关; (5)更换开关; (6)参考发动机诊断故障代码和发动机手册判断停机原因,在重新发动发动机前排除故障

发动机诊断面板常见故障,见表 11-3。

发动机诊断面板常见故障　　　　　表 11-3

故　　障	产生的原因	解决的方法
除了水位和油位,显示器上所有的信息图表都变成零	(1)电气短路,短线,连接器松或接线不正确; (2)发动机 ECU 不工作	(1)检查接线和连接器,维修或更换; (2)见发动机手册判断原因
液压油温度指示器运转不稳定,时高时低	(1)电气短路,短线,连接器松或接线不正确; (2)液压油温度发送器故障	(1)检查接线和连接器,维修或更换; (2)更换发送器
发动机油压指示器运转不稳定,时高时低	(1)电气短路,短线,连接器松或接线不正确; (2)发动机油压发送器故障	(1)检查接线和连接器,维修或更换; (2)更换发送器
电池电压指示器运转不稳定,时高时低	(1)电气短路,短线,连接器松或接线不正确; (2)发电机输出不稳定,发电机不工作	(1)检查接线和连接器,维修或更换; (2)维修或更换发电机
系统气压指示器运转不稳定,时高时低	(1)电气短路,短线,连接器松或接线不正确; (2)系统气压开关不工作; (3)气压系统组件不工作	(1)检查接线和连接器,维修或更换电气短路; (2)更换开关; (3)见气压系统故障诊断
发动机冷却液温度指示器工作不稳定,时高时低	(1)电气短路,断线,连接器松或接线不正确; (2)发动机冷却液温度发送器故障	(1)检查接线和连接器,维修或更换电气短路; (2)更换发送器
燃油油位指示器不指示燃油油位	(1)电气短路,断线,连接器松或接线不正确; (2)燃油油位发送器不工作	(1)见诊断面板,检查接线和连接器,维修或更换; (2)更换发送器
水位指示器没有指示水位	(1)电气短路,断线,连接器松或接线不正确; (2)水位发送器不工作	(1)见诊断面板,检查接线和连接器,维修或更换; (2)更换发送器

五、电气系统

(一)电气系统基本组成

电气系统主要包括作业控制系统、走行控制系统、直流电源系统、视频监控系统和消防系统。

1. 作业控制系统

作业控制采用 Jupiter 系统,1、2 号作业车的 Jupiter 系统是完全相同的,它们之间通过以太网连接,既可以单独控制单节车的作业,也可以对两节车一起控制。整列车只能由一个 Jupiter 主机控制,当一端 Jupiter 主机控制作业时,另一端被禁止。

2. 走行控制系统

走行控制系统用于控制整车的高速、恒低速运行。在打磨作业工况下,系统根据司机给定的列车速度,通过对恒低速系统液压泵、液压马达执行系统中各控制阀电气信号的控制,实现对作业运行速度的精确控制,保证打磨作业质量。

3. 直流电源系统

直流电源系统由充电发电机和蓄电池组成,给发动机、照明系统、控制系统提供电源。

4. 视频监控系统

驾驶室内设有4路车载视频监控系统,对车辆两端和各机器间进行监控,可以让任何一个驾驶室里的操作人员监视倒车时背面和发动机间的情况。外部的摄像头可以方便观察远处线路或准备打磨的钢轨起始点。

5. 消防系统

消防系统由火灾报警系统和自动灭火系统组成。在每节车的机器间都装备有热传感器,发生火灾时热传感器触发启动声光报警。在机器间装有灭火罐,灭火罐与发动机上方、集尘装置内部、打磨小车区域设置的灭火喷嘴连通,需要灭火时启动驾驶室内和车体两端的任一触发器进行自动灭火。

(二)Jupiter 控制系统

1. Jupiter 控制系统简介

Jupiter 控制系统用以控制磨轨车大部分的操作功能。主机是 Jupiter 应用控制系统(JAM)。每节车都拥有自己的主机 JAM ①和 J42 模块②位于每节车驾驶室的控制箱内,两节车的 JAM 通过网络电缆通信。每个主机的地址都是1号并连接到自己的 J42 模块上,J42 模块提供主机和网络模块的物理连接(图11-10)。

JAM 控制箱安装有微处理器,负责发送编程信息至磨轨车上其他输入/输出模块。在厂里就已经将打磨车特定的软件传输至 JAM 控制箱。通过 USB 接口连接 JAM 控制箱和电脑,HARSCO TRACK TECHNOLOGIES 公司技术人员可以修改和升级软件。JAM 控制箱通过打磨车上的其他 Jupiter 输入/输出模块与各种传感器,开关和阀门进行通信。每个模块负责发送信号至模块附近的各个元器件以及接收来

图11-10 主机和J42模块

自模块附近的各个元器件的信号。不同部件与模块通过电缆组件进行通信。所有的控制功能都显示在触摸屏上,不论手动还是自动都可通过计算机进行控制。

网络模块位于机器上不同位置,靠近它们所控制或监视的组件。机上使用的模块的类型简要介绍如下:

(1)模拟模块:该模块用于有不同的反馈电压模拟输入设备,如发动机传感器、燃油计、位置传感器等。

(2)数字模块:该模块用于数字输入设备,设备工作将电压发送给模块,诸如限位开关、压力开关等,或用于数字输出设备,有两个位置状态(开/关)使用;如阀线圈、继电器、信号灯、报警器等,这模块也可用于控制比例输出信号的具有脉冲宽度调制(PWM)能力的设备,

诸如比例阀等。

（3）高密度数字模块：该模块用于与数字输入设备，设备工作将电压发送给模块，如极限开关、压力开关等，或与数字输出设备，有两个位置（开/关）；如阀线圈、继电器、信号灯、报警器等，该模块用于有大量数字设备需要控制或监测的区域。

①高密度数字模块与机器部件接口在很大程度上与标准的数字模块相同。

②一个主要的区别是高密度数字模块提供32个通道，可以根据软件编程的不同提供输入或输出，而标准的数字模块有16个输入通道和8个输出通道。

③另外一个主要的区别是高密度数字模块的电线连接方式。标准的数字模块拥有8个5针的M12接头，而高密度数字模块有32个接头可直接连接导线。

2. 诊断概况

诊断屏幕属于Jupiter控制系统，可用于Jupiter控制系统控制和监控电气系统和电子部件的故障情况，但在Jupiter诊断屏幕上不能检查所有的元器件和系统。

计算机检测到打磨车上的Jupiter网络故障时，电脑显示屏上的警告面板就会显示警告信息。警告信息的类型将决定大部分实际故障检修步骤。

如果出现"水箱空"的警告信息时，首先要检查水箱的水位。如果水箱有水，就从诊断屏幕检查短路、开路、电压故障等。

如果"检测到输出模块开路"的警告信息出现时。首先检查警告屏幕判断哪个模块开路，是什么原因引起模块开路。大多数情况下故障发生时，可以通过诊断屏幕来检查，网络诊断屏幕会自动显示在显示屏上。操作员可以选择查看发生故障模块的详细信息，判断哪里发生开路。

3. 程序

联系厂家协助时需要提供计算机控制系统（P）、版本（V）、修订版（R）和序列号（SN）。这些信息可以在警告面板上找到。见图11-11、图11-12。

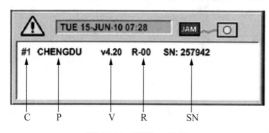

图11-11　程序-1号车

C（Car）：车号：1号；
P（Program）程序；
V（Version）版本；
R（Revision）修订版；
SN（Serial Number）序列号

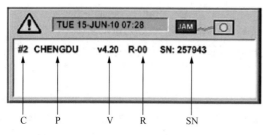

图11-12　程序-2号车

C（Car）：车号：2号；
P（Program）程序；
V（Version）版本；
R（Revision）修订版；
SN（Serial Number）序列号

4. G4-JAM 主机

主机是 Jupiter 应用控制系统（JAM），见图 11-13、图 11-14。每节车都拥有自己的主机 JAM①和 J42 模块②位于每节车驾驶室的控制箱内，两节车的 JAM 通过网络电缆通信。每个主机的地址都是 #1 并连接到自己的 J42 模块上，J42 模块提供主机和网络模块的物理连接。

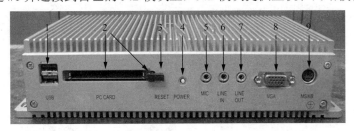

图 11-13　主机前面

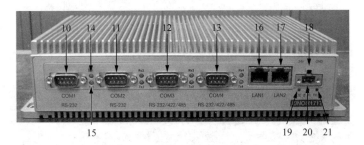

图 11-14　主机后面

G4 主机包括如下：

（1）USB：两个 USB 接口用于连接 USB 设备（打印机、存储器等）。

（2）PC 卡：外接卡槽和弹出按钮不可用，适用内部卡槽（盖板下面）适用闪存卡来存储操作软件。参考 G4-JAM 记忆卡的安装和拆卸。

（3）RESET：重启按钮，按下再放开，主机会关闭再重启。

（4）POWER：G4-JAM，电源按下关闭主机，再按一下重新启动。

注意：这个开关不是机械复位的，按下后，会锁定在开启或者关闭状态。

（5）MIC：连接麦克风。

（6）LINE IN：音频/视频输入，没有使用。

（7）LINE OUT：音频/视频输出，没有使用。

（8）VGA：显示器接口，连接触摸屏。

（9）MS/KB：鼠标/键盘连接，没有使用。

（10）COM 1：串口 1，连接触摸屏。

（11）COM 2：串口 2，没有使用。

（12）COM 3：串口 3，连接 J42 板。

（13）COM 4：串口 4，没有使用。

（14）LED 灯：绿色闪烁表示串口正在接收数据。

(15) LED 灯:黄色闪烁表示串口正在发送数据。

(16) LAN 1:网络接口 1,没有使用。

(17) LAN 2:网络接口 2,没有使用。

(18) 24V-GND:24V- 接地。连接 J42 板。

(19) IDE LED-Green:IDE 灯——绿色闪烁表示存储卡正在接受发送数据。

(20) BTRY LED-Green:BTRYLED 灯——绿色:关闭表示状态正常,闪烁表示电池需要更换。参考电池更换。

(21) PWR LED-Green:电源 LED 灯绿色:亮起表示 J42 板开始提供 24V 电源,不亮表示没有电源供应,按下电源开关 4。

JAM Box. 主机配有闪存卡,如图 11-15、图 11-16 所示,存储着操作系统、输入输出配置、所有的应用程序和数据文件(打磨方式等),对于打磨车来说,如果计算机出现故障,可以把闪存卡拿出来安装到新的主机上,闪存卡也允许很容易地安装新的软件到现有的计算机上或者新的计算机上。

图 11-15　主机正面

图 11-16　闪存卡

(1) 取下闪存卡。

① 确认所有电源关闭。

② 从主机前面卸下 4 个螺栓 1 和盖板 2。

③ 从低处的插槽中小心拿出闪存卡 3。注意:高处的插槽 A 是用于 PCMCIA 存储卡的,没有使用。

(2) 安装闪存卡。

①观察闪存卡的正反面(厂家标签位于底部)。

②将存储卡对准安装槽,小心推进直到固定住存储卡。

③安装盖板2和螺栓1。

(3)开始闪存卡程序运行。

①打开电源。

②启动主机。

③系统启动后,程序开始。如果是原来的存储卡,那么原有版本的软件和以前存在的数据文件都会被重新安装。如果安装了带有新软件的不同的存储卡,则新软件会被安装,所有的数据文件会变为默认设定。

④如果安装了新版本软件,确认记录下软件的版本信息。

主机内部整合了一个内部时钟电池和随机存储电池。当主机后面BTRY(电池)LED灯亮起的时候,电池需要更换,见图11-7。

电池规格:BH1 Clock and BH2 SRAM。

锂电池:BR2032(Using CR2032 is not recommended)。

输出电压:3V DC。

更换电池。

a. 确认所有电源关闭。

b. 打开主机盖板,进入后面的主板,可以看到时钟电池1和存储器电池2。

c. 小心取出电池1、2,不要损坏电池槽。

d. 确认新电池符合规格要求。

e. 小心安装电池1、2,不要损坏电池槽。

f. 重新安装主机盖板。

g. 打开电源。

图11-17 电池

图11-18 J42模块

h. 重启系统。

i. 确认主机后面BTRY(电池)LED灯没有亮起。

5. J42模块

J42模块(图11-18)提供主机和网络的物理连接,该模块的功能是提高以下部分的稳定性和诊断效果:

(1)主机的电源和风扇都在J42模块上,早期的系统,电源在主机内部,现在的设计减少了主机内部的发热量。

(2)网络电缆的4和8针为24V电源(连接到第一电源分配模块),该电源的连接通过J42模块。

(3)J42模块提供主机到第一个模块（模块2）的网络连接,该连接通过接线端子连接。使用标准的电缆和接头,减少了在工厂和维护过程中连错线的风险,并且保证了所有网络连接的正确终结。

(4)网络起始端的终结电阻也位于J42模块上(取代了早期系统的接线端子)。

(5)J42模块上的一个125Hz的振荡器在网络电缆中激发"菊花链"信号,该信号使第一个模块在网络中建立地址,在J42模块前,到2号模块的"菊花链"连线会接地。如果没有J42模块,可能会出现一些有问题的组件导致网络中的其他模块建立与第一个模块相同的地址,根据J42模块的配置,所有的"菊花链"在模块之间的输出、输入和连接必须完全使每个模块建立自己在网络中的地址,通过J42模块,网络地址会更安全,网络诊断也更全面。

(6)J42模块包括以下内容：

①J1:24V电源输入给J42供电。

②J2:24V电源输出给主机供电。

③J3:串口连接主机。

④J4:未使用。

⑤J5:网络中第一个模块的接口(模块2)。

⑥LED 1:关闭是正常状态,参见LED状态。

⑦LED 2:关闭是正常状态,参见LED状态。

⑧LED 3:关闭是正常状态,参见LED状态。

⑨LED 4:绿色闪烁是正常状态,参见LED状态,见表11-4。

LED 状 态　　　　　　　　　　　表11-4

LED 1 Red 红色 ●	LED 2 Red 红色 ●	LED 3 Yellow 黄色 ○	LED 4 Green 绿色 ○	闪烁类型	描 述
关	—	—	—	红色不亮	保险F1正常（常态）
开	—	—	—	红色亮	保险F1断开（短路）保险冷却和重启后,LED会关闭
—	闪	—	—	红色闪烁	主机和网络总线通信问题
—	开	—	—	红色长亮	错误J42与网络没有通信
—	关	闪	关	黄色闪烁	主机和J42通信问题
—	关	开	关	黄色长亮	主机和J42没有通信
—	关	关	闪	绿色闪烁	正常状态
—	关	开	闪	绿色闪烁黄色长亮	UART接收器成帧错误或超限错误被检测
—	关	闪	闪	绿色和黄色顺序闪烁	接受主机信息时产生求和校验错误
—	关	闪	闪	绿色和黄色交替闪烁	暂停时间错误
—	关	闪	开	绿色长亮黄色闪烁	模块软件缓冲溢出被检测

故障诊断

(1) 确认以下条目：

① LED 1 不亮。

② LED 4 是绿色。

③ 2 号模块上的绿色的"运行"指示灯闪烁，黄色的"下载"指示灯不亮。

④ 计算机主机正在运行并和 2 号模块通信。

⑤ 如果以上 4 条可以确认，则 J42 模块工作正常。

(2) 如果计算机主机不能启动：

① 用万用表测量 J42 模块上 J1 的电压，这是 J42 模块的电源供给，如果在 J1 上没有 24V 电压，则系统不能工作。

② 用万用表检测连接主机和 J42 模块的电缆位于主机的一端，如果 5V 电压低于 4.85V 或者高于 5.12V，或者 12V 电压消失，检查接头，电缆和/或 J42 模块需要被更换。

(3) 如果在 2 号模块上没有任何状态指示灯（错误、运行、下载）亮起或闪烁：

① 用万用表测量 J42 模块上 J1 的电压，这是 J42 模块的电源供给，如果在 J1 上没有 24V 电压，则系统不能工作。

② 从 J42 模块上断开 J3 接头（紫色电缆）。使用万用表测量第 4 针和第 8 针之间（3 个大针中，4 和 8 是前面的 2 个）是否有 24V 电压，如果有，连接 2 号模块的电缆或者 2 号模块需要更换。

(4) 如果 2 号模块上的绿色的"运行"灯和黄色的"下载"灯都在闪烁：

关闭计算机系统然后重新启动（关闭后至少 10s 再重启）。

(5) 如果 2 号模块的绿色"运行"灯持续亮着并且黄色的"下载"灯闪烁，更换 J42 模块。

(6) 如果 2 号模块的绿色"运行"灯和黄色的"下载"灯都闪烁，问题可能是电缆、2 号模块或者 J42 模块，可能需要更换其中的模块或者全部更换。

| 绿色运行 | ○●○●○●○●○●○●○●○●○●○●○●○●○●○●○●○● |
| 黄色下载 | ○○○○○○○○○○○○○○○○○○○○○○○○○○○○○○○○ |

图 11-19　下载错误

(7) 尽管计算机网络由许多单独的电缆组成，携带网络信息的连线（1、2、3 针）都是连续地从网络的始端（主机）连接到网络的末端（具有最高网络地址和终结器的模块），网络中一个位置发生故障将会影响网络中所有的模块。以下情况为网络通信故障：

① 一个模块或多个模块上的"Error 错误"指示灯变红。

② 主机模块诊断面板上的状态灯不规律的变成红色或灰色。

③ 警告信息显示"Dead module detected 监测到失效模块"（通常发生在不止一个模块）。

(8) 发生以上任何情况，按以下步骤进行：

① 关闭发动机。

②断开J1、R2两端的电阻。大约为60Ω,如果电阻接近120Ω,则最后一个模块的CAN OUT接口内的终结器(或终结器内的电阻)可能失效或者接触不良。重新连接J1。

③检查网络电缆（紫色）是否有松动或者损坏,如果没有问题,按以下步骤检查:选中在网络中间部分的模块,从"CAN 1 out"接口断开网络电缆,暂时将该模块当作最后一个模块,将最后一个模块"CAN 1 out"接口的终端插头断开并连接到选中的"最后模块"的"CAN 1 out"接口上。如果还是出现相同的现象,重新再将断开处前面的网络分成两半。 如果故障现象消失,把断开处往后的网络再分成两部分重新连接。总是将终端插头连接到选中的暂时"最后模块"上的"CAN 1 out"接口上。重复以上步骤,直到将故障模块范围缩小到一个模块。

（9）当使用这种方法的时候,如果发生的问题是由于连接造成的,不断地断开和重新连接可能会修好故障。每次断开连接的时候,利用这个机会检查是否有内部的故障和连接问题。

（10）将故障范围缩小到一个模块之后,问题一定是存在于该模块"CAN 1 in"接口连接上,或者连接到上游模块(小号的模块)的电缆,或者是该模块本身的问题。

6. 菊花链系统

为了理解J42模块在整个系统中的角色,首先需要理解菊花链在网络中位每个模块分配地址的机制,每个模块上M23,"CAN 1 in"和"CAN 1 out"接口上都有九个针来连接紫色的电缆,每个模块上的输入接口的每个针都对应于输出接口相同编号的针,只有第9针是个例外,第9针是"菊花链"信号。在"CAN 1 in"（一号模块输入)接口上的第9针是到内部处理器的输入,在"CAN 1 out"（一号模块输出)接口上的第9针是由内部处理器输出的信号。这就使得每个模块的内部处理器可以向网络中的下一个模块(较高地址)发送数据。

启动的时候,每个模块都会从前一个模块收到它的网络地址,该地址会在模块内部存储,然后在这个地址上加1发送到下一个模块,以此类推。对于网络中的第一个模块（2号模块),在它前面没有模块为其分配地址,J42模块会为2号模块提供网络地址,同时为整个网络的起始端提供合适的终止。

如果在启动的时候,某一个模块没有成功地建立起自己的网络地址,它会采取存储在模块内部存储器内的地址("菊花链"成功的前一时刻),因此"菊花链"的失效不是很紧急,如果需要的话,打磨车可以安全运行很多天。尽管在这种情况下继续操作是安全的,但还是应优先处理模块的故障。

当某一个模块在启动的时候没有成功地从"菊花链"输入针上获得地址时,它会中止向下一个模块发送地址,下面是一些"菊花链"的重要特性:

（1）如果只是绿色的"运行"状态指示灯在闪烁,那么说明该模块在启动时,已经成功地从"菊花链"的输入针接收到它的网络地址。

（2）如果模块没有成功的接收到地址,绿灯和黄色的(Download,下载)灯都会闪烁。

①如果再传输地址的时候,"菊花链"输入针保持在高（断路)状态,绿色的运行灯和黄色的下载灯会一起闪烁（会显示警告"Daisy-Chain" failure-high input,"菊花链"失效 - 高输入)。

②如果再传输地址的时候,"菊花链"输入针保持在低(短路)状态,绿色的运行灯和黄色的下载灯会交替闪烁(会显示警告"Daisy-Chain" failure-low input,"菊花链"失效 - 低输入)。

③如果在接收地址的时候"菊花链"输入针发生通信错误,绿色的运行灯会保持开启,黄色的下载灯会闪烁(会显示警告"Daisy-Chain" communication failure,"菊花链"通信错误)。

(3)当第一个模块指示"菊花链"错误,每一个有更高地址的模块也将指示"Daisy-Chain" failure-high input,("菊花链"失效 - 高输入)。

(4)如果具有最高网络地址的网络末端的模块成功地从"菊花链"输入针得到网络地址,那么其他的模块也会得到正确的地址。

(5)如果某一个模块在启动的时候成功地从"菊花链"输入针得到地址,而得到的地址与内部存储的地址不匹配,会显示警告"地址改变(新模块或模块移动)"因为新的地址会替换原来的地址,下一次启动的时候不会显示这样的警告。当网络中的模块互换或更换新模块的时候会出现该警告。该警告不代表错误,除非没有模块互换或增加。

(6)当模块建立其地址之后,将会检验模块的类型是否和车辆匹配(输入/输出/模拟)。如果模块类型错误,会显示"模块类型不正确"的警告。

7. 网络电缆识别

打磨车上的 JUPITER 网络模块和组件通过预先模铸的电缆连接,见图 11-20。包括:

(1)网络电缆:紫色,两端为 M12 公母接头,不同长度的电缆,端部配有识别牌。

(2)电源电缆:黑色,两端为 M12 母接头和散线,不同长度的电缆,端部配有识别牌。

(3)输入/输出电缆:黑色,一端为 M12 公接头,另一端为 M12 母接头(A)、散线(B)或 DIN 接头(C),不同长度的电缆,端部配有识别牌。

(4)DIN 接头:不同颜色的电缆配备不同的特性,如无抑制、二极管或三极管;还配有 LED 指示灯,指示是否有电源。

(5)标识牌:每根电缆一端或两端都有标识牌,显示电缆零件号和生产日期。

8. 网络电缆连接

(1)M12 连接:为防止损坏模块或组件接头,只能用手松动或拧紧线的一端,请勿使用钳子。

①要断开电缆的一端,用手松动线的一端,然后将电缆的一端接头从模块拔下。

②要连接线的一端,对齐电缆的一端与模块连接的管脚,每个模块的接口旁边有个凸起(或标记),可用于连接电缆接头时对准位置。用手拧紧转动线的一端接头的螺纹,直到拧不动为止。稍微摆动电缆的一端,推入并用手拧紧,直到不能再被打开。重复此过程,直到电缆的一端牢固地连接到模块的接头。

(2)散线

①要断开电缆的一端,从组件上除去盖子(如果有的话)。请注意哪些电缆电线(颜色、数字等)连接到组件终端,然后从组件断开终端的电缆线。

②要连接线的一端,连接元件端子的电线使用像以前一样的接线和/或参考电气图。

一定要用电工胶带包住任何无关的线端,确认不会发生短路,然后安装盖子(如果有的话)。

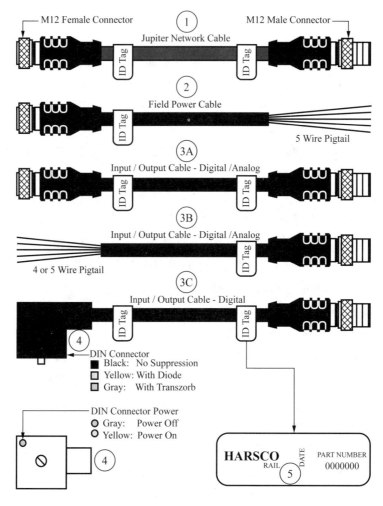

图 11-20　网络电缆识别

（3）DIN 接头

① 要断开电缆的一端,除去 DIN 接头的安装螺钉,然后从组件的接口上除去电缆的 DIN 接头。

② 要连接线的一端,对齐电缆上 DIN 接头与组件的接口后安装,然后拧紧 DIN 接头的安装螺丝。

9. 网络模块状态 LED

所有的网络模块都有三个状态指示灯如下所示:

●	错误(红色)
○	运行(绿色)
○	下载(黄色)

在正常的操作状态,红色的错误灯和黄色的下载灯保持关闭状态,绿色的运行灯会每1/2s闪烁一次。

如果有任何网络上的通信错误发生,红色的错误指示灯会亮,如果该指示灯持续亮,该模块就不能通信,所有的输出都会被转换到安全状态。

这可以通过诊断面板上改模块指示灯的关闭状态来确认,检查确认该模块与邻近模块之间的紫色网络电缆是否连接完好没有损坏,如果错误还存在,则有必须更换该模块。

在主机启动的时候,黄色的下载灯会亮,当主机向某一模块传送程序的时候,黄色的下载灯会很快地闪烁,在这个时候不要关闭主机直到恢复正常的操作。这个阶段会持续若干秒,在下列条件下,会自动触发该阶段:

当重新更换一个或多个模块之后第一次启动计算机,由于模块内的程序与车辆不匹配会触发该过程。

如果黄色的下载指示灯持续亮着,说明内部程序失效,需要更换该模块。

正常工作的模块,状态指示灯会一直闪烁,否则说明有问题,除了以上的描述,指示灯的状态组合还有其他的含义。

绿色的运行灯和黄色的下载灯一起闪烁(也会在警告面板显示):这个组合说明网络中的自动地址分配机制失效了,启动的时候模块互相之间建立起自己的地址,主机不会参与到这个过程中,如果不能这样建立地址,模块会使用上一个有效的地址,如果模块没有更换或移动,诊断面板上的所有模块状态指示灯都正常,这样就没有问题。

更换或移动模块之后,操作打磨车之前必须修理好这个问题,检查第一个有此问题的模块和其前面的模块之间的紫色网络电缆。电缆和模块都应该没有损坏并且连接完好。必要的话更换电缆和/或模块,确认所有模块上的问题都被解决。

注意:如果这样的错误发生在某一个模块上,也可能会发生在其下游的模块上,甚至下游模块本身和电缆都没有问题的情况下。下游模块是指网络中具有较高地址的模块。同样如果某一个模块没有指示这样的错误,其上游的模块也不会出现该错误,上游模块是指具有较低地址的模块。如果网络中最后一个模块没有指示该错误,则网络中所有模块在启动的时候都成功地建立了合适的地址。

红色的错误灯和黄色的下载灯一起闪烁:网络中的自动分配地址机制失效了,模块的地址不可用,模块之间不能交流,适用于前面的注释。

10. 模拟模块

模拟模块用于有不同的反馈电压模拟输入设备,如发动机传感器、燃油计、位置传感器等,每个模块的接口旁边有个凸起(或标记),可用于连接电缆接头时对准位置,见图11-21、图11-22。

(1)CAN1 输入接口:该接口提供网络程序的输入,24V DC 电压的输入,连接电缆的另一端连接到上一个模块的 CAN1 输出接口或 J42 模块。

(2)CAN1 输出接口:该接口发送输出网络程序,输出 24V DC 电压到下一个模块,如果该模块是最后一个模块,专用的网络终结器会安装在这个接口上。

（3）CAN2 接口：此接口提供独立的网络连接与辅助设备进行通信，如发动机电子控制单元(ECU)和其他基于 CAN 的设备。

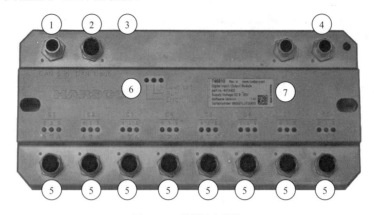

图 11-21　模拟输入模块

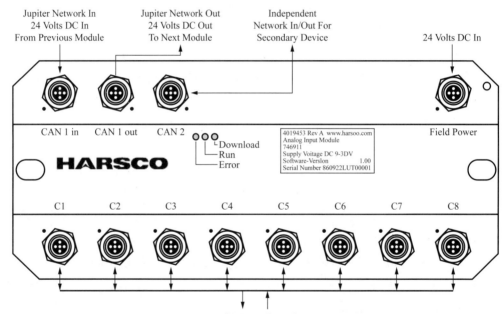

图 11-22　模拟模块细节

（4）电源：该接口为电路板的 C1-C8 接口提供 24V 直流电源。

（5）C1-C8 接口：每个接口都能处理模拟输入设备。每个接口提供 10V 直流和 +24V 直流输出到不同的设备，并且从不同设备接收从 -10～10V 直流输入电压的反馈。

（6）模块状态 LED 指示灯：该模块具有一组模块状态 LED 指示灯，可用于故障诊断。见表 11-5。

（7）识别标签：每个模块有一个识别标签，其中列出了模块部件号、序列号及生产日期等。

网络模块状态 LED 表　　　　　　　　　表 11-5

Error 红色 ●	Run 绿色 ○	Download 黄色 ○	闪烁类型	描述
关	关	关	全灭	电缆未连接,电缆连接不牢,或者电缆有缺陷。紧固电缆连接或更换电缆
关	闪	关	绿色闪烁	通常状态,所有上游的模块(较小号地址)正常
关	闪	闪	绿色黄色一起闪烁	该模块菊花链输入错误。下游模块(较大号地址)也会顺序显示有菊花链输入错误
关	闪	闪	绿色黄色快速交替闪烁	程序运行错误,也许由于中断下载
关	闪	开	绿色闪烁黄色亮起	这个模式发生在等待上游模块(较小号地址),向下游模块发送"菊花链"信号

11. 数字模块

数字模块用于数字输入设备,设备工作将电压发送给模块,诸如限位开关、压力开关等,或用于数字输出设备,有两个位置状态(开/关)使用;如阀线圈、继电器、信号灯、报警器等,这个模块也可用于控制比例输出信号的具有脉冲宽度调制(PWM)能力的设备,诸如比例阀等。每个模块的接口旁边有个凸起(或标记)可用于连接电缆接头时对准位置。

(1)CAN1 输入接口:该接口提供网络程序的输入, 24V DC 电压的输入,将电缆的另一端连接到上一个模块的 CAN1 输出接口或 J42 模块。

(2)CAN1 输出接口:该接口发送输出网络程序,输出 24V DC 电压到下一个模块,如果该模块是最后一个模块,专用的网络终结器会安装在这个接口上。

(3)电源:该接口为电路板的 C1-C8 接口提供 24V DC 直流电源。

(4)C1-C8 接口和通道状态 LED 指示灯:每个接口都可以处理数字输入或输出设备。每个接口有一组通道状态指示灯,可用于故障诊断,如图 11-23 ~ 图 11-25 所示。

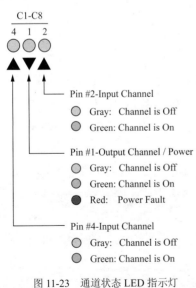

图 11-23　通道状态 LED 指示灯

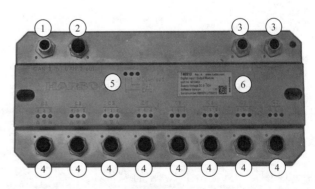

图 11-24　数字模块

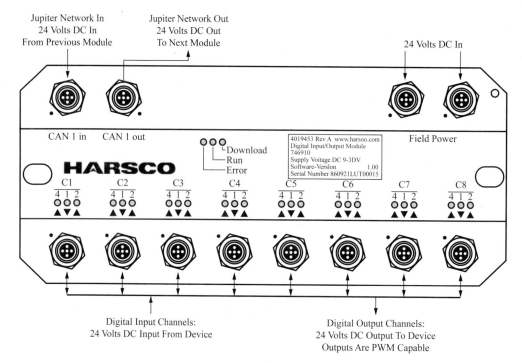

图 11-25　数字模块细节

①输入：每个接口可以接收从设备输入的 24V DC。

②输出：每个接口提供 24V 直流输出到设备。所有输出具有脉宽调制（PWM）的能力。PWM 是一种修改数字输出信号为模拟电压控制比例信号设备的方法。

（5）模块状态 LED 指示灯：该模块具有一组模块状态 LED 指示灯，可用于故障诊断。见表 11-5。

（6）识别标签：每个模块有一个识别标签，其中列出了模块部件号、序列号及生产日期等。

12. 高密度数字模块

高密度数字模块用于与数字输入设备，设备工作将电压发送给模块，如极限开关、压力开关等，或与数字输出设备，有两个位置（开/关）；如阀线圈、继电器、信号灯、报警器等，该模块用于有大量数字设备需要控制或监测的区域，如图 11-26～图 11-28 所示。

（1）CAN1 输入接口：该接口提供网络程序的输入，24V DC 电压的输入，连接电缆的另一端至上一个模块的 CAN1 输出接口或 J42 模块。

（2）CAN1 输出接口：该接口发送输出网络程序，输出 24V DC 电压到下一个模块，如果该模块是最后一个模块，专用的网络终结器会安装在这个接口上。

（3）电源：该接口为电路板的 C1–C4 接口提供 24V 特直流电源。

（4）CAN2 接口：此接口提供独立的网络连接与辅助设备进行通信，如发动机电子控制单元（ECU）和其他基于 CAN 的设备。

（5）C1–C4 接口和通道状态 LED 指示灯：每个接口都可以处理数字输入或输出设备。

每个接口有一组通道状态指示灯,可用于故障诊断。

①输入:每个接口可以接收从设备输入的 24V DC。

②输出:每个接口提供 24V 直流输出到设备。

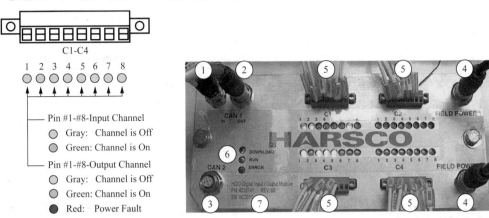

图 11-26　通道状态 LED 指示灯

图 11-27　高密度数字模块

（6）模块状态 LED 指示灯:该模块具有一组模块状态 LED 指示灯,可用于故障诊断,见表 11-5。

（7）识别标签:每个模块有一个识别标签,其中列出了模块部件号、序列号及生产日期等。

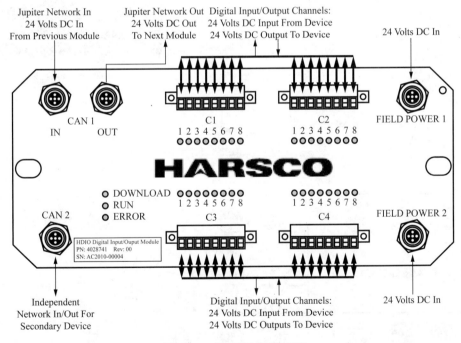

图 11-28　高密度数字模块细节

13. 电源分配器

电源分配器用来防止网络电压的掉电,如图 11-29、图 11-30 所示。包括:

（1）网络电缆输入（X1 CAN in）：前一个模块的 CAN 1 输出接口出来的电缆连接到 X1 CAN in ①，当网络程序传输到 X2 CAN 接口 / 功率输出接口②时，在分配器内部会断开原有的 24V 电源。

（2）功率输出（X2 CAN）：从 X2 CAN 接口 / 功率输出接口②出来的电缆连接到下一个模块的 CAN 1 in 接口，该电缆带有更新的 24V 电源延续传递程序。

（3）X3 电源：该电缆连接到 X3 ③，为 X2 CAN/ 电源输出接口提供更新的 24V 电源。

14. 网络终结器

网络终结器①（图 11-31、图 11-32）必须安装在网络中最后一个模块的 CAN 1 out 接口上，该终结器在启动的过程中告诉计算机该模块为最后一个模块。如果未安装网络终结器，网络通信会一起失效。

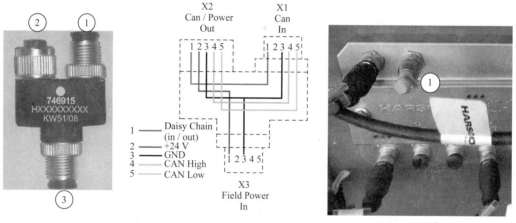

图 11-29 电源分配器　　图 11-30 电源分配器细节　　图 11-31 网络终结器

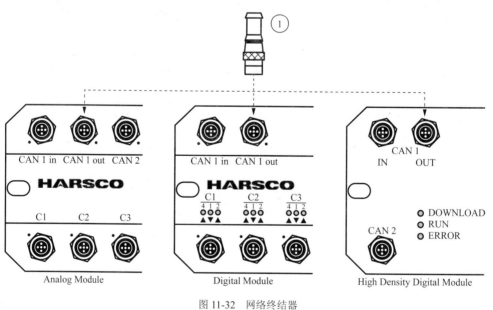

图 11-32 网络终结器

15. 通过分配器

通过分配器（图 11-33、图 11-34）只是用在数字输入模块上，从模块上 C1-C8 任意接口出来的电缆都连接到(A)；从两个分开的设备过来的电缆，如接近开关、压力开关等，都连接到(1、2)。

电缆(A)中的两个输入通道 2、4 到分开的电缆(1、2)的连接方式如下：

电缆(A)中输入通道 2 都连接到电缆①和电缆②的输入通道 2。

电缆(A)中输入通道 4 都连接到电缆①和电缆②的输入通道 4。

电缆(A)连接到数字输入模块上的 C1-C8 任意接口。

① 1 号电缆连接到 1 号输入设备。

② 2 号电缆连接到 2 号输入设备。

图 11-33　通过分配器

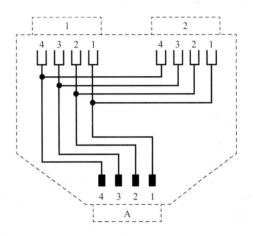

图 11-34　通过分配器

16. 交叉分配器

交叉分配器（图 11-35、图 11-36）只是用在数字输入模块上，从模块上 C1-C8 任意接口出来的电缆都连接到(A)；从两个分开的设备过来的电缆，如接近开关、压力开关等，都连接到(1、2)。

电缆(A)中的两个输入通道 2、4 到分开的电缆(1、2)的连接方式如下：

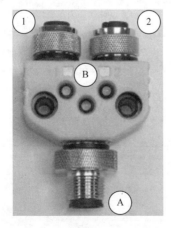

图 11-35　交叉分配器

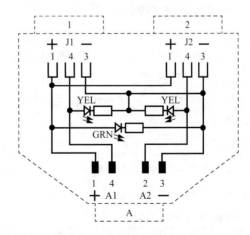

图 11-36　交叉分配器图

电缆(A)中输入通道 4 只是连接到电缆①的输入通道 4。

电缆(A)中输入通道 2 只是连接到电缆②的输入通道 4。

(A)电缆(A)连接到数字输入模块上的 C1-C8 任意接口。

(B)电缆(A)状态指示灯。

①1 号电缆连接到 1 号输入设备。

②2 号电缆连接到 2 号输入设备。

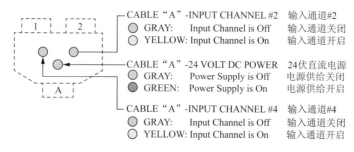

图 11-37　电缆状态指示灯

17. 系统断开盒

(1)系统断开盒①HTT 4000552 号是用来对网络模块，连接模块和设备的电缆和设备之间的输入输出进行诊断的工具。断开盒具有公母两个 5 芯连接头，如图 11-38～图 11-41 所示。

(2)断开盒的配置如下：

①连接断开盒的公连接头②到模块上，母连接头③到设备上。

②连接断开盒的公连接头②到模块上，母连接头③到现有的电缆④上。

③连接断开盒的公连接头②到现有的电缆④上，母连接头③到设备上。

(3)在断开盒的左侧有 5 个万用表用的插口，插口 1～5 都可以被用来检查其所代表的模块、电缆或设备上特定编号的针/线上的电压或信号。

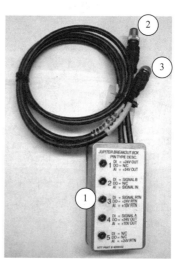

图 11-38　系统断开盒

(4)用断开盒在电路中连接数字输入模块和设备，万用表应该指示以下信息：

Pin/wire 针 1 号 -+24V 输出；

Pin/wire 针 2 号 - 信号 B 收入；

Pin/wire 针 3 号 -+24V 接地(返回)；

Pin/wire 针 4 号 - 信号 A 收入；

Pin/wire 针 5 号 - 没有信号或电压。

(5)用断开盒在电路中连接数字输出模块和设备，万用表应该指示以下信息：

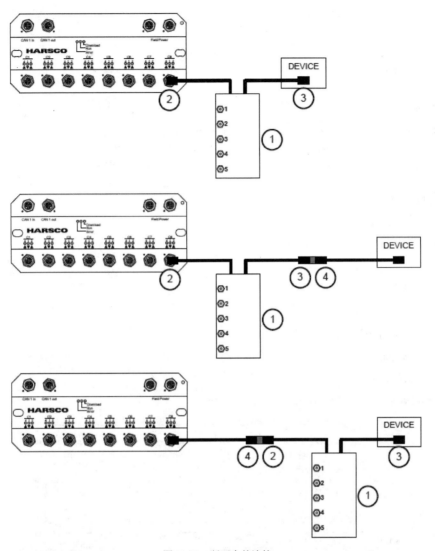

图 11-39 断开盒的连接

Pin/wire 针 1 号 – 没有信号或电压;

Pin/wire 针 2 号 – 没有信号或电压;

Pin/wire 针 3 号 –+24V 接地(返回);

Pin/wire 针 4 号 –+24V 输出;

Pin/wire 针 5 号 – 没有信号或电压。

(6) 用断开盒在电路中连接模拟输入模块和设备,万用表应该指示以下信息:

Pin/wire 针 1 号 –24V 输出;

Pin/wire 针 2 号 – 信号输入;

Pin/wire 针 3 号 –+10V 接地(返回);

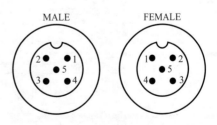

图 11-40 接头针/线细节

Pin/wire 针 4 号 -+10V 输出；

Pin/wire 针 5 号 -+24V 接地(返回)。

(三)Jupiter 控制系统诊断

1. 诊断面板

在工具栏按钮面板上按一下综合按钮来显示综合面板。综合面板(图 11-42)显示如下：

Ⓐ标定面板。

Ⓑ诊断面板，如下：

①网络浏览诊断按钮/面板。

②发动机诊断按钮/面板。

③推进诊断按钮/面板。

④发动机 ECU 诊断按钮/面板。

⑤火警测试按钮/面板。

⑥输入/输出图形按钮/面板。

ⒸQ-Term 面板。

Ⓓ文件传输按钮。

Ⓔ退出按钮。按此按钮退出该界面。

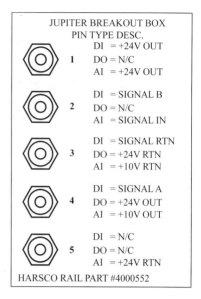

图 11-41 断开盒

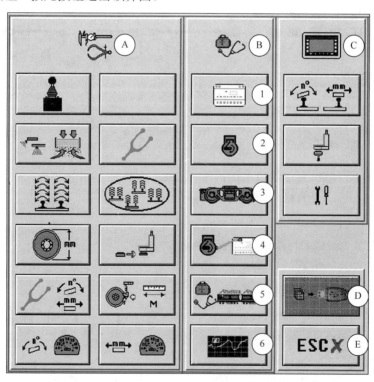

图 11-42 综合面板

(1)网络浏览诊断按钮/面板,见图11-43。

点击诊断子面板上的网络浏览诊断按钮,屏幕显示网络浏览诊断面板。该面板显示的是整个车组个网络通信的状态,面板左侧显示1号车的网络通信,面板右侧显示2号车的网络通信。该面板显示信息如下:

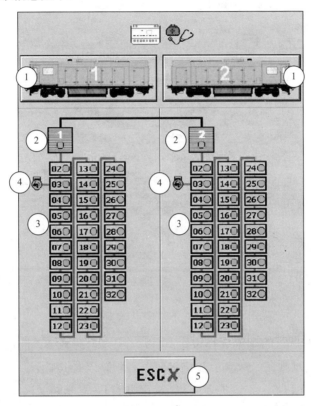

图11-43 网络诊断面板

①网络车辆选择按钮:点击该按钮只是显示所选车辆的网络通信信息。

主机/网络:每个主机都配有诊断LED,可以显示每节车主机之间的通信状态。

○	绿色:主机和另一辆车主机正在通信。
○	灰色:主机没有和另一辆车主机通信。

②模块网络:每个模块都配有诊断LED,可以显示每节车的模块和主机之间的通信状态。

○	绿色:模块和主机正在通信没有网络错误。
●	红色:模块和主机正在通信,但是有一个或多个网络错误。
○	灰色:模块和主机没有通信。

③发动机ECU网络:发动机图标显示每节车发动机ECU和其主控模块的通信状态。状态如下:

○	绿色:发动机ECU和主控模块正在通信。
○	灰色:发动机ECU没有和主控模块通信。

④退出按钮:点击退出该面板。

(2)网络诊断按钮/面板,见图11-44。

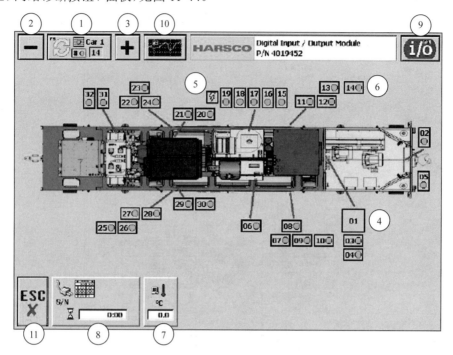

图11-44 网络视图诊断面板

点击网络诊断面板上的车辆选择按钮,可以显示该车的网络诊断面板。网络诊断面板显示了计算机网络的顶视图。车辆前端位于面板右侧。该面板显示如下:

①"ZOOM"按钮:点击该按钮或者计算机键盘的F8键来切换网络视图、缩略图或细节图,该按钮上半部分显示车号和主机诊断LED的状态,该按钮下半部分显示选定的网络模块号(高亮的青色)和该模块的诊断LED的状态。

②"-"按钮:点击该按钮,移动到前一个较小编号的网络模块。

③"+"按钮:点击该按钮,移动到下一个较大编号网络模块。

④电脑主机图标:电脑主机位于驾驶室内。电脑主机内包含操作软件,并且遍有标号,例如#1。详细模块信息不能显示电脑主机的相关信息。

⑤电源分配模块:该模块用来防止网络模块的电源电压损失。

⑥网络模块:每一模块都被编号并配有诊断LED显示器与JAM(主机)的通信状态,其在系统中的大概位置都显示在网络诊断面板上。当前所选模块用青色突出显示。在该面板上,点击任何模块都将显示该模块的详细诊断面板。LED的状态如下:

○	绿色:模块和主机正在通信没有网络错误。
●	红色:模块和主机正在通信,但是有一个或多个网络错误。
○	灰色:模块和主机没有通信。

⑦核心温度信息框:该信息框显示选定模块的核心温度。

⑧模块信息框:该信息框显示该模块的启用时间和使用小时数。

⑨输入输出信息按钮:点击该按钮或计算机键盘 F1 来显示当前选定模块(青色高亮)的输入输出信息面板,该面板显示接口和输入/输出描述。

⑩输入输出图形按钮:点击该按钮或计算机键盘 F2 来显示当前选定模块(青色高亮)的输入输出图形信息面板来监测最多 4 个通道的属性。

⑪退出按钮:点击按钮关闭面板。

(3)缩略视图诊断面板,见图 11-45。

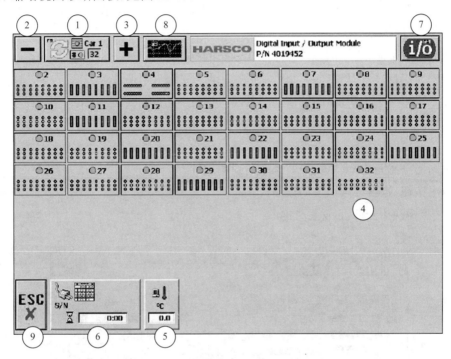

图 11-45　缩略视图诊断面板

点击 ZOOM 按钮或者计算机键盘的 F8 键来切换网络视图、缩略图或细节图面板。缩略诊断面板能够快速显示网络中的所有模块,显示如下:

①"ZOOM"按钮:点击该按钮或者计算机键盘的 F8 键来切换网络视图、缩略图或细节图,该按钮上半部分显示车号和主机诊断 LED 的状态,该按钮下半部分显示选定的网络模块号(高亮的青色)和该模块的诊断 LED 的状态。

②"-"按钮:点击该按钮,移动到前一个较小编号的网络模块。

③"+"按钮:点击该按钮,移动到下一个较大编号网络模块。

④网络模块:每一模块都被编号并配有诊断 LED 显示器与 JAM(主机)的通信状态,其在系统中的大概位置都显示在网络诊断面板上。当前所选模块用青色突出显示。在该面板上,点击任何模块都将显示该模块的详细诊断面板。LED 的状态如下:

○	绿色:模块和主机正在通信没有网络错误。
●	红色:模块和主机正在通信,但是有一个或多个网络错误。
○	灰色:模块和主机没有通信。

a. 模拟模块:缩略图显示小的电压条,电压条显示与细节诊断面板对应的模块通道的当前电压。

b. 数字模块:缩略图显示小的通道 LED,这些 LED 显示与细节诊断面板对应的模块通道的 LED 状态。

c. 高密度数字模块:缩略图显示小的通道 LED,这些 LED 显示与细节诊断面板对应的模块通道的 LED 状态。

⑤核心温度信息框:该信息框显示选定模块的核心温度。

⑥模块信息框:该信息框显示该模块的启用时间和使用小时数。

⑦输入输出信息按钮:点击该按钮或计算机键盘 F1 来显示当前选定模块(青色高亮)的输入输出信息面板,该面板显示接口和输入/输出描述。

⑧输入输出图形按钮:点击该按钮或计算机键盘 F2 来显示当前选定模块(青色高亮)的输入输出图形信息面板,来监测最多 4 个通道的属性。

⑨退出按钮:点击该按钮关闭该面板。

(4)模拟模块诊断面板,见图 11-46。

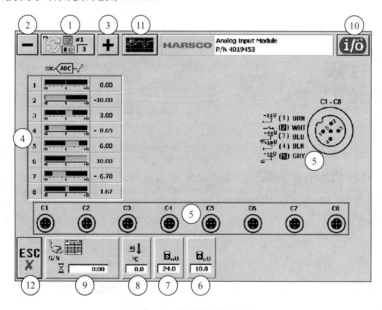

图 11-46 模拟模块诊断面板

点击 ZOOM 按钮或者计算机键盘的 F8 键来切换网络视图、缩略图或细节图面板。模拟模块诊断面板显示模拟输入模块的诊断信息,如果当前的选定模块没有与 JAM 通信,则信息栏和显示条不可见,该面板显示如下:

①"ZOOM"按钮：点击该按钮或者计算机键盘的 F8 键来切换网络视图、缩略图或细节图，该按钮上半部分显示车号和主机诊断 LED 的状态，该按钮下半部分显示选定的网络模块号（高亮的青色）和该模块的诊断 LED 的状态。

②"-"按钮：点击该按钮，移动到前一个较小编号的网络模块。

③"+"按钮：点击该按钮，移动到下一个较大编号网络模块。

④信息表：信息表从左向右依次显示连接器号码、电缆号码和以伏特为单位的图形/数字信号值。

⑤连接器和针脚定义（C1-C8）：连接器针脚布局说明位于每一连接器上方。

⑥24V 电源栏：显示 24V 电压状态，在信息栏里显示实际的电压。灰色的信息栏表示电压在允许范围内，黄色并闪烁的信息栏表示电压不在允许范围。

⑦10V 电压栏：该栏显示 10V 电压的状态，在信息栏显示实际的电压值。灰色的信息栏表示电压在正常范围内，如果变成闪烁的黄色，则表示不在正常的电压范围内。

⑧中心温度栏：该面板显示当前所选模块的中心温度。

⑨模块信息栏：该信息栏显示当前所选模块被激活的日期和全部运行小时。

⑩输入输出信息按钮：点击该按钮或计算机键盘 F1 来显示当前选定模块（青色高亮）的输入输出信息面板，该面板显示接口和输入/输出描述。

⑪输入输出图形按钮：点击该按钮或计算机键盘 F2 来显示当前选定模块（青色高亮）的输入输出图形信息面板，来监测最多 4 个通道的属性。

⑫退出按钮：点击该按钮关闭该面板。

模拟模块 CAN 2 诊断面板，见图 11-47。

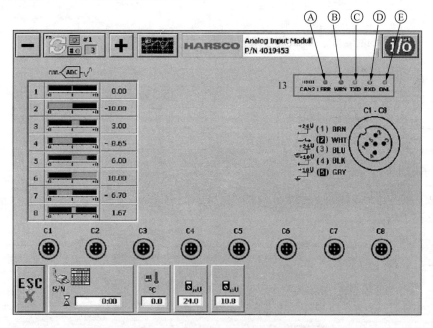

图 11-47　模拟模块 CAN 2 诊断面板

模拟模块可以与二级模拟输入设备通信,例如发动机 ECU 通过其 CAN 2 接口。连接后,CAN 2 诊断面板显示在该面板的右上角。

⑬CAN 2 诊断面板,诊断 LED 指示器显示主控模块与二级设备的 CAN 2 连接的通信状态,LED 状态如下:

Ⓐ ERR 指示器。

○	灰色:正常操作状态。
●	红色:总线错误。 模块不能与任何目标设备通信,通常是由连接电缆或接头的 CAN L 和 CAN H 线短路造成的。当出现总线错误时,TXD 和 RXD 的 LED 也会一直显示红色,WRN 的 LED 会闪烁,表示重启通信没有成功。

Ⓑ WRN 指示器。

○	灰色:正常操作状态。
●	红色:总线警告。总线警告通常表示 CAN L 和 CAN H 线断路或没有连接,或连接错误。该状态通常发生在检测到模块与一个或多个目标设备通信出现间断的通信错误、目标设备地址设定不正确、硬件故障或电缆问题。

Ⓒ TXD 指示器。

○	绿色:模块至少发送给目标设备一条信息。
●	红色:模块的信息发送原来是正常的,但是当前出现错误。通常发生在 ERR 或 WRN 指示器出现红色或 Can2 网络无法连接。
○	灰色:模块不能发送信息。

Ⓓ RXD 指示器。

○	绿色:模块从连接设备接受信息。
●	红色:模块的信息接收原来是正常的,但是当前出现错误。通常发生在 ERR 或 WRN 指示器出现红色或该模块的驱动软件从 Can2 网络的设备上接收到错误的信息。
○	灰色:模块不能接收信息。

Ⓔ ONL 指示器。

○	绿色:模块已经在 Can2 网络上建立了在线存在。
●	红色:模块原来在线,目前无连接。
○	灰色:模块从未在线。

Can 2 接头的针脚如下:

Pin 1 - 共源电源;

Pin 2 -24V 电源;

Pin 3 -CAN 接地;

Pin 4 -CAN H 信号;

Pin 5 -CAN L 信号。

(5)数字输入详细模块视图诊断面板,见图 11-48。

点击 ZOOM 按钮或者计算机键盘的 F8 键来切换网络视图,缩略图或细节图面板。数字模块诊断面板显示数字输入输出模块的诊断信息,如果当前的选定模块没有与JAM通信,则信息栏和显示条不可见,该面板显示如下:

①"ZOOM"按钮:点击该按钮或者计算机键盘的F8键来切换网络视图,缩略图或细节图,该按钮上半部分显示车号和主机诊断LED的状态,该按钮下半部分显示选定的网络模块号(高亮的青色)和该模块的诊断LED的状态。

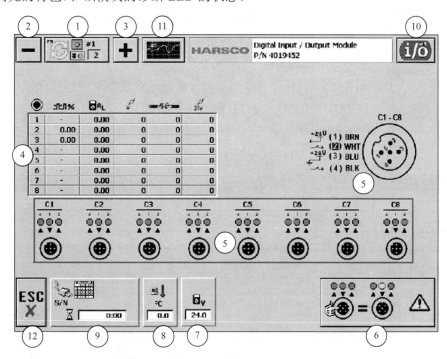

图 11-48 数字模块诊断面板

②"-"按钮:点击该按钮,移动到前一个较小编号的网络模块。

③"+"按钮:点击该按钮,移动到下一个较大编号网络模块。

④信息表(C1-C8):信息表格从左到右显示接口序号、通道序号、PWM值、电流值、接地短路计数、断路计数、24V短路计数。如果通道出现短路或断路信息栏会变成亮黄色,如果故障被排除,信息栏会变成白色。只有重新启动计算机才能消除这些记录,信息栏的状态如下显示:

	灰色,无短路。
	黄色,发生短路。
	白色,短路已被排除。

a. 当短路发生时,模块会立即关闭输出通道2s,保护线路和使线路冷却。2s过后,如果JAM仍旧发出开启指令,该输出会重新启动。如果短路仍旧存在,这个循环会重复。在这个例子里,错误计数会清空,每2s计一次。

b. 断路只能在输出被激活时才能被检测,输出关闭时不能被检测。车辆上的一些输出可能没有足够的电流来精确的检测断路(例如继电器)。

c. 当断路发生时,数字输出模块会锁定和报告断路错误状态,只要JAM仍旧发出开启指令,短路状态会被清除并重新启动,在诊断信息表中错误计数会增加,这表示间歇的短路。

d. 可是,如果断路状态被锁定,并且在连接被修复之前,JAM关闭了输出,在诊断面板上会持续地报告断路。必须将输出开启,以便于检测断路和修复后清除。

e. 当JAM输出指令关闭时,会检测到24V短路状态。这表示在不应该通电的时候,外部电源激活了输出。类似于断路错误,24V短路错误会被锁定,也可以在输出关闭时清除,在输出开启时一直保持知道输出被JAM重新关闭。

f. 诊断按钮⑥可以用于手动测试,清除面板上通道的断路或24V短路错误。

⑤接口、针和通道LED（C1-C8）：接口针脚的布置图位于接口的上方,每个接口可以用于数字输入和输出,区别在于位于通道LED下方的通道箭头图标的方向显示,通道LED显示接口通道的通信状态,通道见图和通道LED显示如下：

	输入通道LED和箭头 - 针#2或#4	
▲	○	灰色:通道关闭;
	○	绿色:通道开启。
	输出通道LED和箭头 - 针#1	
▼	○	灰色:通道关闭;
	○	黄色:通道开启;
	●	红色:电源错误。

⑥诊断按钮：点击该按钮激活诊断测试模式,按钮会显示为下压状态。然后按下相应的接口图标C1-C8（例如C8)来激活它的输出通道(#1针),其LED显示为亮黄色。结束后再次点击诊断按钮关闭诊断测试模式,这时该按钮会显示为弹出状态。

注意：当处于诊断测试模式时,车辆是"活的",在激活任何通道之前,确保采用合适的安全措施。

⑦24V电源栏：显示24V电压状态,在信息栏里显示实际的电压,灰色的信息栏表示电压在允许范围内。黄色并闪烁的信息栏表示电压不在允许范围。

⑧中心温度栏：该面板显示当前所选模块的中心温度。

⑨模块信息栏：该信息栏显示当前所选模块被激活的日期和全部运行小时。

⑩输入输出信息按钮：点击该按钮或计算机键盘F1来显示当前选定模块(青色高亮)的输入输出信息面板,该面板显示接口和输入/输出描述。

⑪输入输出图形按钮：点击该按钮或计算机键盘F2来显示当前选定模块（青色高亮）的输入输出图形信息面板,来监测最多4个通道的属性。

⑫退出按钮：点击该按钮关闭该面板。

(6)高密度数字模块诊断面板,见图11-49。

点击ZOOM按钮或者计算机键盘的F8键来切换网络视图、缩略图或细节图面板。高

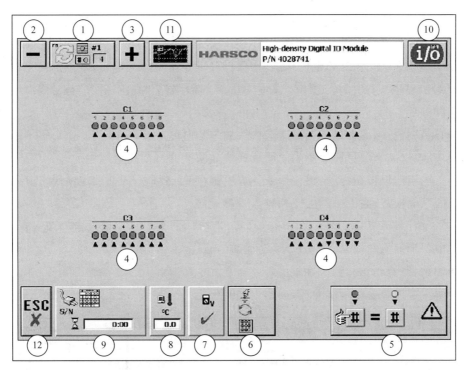

图 11-49 高密度数字模块诊断面板

密度数字模块诊断诊断面板显示高密度数字模块的诊断信息,如果当前的选定模块没有与 JAM 通信,则信息栏和状态 LED 不可见,该面板显示如下:

①"ZOOM"按钮:点击该按钮或者计算机键盘的 F8 键来切换网络视图、缩略图或细节图。该按钮上半部分显示车号和主机诊断 LED 的状态,下半部分显示选定的网络模块号(高亮的青色)和该模块的诊断 LED 的状态。

②"-"按钮:点击该按钮,移动到前一个较小编号的网络模块。

③"+"按钮:点击该按钮,移动到下一个较大编号网络模块。

④接口、针和通道 LED(C1-C4):每个接口有 8 个通道可以用于数字输入和输出,区别在于位于通道 LED 下方的通道箭头图标的方向显示,通道 LED 显示接口通道的通信状态,通道见图和通道 LED 显示如下:

▲	输入通道 LED 和箭头	
	○	灰色:通道关闭
	○	绿色:通道开启
▼	输出通道 LED 和箭头	
	○	灰色:通道关闭
	○	黄色:通道开启
	●	红色:电源错误

⑤诊断测试按钮:点击该按钮,在模块诊断面板和模块测试面板之间切换。

⑥诊断错误按钮：点击该按钮，在模块诊断面板和模块诊断错误面板之间切换。参见高密度数字模块诊断错误面板。

⑦ 24V 电源栏：显示 24V 电压状态，在信息栏里显示实际的电压，灰色的信息栏和绿色的"√"符号表示电压在允许范围内。黄色并闪烁的信息栏和红色的"X"符号表示电压不在允许范围。

⑧中心温度栏：该面板显示当前所选模块的中心温度。

⑨模块信息栏：该信息栏显示当前所选模块被激活的日期和全部运行小时。

⑩输入输出信息按钮：点击该按钮或计算机键盘 F1 来显示但前选定模块（青色高亮）的输入输出信息面板，该面板显示接口和输入/输出描述。

⑪输入输出图形按钮：点击该按钮或计算机键盘 F2 来显示但前选定模块（青色高亮）的输入输出图形信息面板来监测最多 4 个通道的属性。

⑫退出按钮：点击该按钮关闭该面板。

高密度数字模块诊断测试面板，如图 11-50 所示。

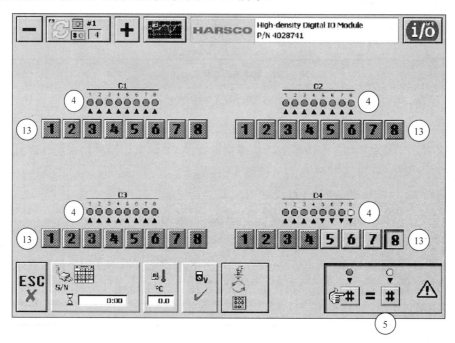

图 11-50　高密度数字模块诊断测试面板

诊断测试按钮：点击模块诊断面板上的诊断测试按钮⑤显示诊断测试面板并激活诊断测试模式，按钮会显示为下压状态。再次点击诊断测试按钮⑤关闭诊断测试模式返回到模块诊断面板，这时该按钮会显示为弹出状态。

注意：当处于诊断测试模式时，车辆是"活的"，在激活任何通道之前，确保采用合适的安全措施。

⑬通道测试按钮（1-8）：每个通道有一个诊断测试按钮，可以激活它的输出通道。如果

通道没有使用和/或该通道是输入通道,该按钮(例如 C4-1)会显示为深灰色,表示功能不可用。如果通道是输入通道,该按钮(例如 C4-1)会显示为浅灰色,表示功能可用。按下按钮(例如 C4-8)并保持,可以激活通道输出功能,按钮(例如 C4-8)会显示为压入状态,并且输出通道 LED 会显示为亮黄色。结束后,放开按钮,该按钮会重新显示为弹出状态。

高密度数字模块诊断错误面板,见图 11-51。

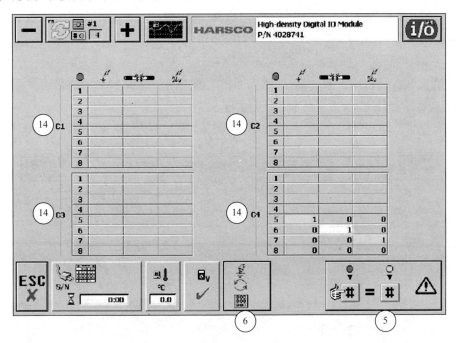

图 11-51　高密度数字模块诊断错误面板

点击模块诊断面板上的诊断错误按钮⑥显示诊断错误面板,按钮会显示为下压状态。再次点击诊断错误按钮⑥返回到模块诊断面板。

⑭错误信息表(C1-C4):信息表格从左到右显示接口序号、通道序号、接地短路计数、断路计数、24V 短路计数。如果通道出现短路或断路,信息栏会变成亮黄色;如果故障被排除,信息栏会变成白色。只有重新启动计算机才能消除这些记录。如果通道未被使用,则该通道的错误信息表显示为空白。信息栏的状态显示如下:

	灰色,无短路。
	黄色,发生短路。
	白色,短路已被排除。

a. 当短路发生时,模块会立即关闭输出通道 2s,保护线路和使线路冷却。2s 过后,如果 JAM 仍旧发出开启指令,该输出会重新启动。如果短路仍旧存在,这个循环会重复。在这个例子里,错误计数会清空,每 2s 计一次。

b. 断路只能在输出被激活时才能被检测,输出关闭时不能被检测。车辆上的一些输出可能没有足够的电流来精确的检测断路（例如继电器）。

c. 当断路发生时，数字输出模块会锁定和报告断路错误状态，只要 JAM 仍旧发出开启指令，短路状态会被清除并重新启动，在诊断信息表中错误计数会增加，这表示间歇的短路。

d. 可是，如果断路状态被锁定，并且在连接被修复之前，JAM 关闭了输出，在诊断面板上会持续地报告断路。必须将输出开启，以便于检测断路和修复后清除。

e. 当 JAM 输出指令关闭时，会检测到 24V 短路状态。这表示在不应该通电的时候，外部电源激活了输出。类似于断路错误，24V 短路错误会被锁定，也可以在输出关闭时清除，在输出开启时一直保持，直到输出被 JAM 重新关闭。

f. 诊断按钮⑤可以用于手动测试，清除面板上通道的断路或 24V 短路错误。

高密度数字模块 CAN 2 诊断面板，见图 11-52。

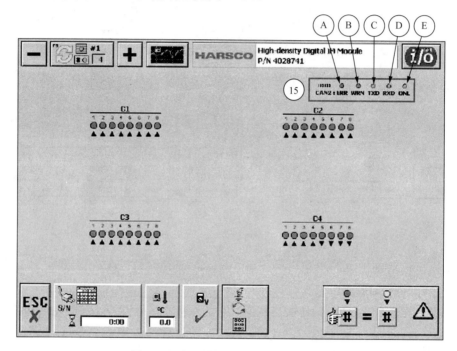

图 11-52　高密度数字模块 CAN2 诊断面板

高密度数字模块可以与二级数字输入/输出设备通信，例如发动机 ECU 通过其 CAN 2 接口。连接后，CAN 2 诊断面板显示在该面板的右上角。

⑮CAN 2 诊断面板，诊断 LED 指示器显示主控模块与二级设备的 CAN 2 连接的通信状态，LED 状态如下：

a. ERR 指示器。

●	灰色：正常操作状态。
●	红色：总线错误。 模块不能与任何目标设备通信，通常是由于连接电缆或接头的 CAN L 和 CAN H 线短路造成的。当出现总线错误时，TXD 和 RXD 的 LED 也会一直显示红色，WRN 的 LED 会闪烁，表示重启通信没有成功。

b. WRN 指示器。

○	灰色:正常操作状态。
○	红色:总线警告。总线警告通常表示 CAN L 和 CAN H 线断路或没有连接,或连接错误。该状态通常发生在检测到模块与一个或多个目标设备通信出现间断的通信错误、目标设备地址设定不正确、硬件故障或电缆问题。

c. TXD 指示器。

○	绿色:模块至少发送给目标设备一条信息。
○	红色:模块的信息发送原来是正常的,但是当前出现错误。通常发生在 ERR 或 WRN 指示器出现红色或 CAN 2 网络无法连接。
○	灰色:模块不能发送信息。

d. RXD 指示器。

○	模块从连接设备接受信息。
○	红色:模块的信息接收原来是正常的,但是当前出现错误。通常发生在 ERR 或 WRN 指示器出现红色或该模块的驱动软件从 CAN 2 网络的设备上接收到错误的信息。
○	灰色:模块不能接收信息。

e. ONL 指示器。

○	绿色:模块已经在 CAN 2 网络上建立了在线存在。
○	红色:模块原来在线,目前无连接。
○	灰色:模块从未在线。

CAN 2 接头的针脚如下:

Pin 1 - 共源电源;

Pin 2 -24V 电源;

Pin 3 -CAN 接地;

Pin 4 -CAN H 信号;

Pin 5 -CAN L 信号。

(7)输入/输出信息按钮/面板,见图 11-53。

在任何诊断面板上点击输入输出信息按钮或按下计算机键盘的 F1 键,在按键同时,显示在屏幕上的模块的相关信息面板会显示在触摸屏上,弹出窗口显示如下信息:

①信息文本面板:该面板上方的(A)面板上会显示模块号,该模块的相关描述和型号。接口序号(1-8),通道序号(P4-P1-P2),输入(左箭头)或输出(右箭头),以及与该模块相关的部件会列在每个模块的序号(B)下。

②向上翻页按钮,点击该按钮查看网络上前一模块的输入输出信息。

③向下翻页按钮:点击该按钮查看网络上下一模块的相关输入输出信息。

④地球图标:当计算机启动时,中文是显示的缺省语言,点击该按钮或计算机键盘的 F5 键切换中英文显示。

⑤退出按钮：点击该按钮关闭面板。

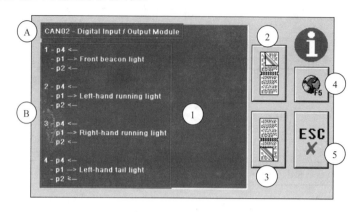

图11-53　输入输出信息面板

2. 发动机诊断按钮／面板

在诊断子面板上点击发动机诊断按钮，屏幕显示发动机诊断面板，见图11-54。该面板显示发动机和设备的信息。该面板显示内容如下：

（1）车辆选择按钮。

（2）发动机冷却液温度：以℃显示。

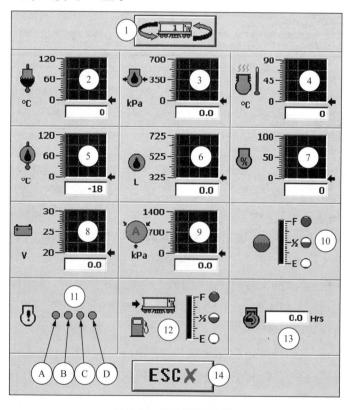

图11-54　发动机诊断面板

(3) 发动机油压,以 kPa 显示。

(4) 发动机机壳温度：以℃显示。

(5) 液压油温：以℃显示。

(6) 液压油位：以 L 显示。

(7) 发动机荷载百分比。

(8) 电池电压：显示直流电压伏特数。

(9) 空气系统压力：以 kPa 显示。

(10) 水箱水位。

(11) 发动机故障指示灯。

(12) 燃油油位。

(13) 发动机小时数。

(14) 退出按钮。

①点击车辆选择按钮①选择需要显示的发动机车辆编号。

②有些参数(②、③、④、⑤、⑥、⑦、⑧、⑨)有柱状图显示,信息框和柱状图显示如下信息：

a. 柱状图显示最近的发动机参数读取。

b. 柱状图下面显示的是发动机实时读取的参数。

c. 柱状图右侧的箭头指示的是当前读取的参数。

d. 柱状图左侧绿色的部分显示的是正常运转的参数范围。柱状图中红色的部分表示发动机在设定范围以外运转。

③有些参数(⑩、⑪、⑫)有黄色高亮指示的滑动条,显示当前读取的参数。

④有些参数 ⑪ 有状态指示,以不同颜色的高亮显示当前读取的参数。

⑤有些参数 ⑬ 有信息框显示实时读取的参数。

⑥当参数在正常的运行范围内运行时,相应的状态图标会以灰色显示。

⑦当有参数超出运行范围时,相应的状态图标会以红色闪动,并会有响亮的警报声响起,警报面板上会有文字显示。

⑧发动机故障指示灯 ⑪ 从发动机 ECU 接收故障信息,指示灯监控如下发动机参数：

Ⓐ喷射故障指示灯：当发动机故障指示检测到喷射相关的故障时,指示灯会有指示。

●灰色：正常状态。

○白色：故障状态。

Ⓑ停机指示灯：当发动机发生严重故障而造成停机时,该指示灯会亮起。

●灰色：正常状态。

●红色：故障状态。

Ⓒ非正常警报指示灯：当发动机发生次要故障而不会立即停机时,该指示灯会亮起。

●灰色：正常状态。

●黄色：故障状态。

ⓓ非电气故障指示灯:当发动机发生非电气故障,例如冷却液温度超过规定的温度时,该指示灯会亮起。

●灰色:正常状态。

●青色:故障状态。

发动机指示灯会按照发动机发送的代码指示特定的故障,这些代码可以参照发动机ECU诊断面板浏览。

⑨点击退出按钮⑭,关闭该面板。

3. 驱动诊断按钮/面板

使用诊断菜单中的推进诊断按钮,可以显示推进诊断面板,见图11-55。该面板显示了钢轨打磨车驱动走行系统的不同信息。显示信息包括:

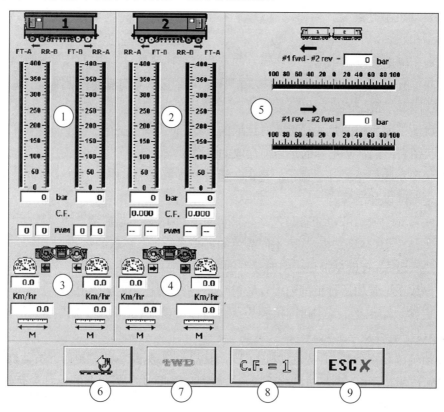

图11-55 驱动诊断面板

①-②驱动压力面板:面板顶部显示的是车辆的编号,每节车上的走行转向架会黄色高亮显示,车下面的方向箭头显示转向架走行的方向。车下的滑动条显示的是驱动马达出口处的压力,滑动条按照其控制的驱动方向,两个一组,滑动条下面的信息框是以巴(bar)显示的马达出口压力,再下面是C.F.修正系数信息框。1号车没有该信息框,2号车有该信息框,该信息框显示的是等同于1号车的2号车修正系数。再下面是每个驱动泵出口阀的PWM信息框。

每车如下两个端口使车向前运动:

FT-A：前驱动马达的"A"口。

RR-B：后驱动马达的"B"口。

如下的两个端口使向相反的方向行驶：

FT-B：前驱动马达的"B"端口。

RR-A：后驱动马达的"A"端口。

③-④编码器/速度面板：该面板显示编码器和速度信息。转向架图标会黄色高亮显示打磨过程中使用的编码器，每根轴下面显示的是当前每根轴移动的方向图标。后轴上的后编码器是默认打磨操作使用的编码器。如果信号缺失，点击前转向架轴的图标，车辆会使用前转向架上的编码器。速度表图标能够以红色闪动显示每个驱动马达的超速信息。再下面的是显示走行速度的信息框，底部的信息框显示的是车辆开动后走行的距离。

⑤驱动压力差异面板：该面板显示的是两车的驱动压力差异。信息以滑动条和数字两种形式显示。当两车的驱动压力调节到相等时，压力差会接近于零。

⑥轮对打滑检测按钮：启用该功能，如果轮对打滑，则会自动转换为四轮驱动模式，经过一小段时间再自动释放四轮驱动。点击该按钮，来启用此功能，按钮会变成亮黄色。

⑦手动四驱按钮：通常当计算机检测到轮对打滑，会自动启用四轮驱动模式。点击此按钮，按钮变黄，手动启用四驱模式，再次点击，按钮变灰，停用四驱模式。

⑧ C.F.=1 按钮：正常情况下，修正系数按钮显示弹起的状态，这样使计算机系统自动调节修正系数来均衡两辆车的牵引力，点击该按钮，来重新设定该修正系数为1，修正系数会保持在1值，并且两辆车之间不会有不同的驱动作用力。

⑨退出按钮：点击该按钮，关闭面板。

4. 发动机 ECU 诊断

在诊断子面板上点击发动机 ECU 诊断按钮显示发动机 ECU 诊断面板（图 11-56），该面板显示内容如下：

①发动机模块 #/ 诊断 LED- 通信编码数值。

②发动机故障诊断码。

SPN Code 可疑参数序号。

FMI Code 发动机故障识别码。

OC Code。

ECU Fault Indicators 发动机电控单元（ECU）指示器。

Emissions Malfunction Indicator 排放故障指示器。

Stop Engine Indicator 发动机停机指示器。

Non-Critical Indicator 非关键性指示器。

Non-Electronic Indicator 非电子指示器。

③发动机运行小时数；

④1 号电池电压。

⑤2号电池电压。
⑥期望的发动机转速。
⑦实际发动机转速。
⑧发动机机油压力。
⑨发动机燃油压力。
⑩发动机冷却液温度。
⑪发动机进气温度。
⑫发动机进气压力。
⑬发动机加载百分比。
⑭退出按钮,按此按钮退出屏幕。
Ⓐ发动机模块#/诊断 LED 指示器:显示发动机模块#/诊断 LED 状态,状态如下:

	绿色:模块正在和 JAM 通信无错误
	红色:绿色 - 模块正在和 JAM 通信有错误
	灰色:模块没有和 JAM 通信

Ⓑ发动机电控单元(ECU)指示器,LED 状态如下:

	绿色:从 ECU 收到信息
	灰色:没有从 ECU 收到信息

注:以下发动机故障诊断 LED 指示器(C-D-E-F)从发动机 ECU 获得信息,经常与可疑参数序号(SPN)发动机故障识别码(FMI)一起显示,故障码信息参考发动机手册,LED 状态如下:

Ⓒ排放故障指示器:该指示器表明产生了关于发动机排放系统的故障码。

	灰色:正常状态
	白色:故障状态

Ⓓ发动机停机指示器:该指示器表明产生了需要发动机停机的故障码。

	灰色:正常状态
	红色:故障状态

Ⓔ非关键性指示器:该指示器表明产生了不需要发动机立即停机的故障码。

	灰色:正常状态
	黄色:故障状态

Ⓕ非电子指示器:该指示器表明产生了非电子系统的故障码,例如发动机冷却液问题超出设计范围。

	灰色:正常状态
	青色:故障状态

5. 提升油缸视图按钮 / 面板

在诊断子面板上点击提升油缸视图按钮,会显示提升油缸视图面板(图 11-57)。面板显示提升油缸的位置,以毫米计算。

①1 号提升油缸滑动条－1 号车左侧 / 右侧。

②1 号提升油缸目标设定点－1 号车左侧 / 右侧。

③10 号提升油缸滑动条－2 号车左侧 / 右侧。

④10 号提升油缸目标设定点－2 号车左侧 / 右侧。

⑤退出按钮。

(1)左右滑条①、③以毫米显示 280mm 打磨头(1 号或 10 号)提升油缸的实际伸出量。

(2)左右目标设定值②、④以毫米显示 280mm 打磨头(1 号或 10 号)提升油缸的所需停止位置。

(3)如所选打磨模式要求 280mm 磨头提升油缸全部伸出,滑条①和目标设定点②应都显示全部伸出位置。(0 毫米)如同 1 号车显示的左或右 1 号打磨头。

(4)如所选打磨模式要求 280mm 磨头提升油缸停在小于完全伸出位的某一位置,滑条③和目标设定点④应都显示需要停止的位置。如同 2 号车显示的左和右第 10 号打磨头。该图示在小于 25.4mm 的位置。

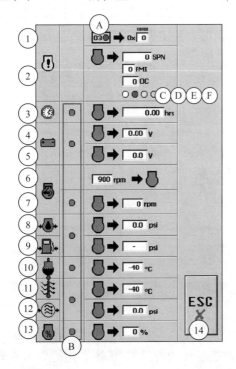

图 11-56 发动机 ECU 诊断面板

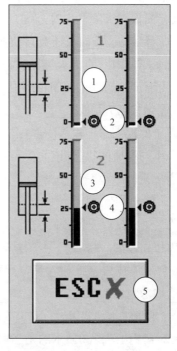

图 11-57 提升油缸视图面板

6. 火警检测按钮 / 面板

点击诊断子面板上的火灾报警测试按钮来开启该该面板(图 11-58、图 11-59),该面板显示如下内容：

①车辆图标。

②火灾报警测试按钮。

③退出按钮。

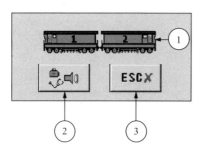

图 11-58　火灾报警测试面板　　　　图 11-59　火灾测试面板

（1）车辆图标①在正常的运行状态下显示灰色，在火灾报警测试按钮按下的状态时，车辆图标会以红色高亮显示。

（2）如果检测到火灾，火灾报警面板会自动弹出，车辆图标会显示红色，上面还会带有火光，还会有火灾警报响起。

（3）如果扑灭火灾以后，电脑没有检测到火灾，火灾警报会停止，该面板会自动关闭。

（4）火警面板在火灾发生时，点击退出按钮可以关闭火灾报警，同时也关闭了火灾警报，如果仍然检测到火灾，该面板还会自动弹出，警报也同时再次响起。

（5）要测试该按钮，点击火灾测试按钮②，车辆图标会显示红色，警报也会响起。

（6）点击退出按钮③来关闭该面板。

7. I/O 图像按钮/面板

在诊断子面板上点击输入/输出图像按钮来显示该面板（图 11-60），该面板用来监控每辆上的四个不同通道的状态，该面板显示如下信息：

①通道按钮。

②输入/输出图像。

③输入/输出图像信息按钮。

④退出按钮。

（1）每个通道按钮①上部Ⓐ第一行列出车辆号/模块号/接头号/针脚号，第二行列出当前监控的输入输出的通道。

（2）每个通道①下部Ⓑ第一行列出的是电路描述，第二行列出当前选定的通道的实际的值。

（3）输入/输出图像②显示的是当前选定的通道的实际值，图像右侧的指示器指示当前选定的通道的值。

（4）要监控一个不同的通道，点击四个通道中的任意一个按钮①来显示通道选择面板。

注意：仅有当前选定来监控的四个通道才会记录数据，当选定一个待监控通道时，新的通道数据会显示在图像上,上次选定的通道的数据已经记录并关闭了。

(5)要调整输入/输出图像②设置或时间线的幅度,点击四个输入/输出图像中的任意一个来显示调整面板。

(6)点击输入/输出图像信息按钮③来显示输入/输出图像信息面板。

(7)点击退出按钮④来关闭该面板。

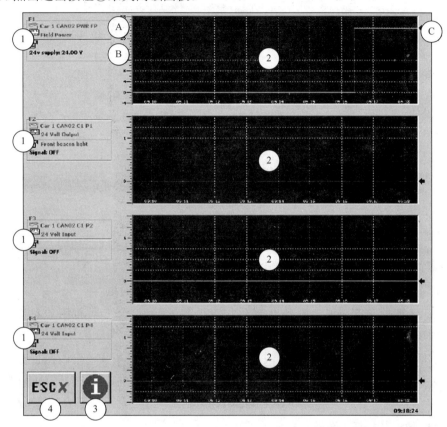

图 11-60　输入/输出图像按钮/面板

8. 通道选择按钮/面板

点击输入/输出图像按钮/面板上任意一个四通道按钮,会显示通道选择面板(图 11-61),该面板用来选择不同的通道坚实每辆车的网络,该面板显示如下:

①通道选择表。

②上翻页按钮。

③下翻页按钮。

④上一行按钮。

⑤下一行按钮。

⑥接受按钮。

⑦退出按钮。

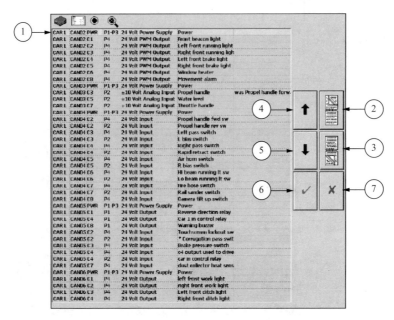

图 11-61　通道选择面板

（1）通道选择表①列出了车辆号 / 模块号 / 接头号 / 针脚号 / 回路功能 / 该通道连接设备的描述,当前监控的输入输出的通道会变成亮黄色。

（2）使用上翻页按钮②或下翻页按钮③来显示需要监控的通道。

（3）点击需要监控的通道附近界面,然后用上一行按钮④或下一行按钮⑤来选择加亮需要监控的通道。

（4）点击接受按钮⑥来保存改动,或点击退出按钮⑦放弃改动并退出该界面。

（5）如果选择了不同的通道（亮黄色）并且点击了接受按钮⑥,则新选择的通道会被显示和监控。

9. I/O 图像调整按钮 / 面板

点击四个输入 / 输出图像按钮中的任意一个,就能显示该面板（图 11-62）,该面板用来调整图像上显示的幅度和时间线,该面板上有如下内容：

①往零以下调整按钮。

②往零以上调整。

③幅度减小按钮。

④幅度增加按钮。

⑤时间轴减小按钮。

⑥时间轴增加按钮。

⑦属性选择表。

⑧向上移动按钮。

⑨向下移动按钮。

⑩接收按钮。

注意：如果几秒钟以后未按下任何按钮,该面板会自动关闭。

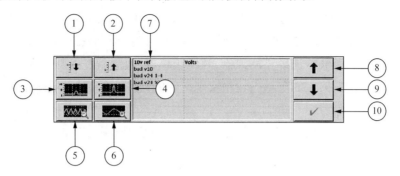

图 11-62　输入 / 输出调整面板

（1）使用调零按钮①和②来调整显示图像上的零线。

（2）使用幅度调整按钮③和④来调整显示图像的幅度。

（3）使用时间线调整按钮调整显示图像上的时间线,时间线的调整在 9min～3h 之间。

（4）属性选择表显示可用的与通道和接头种类有关的接头属性,当前调整接头属性的接头会高亮显示黄色。

（5）点击期望监控的接头附近的图像,使用④和⑤按钮上移下移来选定监控接头的属性。

（6）点击确认按钮⑩来保存变更并关闭该面板。

10. I/O 图像信息按钮 / 面板

点击输入 / 输出图像面板上的信息按钮来显示图像信息面板,见图 11-63。点击显示输入 / 输出图像信息面板还是输入 / 输出图像调整面板,与该面板有关的信息才会显示。

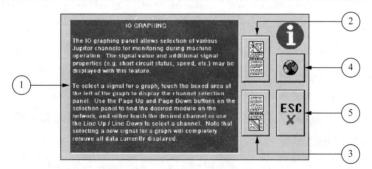

图 11-63　输入 / 输出信息面板

①信息文本面板：该面板显示在屏幕上的面板的帮助信息。

②向上翻页按钮：点击该按钮,回到上一页的文本信息。

③向下翻页键：点击该按钮,显示下一页文本信息。

④地球图标：中文是这些帮助信息的缺省语言种类,点击该按钮,将语言换成英文,再次点击可将语言切回中文。

⑤退出按钮：点击该按钮,关闭该面板。

六、液压系统

CMC-20 型道岔打磨车高速走行系统和作业系统采用液压传动技术,其液压传动系统的工作原理为:发动机侧取力驱动液压油泵以及通过分动箱驱动各液压油泵,液压油泵产生的高压油通过管路输送液压油经过滤油器、液压阀块、换向阀后进入马达或油缸,进入高速走行液压马达驱动转向架上的车轴齿轮箱实现车辆的高速走行,进入散热系统的液压马达驱动冷却装置风扇运转。

该车高速走行液压系统采用闭式回路,高速走行最高速度为 100km/h。低速作业走行速度为 2～16km/h。

(一)液压系统的组成和工作原理

整车由高速走行液压系统、磨头马达控制液压系统、磨头进给油缸及打磨小车液压系统、磨头控制油缸液压系统、散热系统液压系统及集尘器液压系统等组成。

1. 液压高速走行系统

CMC-20 型打磨车高速走行驱动采用变量泵—变量马达容积调速闭式回路,液压原理如图 11-64 所示。型号为 A4VG180EP2+ A4VG180EP2,双联变量泵分别驱动型号为 A6VM250HA1 的变量马达实现车辆走行,该泵额定工作压力可达 40MPa。峰值压力 45MPa,最大排量 180mL/r。变量马达采用高压自变量柱塞马达,其额定压力和最高压力分别为 35MPa 和 40MPa,最小排量为 90mL/r,最大排量为 250mL/r。变量泵高压溢流阀设定压力为 38MPa,压力切断压力为 34.5MPa。补油泵溢流阀压力为 2.6MPa。补油泵排量为 31mL/r。双联变量泵与泵箱连接,泵箱为增速齿轮箱,速比 $i=1.143$,在发动机额定转速为 1800r/min 时输入油泵端的转速为 2057r/min。

车辆走行和后退通过泵上的比例换向阀两端的电磁铁得电实现,当 A 端电磁铁得电时,从补油泵排出的压力油进入油泵变量缸的右端推动油泵变量,排量的大小与输入的电流相适应,电流越大,油泵的排量就越大,补油泵的出油设置有过滤器 3.1、3.2,保证清洁的油液进入比例阀,在该过滤器中设置有旁通单向阀,防止过滤器堵塞时有油液进入变量缸中,同时在过滤器上设有堵塞报警装置,提醒滤网堵塞时及时更换滤芯。

当两油泵的 B 油口为压力油,后泵的 B 油口与后齿轮箱上马达的 A 油口连接,前泵的 B 油口与后齿轮箱上马达的 B 油口连接,前后齿轮箱均为减速齿轮箱,速比 $i=5$。在两泵的压力管路分别与阀组 4.1、4.2 相连,该阀组的作用为:当前后油泵、马达、阀件的泄漏量不一致导致前后马达速度不一致,造成一个马达在牵引,而另一个马达被牵引,两马达对外做功不同步,当阀组 4.1、4.2 上的换向阀得电后,可以均衡进入两马达的流量,保证两马达对外做功一致。在车辆起步出现车轮打滑时,关闭电磁换向阀,前后两马达独立运转,同时起步。

液压马达为高压子变量马达,起步负载大,压力高,当压力超过 22MPa 时,达到马达排

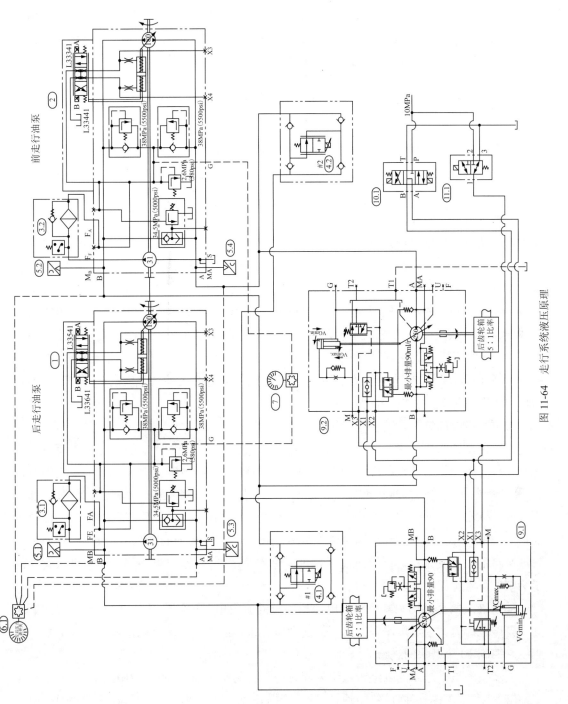

图 11-64 走行系统液压原理

量变量点，马达排量向大排量位置变化，马达牵引扭矩大保证车辆易启动。当走行压力低于22MPa时，马达一直处在小排量90mL/r位置，保证车辆能达到100km/h的高速。

当车辆在下坡道行驶由于惯性马达变成油泵工况，马达的高低压端互换转变角色，原低压端变成高压端，高压端变成低压端。通过电磁换向阀10.1的越权控制，使马达排量变化始终受进口端的压力控制，避免低压端压力变成高压后造成马达排量变大使发动机转速升高出现飞车现象。

当高速走行时，电磁换向阀11.1处在失电状态，马达排量受出油口压力控制，保证达到最大速度。

打磨作业时电磁换向阀11.1得电时，超越液压控制并保持马达在最大排量250mL/r。这样，便于车辆保持恒定走行速度及马达最大扭矩。走行过程中压力超过34.5MPa时，油泵变量缸回中位，油泵排量为零，油泵无流量输出，系统压力保持不变。补油泵压力、系统压力可用多点压力表开关6.1可以检测。

2. 磨头马达控制液压系统

10个磨头马达分别由两个五联齿轮泵供油，每联泵的排量为28.5mL/r。每联齿轮泵以2057r/min转速向10个磨头马达供油，其中8个马达的排量为10mL/r，2个马达排量为16mL/r。每个马达的溢流阀设定压力为23MPa。电磁换向阀控制马达的停转，得电时马达转动，失电时马达停止。在电磁换向阀失电后让马达能短时间内停下来，在马达的出油口设置有1MPa的背压溢流阀，在两个打磨头阀组的总回油路上各设置有一个手动球阀，在检修磨头时将此球阀关闭，磨头马达不能转动，避免误操作致使马达转动不安全。每个磨头的压力均由压力传感器和多点压力表检测。

3. 磨头进给油缸及打磨小车液压系统

磨头控制油缸由排量为44mL/r变量泵供油，变量泵以2057r/min的转速输出流量供给油缸工作。系统压力通过油泵上自带的补偿溢流阀设置，压力定在10MPa。油泵出油口设有手动球阀、单向阀和高压过滤器。手动球阀的作用为：检修各油缸时将此球阀关闭，油泵不会向外排出压力油，油泵在10MPa补偿压力作用力下保持压力，但无流量输出，当油泵出油口压力低于10MPa时，油泵以全流量向外输出压力油。单向阀是隔开应急油泵，避免应急油泵与油泵相互干扰。高压过滤器是过滤进入系统的油液，防止不清洁油液进入阀件而影响阀件正常工作。

油缸进给阀组上比例减压阀和电磁换向阀同时得电时油缸向外伸，同时失电时油缸缩回。打磨进给力大小通过比例减压阀的出油压力来控制。在车辆的两侧各有一个油缸进给阀组来控制10个磨头的进给油缸。

变量泵油液除进入油缸进给阀组外同时进入打磨小车锁定油缸、对中油缸、打磨小车锁定油缸、打磨小车提升油缸、轨距油缸、导向轮提升液压缸、轮锁液压缸。各种油缸通过电磁换向阀来控制动作。磨头锁定油缸、导向轮升降油缸、打磨小车锁定油缸、打磨小车提升油缸设置有双向液压锁来双向锁定油缸。

4. 磨头控制油缸液压系统

磨头控制油缸由排量为 75mL/r 变量泵供油控制，变量泵以 2057r/min 的转速输出流量供给油缸工作。系统压力通过油泵上自带的补偿溢流阀设置，压力定在 10MPa。油泵出油口设有手动球阀 15、单向阀 16。手动球阀作用：检修各油缸时将此球阀关闭，油泵不会向外排出压力油，油泵在 10MPa 补偿压力作用力下保持压力，但无流量输出，当油泵出油口压力低于 10MPa 时，油泵以全流量向外输出压力油。单向阀是隔开应急油泵，避免应急油泵与油泵 13 相互干扰。

变量泵排出的压力油进入磨头偏转油缸、磨头侧转油缸、磨头提升油缸，各油缸通过电磁换向阀来控制动作。油缸上设置有双向液压锁来双向锁定油缸，如图 11-65 所示。

5. 散热系统液压系统

本车的散热系统由一个定量齿轮油泵和一个定量叶片马达组成，马达驱动风扇转动冷却发动起高温水和高温液压油。油泵排量为 55mL/r，压力 22MPa，油泵转速 2057r/min。马达排量 68.7mL/r，压力 17MPa。系统压力由比例溢流阀 43 来调整，风扇转速快慢受比例溢流阀 43 的输入信控制，安装油箱上的温度传感器将温度信号传给比例溢流阀 43，改变溢流阀的压力值，从而改变马达的驱动力，达到改变风扇的转速达到热平衡为止。当温度液压油油温高于 38℃时，控制系统控制输出电流减弱到 0V 给比例溢流阀 43，比例溢流阀压力最大，风扇以最快的转速运转，此时对应风扇最高转速能达到 1650r/min。系统理想的转速范围在 1450～1650r/min，对应的压力为 11～16MPa。

比例溢流阀 5 设置成电压越小、压力越高的对应关系的目的在于：车辆在线路上运行时，电气系统出现故障时无法给比例溢流阀给电，输入比例溢流阀电压 0V 时，溢流阀达到最高压力，风扇以最快的转速运转，冷却装置可以给发动机高温水液压油散热，车辆继续行车保证了行车安全。

停机后，由于风扇有惯性，带动马达继续转动，这时马达进油口继续需要供油，溢流阀组上的单向阀开启，单向阀开启压力 0.04MPa，马达通过单向阀从回油管路上反吸油，马达不会因缺油而损坏。风扇正常运转时，单向阀将压力油路与回油路隔开。系统的压力可以用多点压力表开关 6.1 检测，如图 11-66 所示。

6. 集尘器液压系统

本车的集尘器液压系统由一个定量齿轮油泵和一个定量柱塞马达组成。油泵排量为 62mL/r，压力 22MPa，油泵转速 2057r/min。马达排量 33mL/r，额定压力 20.6MPa。系统压力由溢流阀 29 来调整，系统压力设定在 17MPa。电磁换向阀 30 得电时集成器马达带动风扇转动，电磁换向阀失电时油泵排出的油液进入温控阀 41.1 中，油液温度低于 38℃，油液通过温控阀直接流回到油箱，当油温介于 38～50℃时，部分油液进入散热器进行散热，油温在 50℃以上时，油液全部进入散热器进行散热。

在电磁换向阀的 B 油口上设置单向阀作用是防止进入温控阀的油反向流回油箱。集尘器马达上并联的单向阀是防止停机油泵不供油，由于马达有惯性，继续转动而需要液压

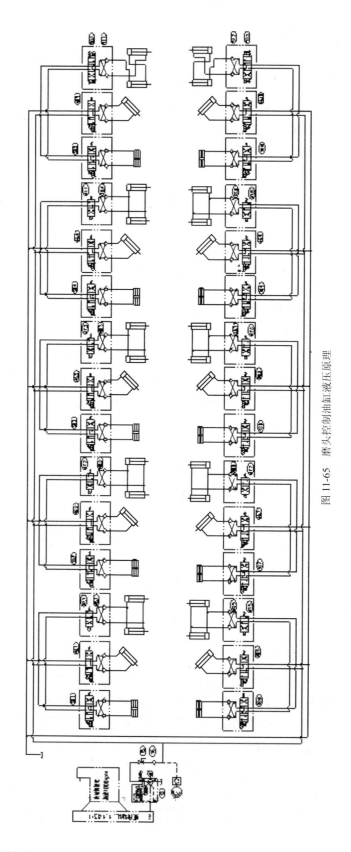

图 11-65 磨头控制油缸液压原理

油,这时马达可从该单向阀从回油管路上反吸油,马达不会因缺油而损坏。风扇正常运转时,单向阀将压力油路与回油路隔开。

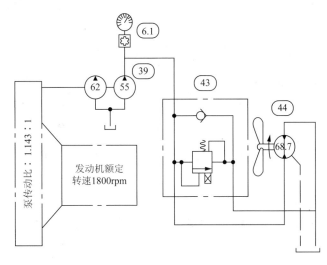

图 11-66 散热系统液压原理

本车还有另外一个温控阀 41.2 对液压油温进行控制,来自散热马达和驱动水泵的液压马达的回油进入温控阀中,温度控制原理同上一样,如图 11-67 所示。

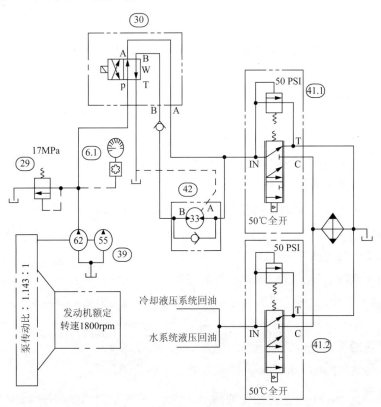

图 11-67 集尘系统液压原理

液压系统常见故障如下：

(1) 补油泵压力偏低：变量控制手柄处于中位，发动机的转速不低于1000rpm，压力低于2MPa。

①产生原因。

a. 补油泵损坏。

b. 补油溢流阀设置压力过低。

c. 油箱的液位低，补油泵吸油不足。

d. 补油泵的吸油过滤器堵塞。

e. 油泵或马达出现故障，内泄漏量增加。

②对应处理方法。

a. 拆卸，检查更换受损的零件。

b. 调整溢流阀的设定值，必要时进行更换。

c. 加油至规定位置。

d. 更换或清洗过滤器的滤芯。

e. 更换修理损坏的元件。

(2) 补油泵压力偏低：比例变量控制手柄处于偏离中位，发动机的转速不低于1000rpm，压力低于2MPa。

①产生原因。

a. 回路中上冲洗阀中溢流阀出现故障：设定压力过低或堵塞。

b. 系统中主溢流阀设定压力过低或出现故障。

c. 油泵或马达出现故障，内泄量增大。

②对应处理方法。

a. 调整或清洗冲洗阀中的溢流阀。

b. 调整或更换溢流阀。

c. 更换修理损坏的元件。

(3) 补油泵压力正常，推动变量控制手柄，系统压力偏低，车辆不走行。

①产生原因。

a. 走行系统中的电液换向阀线路出现故障。

b. 压力切断阀（或多功能阀）压力调整装置失效。

c. 马达、油泵损坏，内泄漏量大（可以通过检查泵、马达的泄油口流量大小，判断损坏的元件）。

d. 检查马达的排量是否处于正确的位置。

e. 检查与马达装配的齿轮箱的速比是否处于正确范围。

②对应处理方法。

a. 检查线路，整改。

b. 维修或更换。

c. 维修或更换。

d. 检查马达排量限制机构。

e. 检查摘、挂挡控制机构。

七、制动系统

CMC-20 道岔打磨车制动系统采用 JZ-7 空气制动系统，主要由空压机、空气滤清器、油水分离器、储风缸、止回阀、安全阀、压力表、钢管、管接头、阀门、制动软管等组成的联结管路以及单元制动缸、闸瓦等部件构成。道岔打磨车具有常用制动、紧急制动及停车制动功能。基础制动为制动缸通过制动杠杆推动闸瓦，使闸瓦作用于轮对踏面，最终产生制动力，一个制动缸作用于同一转向架同侧两个车轮，每个转向架上设置两个制动缸，整列车组共有 8 根制动轴。

常用制动和紧急制动都采用空气制动，采用 JZ-7 型空气制动系统，排风（间接）制动，能与中国铁路车辆编组运行和联合制动。制动阀满足一次缓解的要求，常用制动后缓解，制动缸缓解时间小于 10s。列车管压力为 500kPa。常用制动制动缸压力为 340～360kPa，紧急制动制动缸压力为 420～450kPa，停车制动采用弹簧制动，无风制动，有风缓解，手动缓解装置便于操作。

在两端驾驶控制台上设有制动系统空气压力表，同时制动系统总风压力不足时具有报警功能。钢轨打磨车被拖行时，由牵引机车供风统一操作和控制钢轨打磨车制动和缓解；钢轨打磨车在自行和拖行时制动系统的转换操作方便，动作可靠，并且有状态指示。

（一）压缩空气系统

如图 11-68 所示。

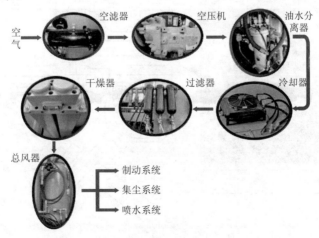

图 11-68　压缩空气系统

空压机采用英格索兰生产的螺杆式空气压缩机,型号为38039244,排量为1.96m³/min,空压机由柴油机驱动,压缩空气系统还包含进气空气滤清器、油水分离器、冷却散热器、空气干燥器等部件。

压缩空气的工作压力为:

主系统开始充风:730~750kPa;

主系统停止充风:830~850kPa。

总风缸容积:105L×2=210L。

空气压缩机的驱动方式保证在压缩空气压力达到额定压力时,空压机自动卸载,利于空载起动。压缩空气系统设有油水分离及空气干燥器,总风缸下部设有自动排水阀;压缩空气管路采用耐腐蚀的钢管或进行耐腐蚀处理。在打磨车外部设有压缩空气快装接头,可提供压缩空气用于打磨后对设备和轨道进行吹扫。

压缩空气系统除制动功能外还为集尘装置过滤器进行反吹提供风压,有利于提高集尘装置滤清器工作效率;同时,可对水系统管路进行反吹,清除水管中残留的水分,避免在环境温度较低时,管路中水结冰损。

(二)JZ-7型空气制动机各阀件工作原理及综合制动作用

1. JZ-7型空气制动机各阀件工作原理

JZ-7型空气制动机主要由自动制动阀(大闸)、单独制动阀(小闸)、中继阀、分配阀及作用阀等组成。

自动制动阀外部结构如图11-69所示,分解图如图11-70所示。

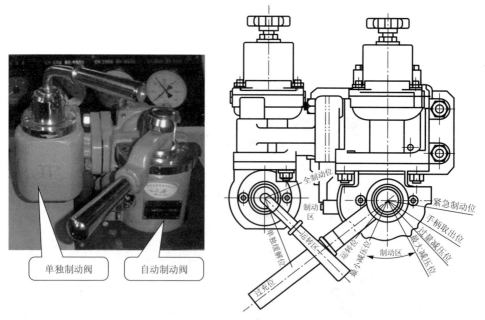

图11-69 自动制动阀外部结构

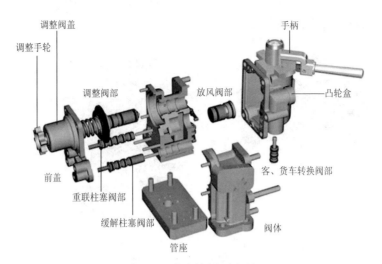

图 11-70　自动制动阀分解图

①过充位。

该位置使用在初充气或再充气,迅速向列车管充气,列车管可获得比规定压力高 30～40kPa 的过充压力,可促使全部列车迅速缓解。

②运转位。

该位置是当列车缓解再充气及正常运行状态时所使用的位置。

③常用制动区(最小减压位—最大减压位)。

列车运行中,正常情况下停车或调节列车速度时使用此位置。手柄在最小减压位与最大减压位之间移动,可获得不同的减压量。

④过量减压位。

该位置是由于制动频繁或制动后不久,列车管或车辆副风缸还没有恢复定压又需制动时所使用的位置。比如长大坡道实行制动时使用。

⑤手柄取出位。

该位置是重联补机、无动力回送机车及本务机车非操纵端所使用的位置。

⑥紧急制动位。

列车在运行中,遇有紧急情况,需要紧急停车时所使用的位置。

a. 调整阀(图 11-71)。

调整阀是列车制动、缓解的控制机构,用于控制机车均衡风缸的压力变化,并通过中继阀控制列车管的充气和排气,从而实现机车、车辆的制动或缓解。

b. 放风阀。

放风阀是列车施行紧急制动时直接把列车管内压力空气迅速排到大气中,达到快速制动的目的。

c. 重联柱塞阀(图 11-72)。

重联柱塞阀的作用是连通或切断均衡风缸与中继阀的联系,自阀手柄在紧急制动位时,使总风缸管与撒砂管连通,实现自动撒砂。

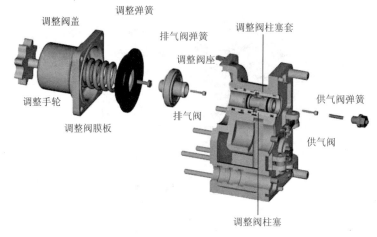

图 11-71 调整阀分解图

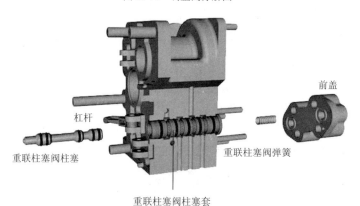

图 11-72 重联柱塞阀分解图

d. 缓解柱塞阀(图 11-73)。

缓解柱塞阀的作用是控制过充风缸的充风或排风,控制总风遮断阀管通路充风或排风。

图 11-73 缓解柱塞阀分解图

e. 客货车转换阀。

客货车转换阀的作用是开启或关闭中继阀的总风遮断阀,在客车位,不论手柄在任何位置,总风遮断阀一直开启;在货车位,大闸手柄在过充位至运转位时,总风遮断阀开启,大闸手柄在最小减压位至紧急制动位时,总风遮断阀关闭。

2. 单独制动阀

单独制动阀分解图如图 11-74 所示。

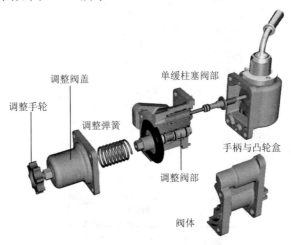

图 11-74 单独制动阀分解图

3. 中继阀

中继阀是接受自动制动阀的控制,直接操纵列车管压力变化的装置。采用膜板活塞加双阀口的机构形式,既能向列车管充气,又能把列车管内的压力空气排向大气。此阀的最大特点是当自动制动阀手柄处于过充位时,使列车管压强能超过均衡风缸所规定的压强 30～40kPa,以缩短列车初充气和再充气的时间。当自动制动阀手柄由过充位移到运转位时,列车管的过充压强还能缓慢地消除,使之与均衡风缸的空气压强平衡,而不会引起机车车辆的自然制动,如图 11-75 所示。

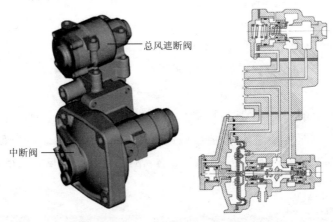

图 11-75 中继阀外部结构图

4. 分配阀

分配阀的作用是根据列车管空气压力的增减来控制作用阀的动作,实现机车的制动与缓解动作;也可利用单阀来控制分配阀的主阀部和作用阀,使机车单独缓解。如图 11-76 所示。

图 11-76 分配阀

(1)主阀部。

主阀部由主阀、紧急限压阀、常用限压阀和工作风缸充气止回阀等组成。如图 11-77 所示。

图 11-77 分配阀主阀部

①主阀。

功能:主阀是一个三压力机构阀。大膜板活塞上侧是列车管压力,下侧是工作风缸压力;小膜板活塞上侧是作用风缸压力,下侧通大气,主阀的动作受三者压差来控制。主阀有制动、保压和缓解三个作用位置。如图 11-78 所示。

②常用限压阀。

功能:常用限压阀的作用是通过限制作用风缸的压力,达到限制机车制动缸压强的目的。常用限压阀为柱塞式结构,限压值可通过螺钉调整。列车管定压为 500kPa 时,常用限压调到 340～360kPa;列车管定压为 600kPa 时,常用限压调为 420～450kPa。如图 11-79 所示。

③紧急限压阀。

功能:无论列车管定压是 500kPa 还是 600kPa,紧急限压都调到 420～450kPa;紧急制动后缓解,提供一条作用风缸排风的通路。紧急制动时,止阀阀口是柱塞活塞顶杆顶开的,而且止阀上下都有压力空气进入;而紧急制动后缓解,阀口是由作用风缸的压力空气吹开的。如图 11-80 所示。

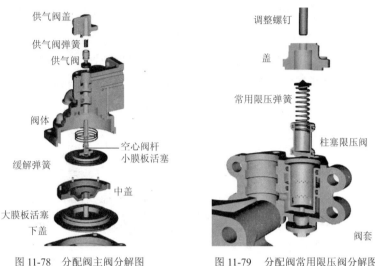

图 11-78　分配阀主阀分解图　　　图 11-79　分配阀常用限压阀分解图

④工作风缸充气止回阀。

功能:充气缓解时,列车管的压力空气经止回阀向工作风缸充气,制动减压时防止工作风缸向列车管逆流。避免不制动或制动力不成比例的现象。

(2)副阀部。

副阀部由副阀、充气阀、保持阀、局减止回阀、一次缓解逆流止回阀等组成。副阀是一个二压力机构阀,膜板活塞左侧为列车管压力,右侧为降压风缸的压力。降压风缸控制副阀的制动保压和缓解。如图 11-81 所示。

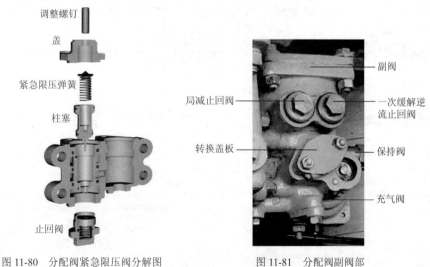

图 11-80　分配阀紧急限压阀分解图　　　图 11-81　分配阀副阀部

副阀部的主要功能有:

①控制降压风缸的充气和排气。
②初制动时起局部减压作用。
③与转换盖板配合使制动机起一次缓解或阶段缓解作用。
④副阀在缓解位时,可使降压风缸和工作风缸的过充压力逆流到列车管。

(3)紧急部。

①功能:紧急制动时列车管的压力空气可通过紧急部排往大气,使列车管迅速减压。

②组成:紧急部膜板活塞上侧是列车管压力,下侧是紧急风缸压力,二者的压力差控制膜板活塞的动作。紧急部有3个缩孔风堵:阀上体的称为充气限制堵,阀下体两个中上方的叫作第一缩孔堵(1.2mm),下面的叫作第二缩孔堵(0.9mm)。紧急部作用有充气缓解位、常用制动位和紧急制动位三个作用位置。

5. 作用阀

作用阀是自动控制阀和单独控制阀的执行机构,用来控制机车(轨道车或接触网作业车)制动缸的充、排气,使机车(轨道车或接触网作业车)得到制动或缓解作用。如图11-82所示。

6. 变向阀

功能:第一变向阀是保证两端小闸不能同时对作用阀产生动作,第二变向阀是保证大闸与小闸不能同时对作用阀产生动作。如图11-83所示。

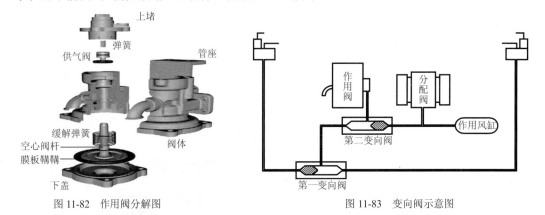

图11-82 作用阀分解图　　　　图11-83 变向阀示意图

(三)综合制动作用

控制关系如图11-84所示。

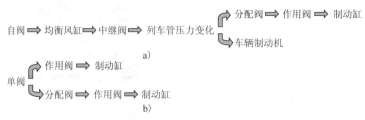

图11-84 控制关系示意图

1. 自阀从制动区移至运转位（图 11-85、图 11-86）

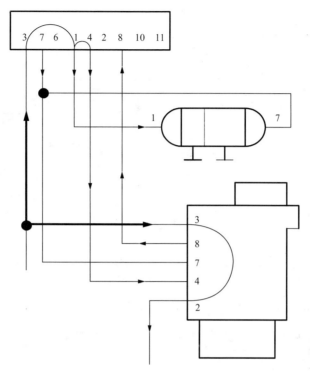

图 11-85　自阀与中继阀之间的关系

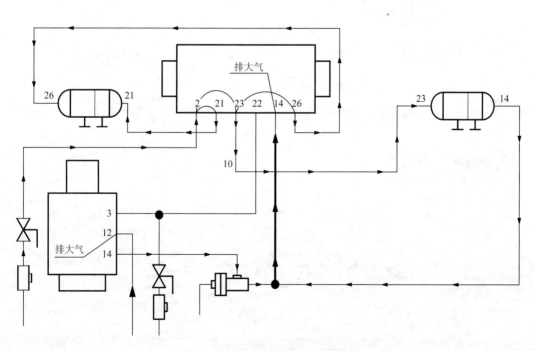

图 11-86　分配阀与作用阀之间的关系

2. 单阀单独缓解（图 11-87）

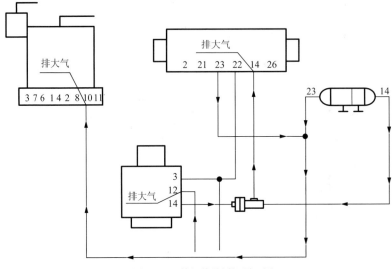

图 11-87　单阀单独缓解原理图

3. 单阀单独制动（图 11-88）

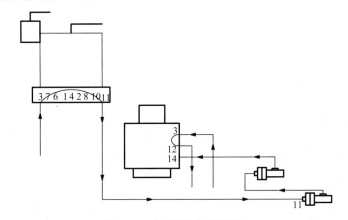

图 11-88　单阀单独制动原理图

4. 旁路制动（图 11-89）

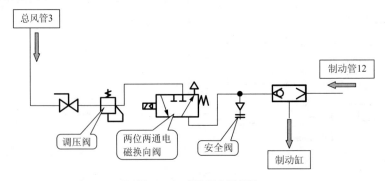

图 11-89　旁路制动原理图

(四)JZ-7 制动机性能特点

(1)能客、货兼用。JZ-7 型空气制动机分配阀的主阀采用三压力结构,而副阀采用二压力机构,既能牵引具有阶段环节性能的客车,也能牵引具有一次缓解性能的货车。

(2)自动保压。自动制动阀和单独制动阀都能自动保压,无需单设保压位。

(3)设立制动区。自动制动阀从最小减压位到最大减压位为制动区,随着手柄从左向右移动,列车管的减压量逐渐增大,直到最大减压位。单独制动阀手柄在制动区内任一位置,制动缸都能获得一定的压力,随着手柄在制动区从左向右移动,制动缸的压力逐渐增大。

(4)制造维修方便。该制动机完全采用橡胶模板、柱塞阀和 O 形橡胶密封圈等结构,延长了检修周期,使制造、运用、检修等工作较为方便。

(5)制动缓解迅速。制动机采用模板活塞加双阀口的中继阀,并且具有过充性能,列车管充、排气都比较快。

(6)制动阀采用凸轮结构的控制方法,操纵手柄轻快、方便。

八、操作及维护

(一)发动机

1. 发动机操作

(1)准备启动。

启动发动机前完成下列步骤:

①确认电池隔离开关是开着的,开关位于车的左侧,电池盒的端部。

②接通主电源开关,位于机器间发动机前面的右侧。

③确认燃油泵开关是开着的,此开关位于发动机右侧,接近于燃油滤芯/油水分离器。

④按需要打开驾驶室的内部灯。

⑤检查如下装置在正确位置:

a. 施加停车制动。

b. 驱动手柄处于中位。

c. 紧急停车拉出到工作位置。

d. 计算机开关处于关闭位。

e. 防火系统互锁开关被推到运行位。

(2)启动发动机。

①在启动发动机前,确认所有人员远离发动机和打磨小车。

②旋转主电源开关到开位,启动发动机电气系统。确认启动指示灯发光正常,如果灯不亮,那么请参见准备启动的第五步。

③向上拉住启动钮启动发动机,每次启动时间不得超过 30s,否则可能导致启动电机过热,如果第一次启动不成功,至少等 2min 再启动,如果三次启动不成功,应进行发动机手册中的故障诊断,当发动机启动后松开按钮,按钮会回到开的位置。

④如果在冬季,可能需要发动机启动液来帮助启动发动机。在启动发动机时,压下启动液注入器开关,给发动机注入一定量的启动液。不要一直按住开关,防止损坏发动机或启动液元件。

(3)启动发动机后

①在启动发动机后,使用发动机诊断表检查发动机机油压力。如果在 5～10s 内没有油压显示,那么立即停止发动机并检查原因。

②在给发动机施加任何动作前,让发动机在怠速状态下运行 3～5min。在冷天气模式下,适当延长时间。

③点击 Jupiter 计算机启动开关启动 Jupiter 控制系统。

④通过计算机显示或指示器检查如下各项:

a. 主系统空气压力:计算机显示器应显示主压缩空气系统压力为 655～724kPa(95～105PSI)。

b. 制动管气压:双针指示表显示当前的气压,气压会逐渐上升到正常压力 500～510kPa(71～74PSI)。

c. 制动缸气压:双针指示表显示当前的气压,气压会逐渐上升到正常压力 230～260kPa(34～38PSI)。

d. 电压显示:电压显示应指示发动机输出电压为 24～28V。

e. 发动机油压显示:双针指示表显示当前的发动机运行油压,在发动机启动后,油压会逐渐上升到正常的油压范围内。在发动机手册中寻找这个范围。

f. 发动机冷却液温度显示:发动机热机后冷却液温度应逐步上升到正常工作范围 82～93℃。

g. 发动机转速显示:怠速时发动机转速应为 900r/min,完全转速应为 1800r/min。

h. 燃油位显示:燃油位显示表示当前燃油箱的燃油量。

i. 液压油位:液压油位显示液压油箱中的存量。

j. 水箱水位:显示当前水箱水位。

k. 液压油温度:正常液压油温范围是 52～71℃,根据具体条件变化,在油温度上升到 40℃前不要进行高速或高负荷操作,以保证良好润滑效果。

l. 发动机空气过滤器指示器:检查位于发动机间上面空气过滤器附近的指示器①,最大的限制值是 6.23kPa(25 英寸水柱),如果超出这个限制,必须清洁或更换空气过滤器滤芯。

m. 空压机空气过滤器指示器:检查位于液压油箱附近的空气过滤器上的指示器②,指示限制必须位于绿色区域,如果限制在红色区域,那么必须清洁或更换空气过滤器滤芯。

n. 液压滤芯指示器:检查位于液压油箱顶部,液压滤芯上的指示器③,指针必须位于绿色区域,如果在液压油升温后指针仍在红色区域,那么必须更换滤芯,如图 11-90～图 11-92 所示。

图 11-90 发动机空气过滤器指示器

图 11-91 空压机空气过滤器指示器

2. 维护保养

(1)发动机机油油位,如图 11-93 所示。

①启动发动机之前先检查发动机机油油位,并且每运行 10h 检查一次。发动机的机油尺位于发动机的右侧。

②清洁机油尺的周围然后拔出来。机油的油位应该达到油尺上满载的刻度上。

③如果机油过低,清洁加油盖②的周围然后打开。如果发动机运行少于 100h,添加 John Deere 的发动机磨合机油 TY22041 机油到适合的运行油位。

④如果发动机已经运行超过 100h,添加 John Deere Plus-50 发动机机油。不要过量添加,放回机油尺①和加油盖②。可以参阅发动机手册找到适当的机油油位和推荐的机油等级。

图 11-92 液压滤芯指示器

⑤每 200 运行小时或每个月,需要更换发动机油和滤芯,以时间先到的为主。详细看发动机手册的推荐时间表。在发动机关闭后,应该排出机油。在油温比较热的时候排放,这样能排放得比较干净,而且在油里的悬浮颗粒也能和油一起排出。

(2)发动机燃油滤/水分离器,如图 11-94 所示。

①每天启动发动机前或者每运行 10h,检查发动机燃油过滤器/水分离器①沉积盘。燃油过滤器/水分离器①位于发动机的右侧。

②如果发现水或污染物,利用过滤器底部的排水阀②排出。必须用容器接住所有污染物和燃油。不要允许废物随便排到发动机车厢内并因积聚而构成火灾的危险。根据环境条例,处理废物。

(3)发动机燃油系统充压,如图 11-94～图 11-96 所示。

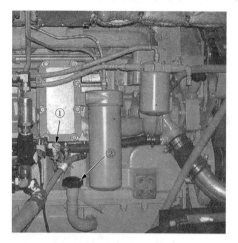

图 11-93　发动机机油油尺和加油盖

图 11-94　油水分离器

图 11-95　燃油滤芯泵开关

图 11-96　二级燃油滤芯

①燃油/水分离器①位于发动机右侧,配有一个电动燃油泵。发生以下情况时必须进行燃油系统充压,否则,发动机不能启动,也可能会损坏发动机的燃油系统:

a. 更换燃油滤芯。

b. 排放并重新添加燃油。

c. 机器用完燃油。

d. 任何一段燃油管松脱。

②注意:使用容器接住溢出的燃油,不要让燃油流到发动机间聚集,否则会带来火灾隐患。

③关闭位于燃油油水分离器①上的燃油泵开关③,打开主电源开关,拉出所有紧急停止按钮到运行位,拉出发动机启动/停止按钮到运行位。

④在油水分离器①旁边的快速接头④上连接导油管(415410 号)。打开燃油泵开关

③启动电动燃油泵,让燃油泵运行一段时间直到排净系统中的空气,并且只有燃油从导油管中流出为止。关闭燃油泵开关③,从快速接头上卸下导油管。

⑤在发动机左侧的二级燃油过滤器⑥上的快速接头⑤上连接导油管,打开燃油泵开关③,启动电动燃油泵,打开阀⑦从二级燃油过滤器中排出空气,让燃油泵运行一段时间,直到排净二级燃油滤芯中的空气,并且只有燃油从导油管中流出为止。关闭燃油泵开关3,关闭阀⑦。

⑥打开燃油泵开关启动电动燃油泵,启动发动机,观察发动机诊断表上的燃油压力读数。看发动机手册,开启发动机推荐的燃油压力。如果需要,重复发动机燃油系统充压步骤,直到显示理想的燃油压力读数或发动机可以启动为止。

(4)发动机空气过滤器

空气过滤器限制指示器,如图 11-97 和图 11-98 所示。

图 11-97　限制指示器

图 11-98　发动机空气过滤器

①每天在启动发动机或每工作 10h 之后,检查发动机空气过滤器限制指示器①。发动机空气过滤器限制指示器①安装在发动机右侧、冷却风扇机架上面。

②在发动机运行时,指示器显示了发动机空气过滤器②的限制位。最高的进气限制为 6.23kPa。如果超出最高限制,空气过滤器元件便需要清洁或更换。

③确认空气过滤器限制指示器①在正确运行并且没有损坏。不正确或不适当操作限制指示器将不会正确显示空气过滤器限制,并且可能引起发动机故障。

空气过滤器的维护,如图 11-98 和图 11-99 所示。

a. 发动机空气过滤器②位于机器发动机的正上方。

b. 松开夹环,从空气过滤器进风口底部拆下集尘杯③。清除灰尘和残渣。清洗集尘杯并重新安装,用夹环扣紧。

c. 清理空气过滤器端盖附近的灰尘,然后拆除端盖。

d. 拿出主滤芯⑤。用不超过 2.06bar(30PSI)的压缩空气从内侧清洁主滤芯,并小心不要破坏主滤芯。清洁后检验主滤芯,检查所有垫圈和密封垫。

e. 清洁空气过滤器罐内的灰尘。检查安全滤芯⑥。不要用压缩空气来清洁安全滤芯。

如果需要，请更换滤芯。

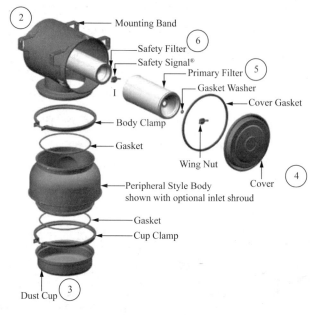

图 11-99　发动机空气过滤器

f. 检查限制指示器，空气过滤器外壳，空气过滤器和发动机进气口之间的喉管、管道、弯管和夹钳。检查有无裂缝、接口松脱或其他的损坏。按需要进行修理或更换。损坏的或松脱的过滤器部件会让未经过滤的空气进入发动机而导致发动机故障。

j. 重新安置好主滤芯⑤并锁紧。重新安装端盖④。

h. 开启发动机，检查发动机空气过滤器限制指示器①，如果限制位超出 6.23kPa（635mm 水柱），需要同时更换主滤芯和安全滤芯。

（5）散热器/液压油冷却装置

散热器冷却液液位见图 11-100 和图 11-101。

图 11-100　冷却液溢流箱

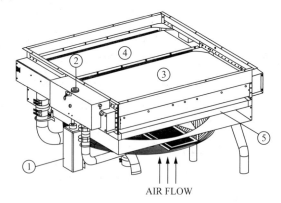
图 11-101　发动机水/气冷凝器和液压散热器

①每天在开启发动机前或每运行 10h，检查发动机冷却液液位。

②检查冷却液溢流箱①内的液位。冷却液溢流箱位于发动机水冷却器（散热器）的侧面，在发动机停止时，冷却液液位应该位于（冷）标记之上。在发动机运行时，冷却液液位应该在（冷）标记和（热）标记之间。如果冷却液液位过低，添加冷却液到正常位。

③检查发动机水冷却器（散热器）内的水位。填充盖安装在机器顶部，拆下填充盖。水位必须保持在低于接管嘴 25mm 之内。如果水位较低，那么添加冷却液到正常的高度。

发动机和液压冷却装置的维护，见图 11-101。发动机的水/空气冷却装置和液压油冷却装置位于机器的顶部。

按照下列的维护时间表清洁发动机的水/空气冷却装置和液压油冷却装置：

a. 每运行 10h：使用高压气管把堆积在散热片上的尘土、碎片等吹掉。注意不要因气压过高而损坏散热片，或者可以从侧面吹风扇叶。气压不要超过 120PSI（8.27bar）。从正常空气流动的反方向清洁冷却装置的中心。

b. 每运行 50h：使用高压的水管把积聚在散热片上的尘土、碎片等冲掉。注意不要因水压过高而损坏散热片，或者可以从侧面给散热片喷水。从正常空气流动的反方向清洁冷却装置的中心。

c. 每运行 2600h：排放发动机散热器和发动机冷却系统的液体并清洗，参见发动机手册。

(二) 液压系统

1. 维护保养

（1）每运行 10h 便需要检查液压油箱液位。检查液压油箱油位应在限度范围以内，油液不足时，使用滤芯精度不低于 10μm 的滤油机通过手动泵或快速接头向液压油箱补充同一厂家相同牌号的液压油。在添加液压油到液压油箱时或需要打开液压油路进行维护、修理、更换管路、组件等时，液压油箱必须先泄压。液压油箱减压阀①位于油箱的侧面，通过向下按住减压阀杆①来降低油箱压力，直到所有的压力被释放为止，然后松开减压阀杆。

（2）检查各液压油路的压力正常，见表 11-6。

液压油路的压力　　　　表 11-6

序号	项目	压力值(MPa)	序号	项目	压力值(MPa)
1	走行系统最高压力	38	6	磨头控制油缸压力	10
2	走行系统切断压力	34.5	7	集尘器系统压力	17
3	走行系统补油压力	2.6	8	散热系统最高压力	16.5
4	磨头马达压力	23	9	消防液压系统压力	13
5	打磨进给油缸最大压力	10	10	应急系统压力	10

（3）各油管及接头泄漏时，应紧固管接头或更换油管及接头。管路的管卡应安装牢固，缺损时补齐。各橡胶软管接、磨部位应进行防护，有损伤、老化、龟裂及磨耗严重时应更换。

（4）液压泵和液压马达应安装牢固，运转时无异常响声。壳体出现裂纹时更换，泄漏时应更换相关密封件。

(5)过滤器的指示表针处于红区(三色显示时为黄区)或报警指示灯亮时,应及时清洗或更换滤芯。

(6)液压控制阀的安装应牢固可靠,阀座与阀密封面无泄漏。控制阀泄漏时更换相关密封件。

(7)压力控制阀压力调节螺栓、锁紧螺母无松动。油泵、马达排量调节螺栓锁紧螺母无松动。压力控制阀的压力调定值发生变化时,应重新进行标定,并拧紧压力调整螺栓的锁定螺母。

(8)液压油散热器应安装牢固,外部清洁,风扇工作正常。散热器泄漏时,焊补修复或更换,温控阀控制液压油冷却功能正常。

2. 液压油取样和测试

(1)液压油取样,见图11-102、图11-103。

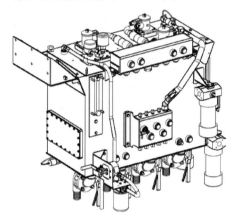 

图11-102 液压油箱　　　　图11-103 液压油取样阀

①液压油取样阀⑧安装在液压箱侧面的排液总管上。应该在运行温度时,提取液压油。

②从取样阀上取下防尘盖,清洁取样阀和取样软管的液压油、油脂、污垢等,然后连接取样软管头到取样阀上。把取样软管的另一头放进取样容器里。

③向外拉取样阀环,打开阀让液压油流进取样容器。当容器中有所期望数量的液压油时,松开取样阀环。把留在取样软管的残留液压油倒进取样容器,密封取样容器。

④从取样阀上断开取样容器软管,清理取样阀和取样容器软管上的液压油。然后清洁防尘盖并重新装回取样阀。

(2)液压油检测。

①把液压油取样容器带到实验室进行测验,测量出样本的微粒数量、润滑性能及含水率等。

②如果液压油取样满足ISO17/14体系规格,那么可以继续使用。

③如果液压油取样结果不满足ISO17/14体系规格,那么此条件不被接受,继续使用该液压油将引起液压元件过早的损坏,所以液压系统的液体需要排净、清洗,并添加新的、干净

的液压油,见表11-7。

液压油检验标准　　　　　　　　　表11-7

检测项目	检测方法	典型值	允许值
黏度 cst（40℃）	ASTM 445	44	40.92～47.08
酸值 TAN（mgKOH/g）	ASTM 664	0.5	<2
清洁度	ASTM 4406	18/17/14	19/18/14
水分	ASTM 1744	0.7%	<1.5%
使用时间		2年	最长不超过3年

(三)空气制动系统

1. 操作要求

(1)本制动机只允许本务驾驶员一人操纵。

(2)本制动机只配备单独制动阀手柄、自动制动阀手柄各一个。

(3)无论是担当本务机还是重联补机,客货车转换阀均置于"货车位"。

(4)自动制动阀可操纵全列车的制动和缓解;而单独制动阀只操纵本车的制动和缓解。

(5)本务驾驶员应熟知制动机性能,并能检修、排除故障,具有实际操纵经验。

2. 注意事项

(1)自动制动阀和单独制动阀均为自动保压式,无中立位,所以在制动或追加减压时,不必像其他型制动机那样,在制动位和中立位之间往复移动。

(2)在运行中,不会发生自然制动现象,因此,不需经常推动单独制动阀手柄至单独缓解。

(3)在运行中,若自动制动阀关压制动后需要单独缓解时,只需把单独制动阀手柄推至单独缓解位,制动缸压力就下降。

(4)在牵引作业时,驾驶员为了使本车制动缸压力小一些,并希望本车制动上闸时间稍晚些,可使用单独制动阀的单缓位,把工作风缸的压力空气排一些到大气中,然后把自动制动阀推向制动区进行制动。

(5)本车运行之前,驾乘人员首先应根据其运行性质,对制动机作适当处理。

①作本务机时:在操纵端,自动制动阀手柄和单独制动阀手柄均应置于运转位,在非操纵端自动制动阀手柄应置于手柄取出位,并取出手柄;单独制动阀手柄置于运转位,也必须取出手柄,以确保安全;无动力装置位于燃油箱侧后端,有标牌指标,此时应处于断开状态。

②作无动力回送时:两操纵端的自动制动阀手柄均置于手柄取出位,单独制动阀手柄均置于运转位,客、货车转换阀均置于"货车位",无动力装置塞门此时应处于开放状态。

(6)担任重联补机时,无动力装置按无火回送的办法处理。

(7)JZ-7型制动机全部采用橡胶膜板、O形密封圈及止回阀等密封结构,并有严格的技术要求。这些零件均不能沾柴油、汽油或其他油类。在清洗阀件或零件后,一定要用压力空气清扫干净。组装时,O形密封圈上要涂一些工业用凡士林作为润滑剂。

3. 维护保养

（1）空气泄压阀，见图 11-104、图 11-105。

①当需要打开空气管路进行维护时，必须对空气系统减压才能修理或更换喉管、部件、压缩机等。

②主气动系统泄压阀①是位于机车左侧的总风缸下面。打开泄压阀（手与阀体平行）直到排空为止，关闭泄压阀（手柄与阀体垂直）给总风缸加压。

③空气制动系统泄压阀位于车子左后侧的制动汽缸下面。拉住铁环可以放风，直到所有的空气排空为止，然后松开铁环。

图 11-104 主空气泄流阀

图 11-105 空气制动泄流阀

（2）空气干燥器和旁通阀，见图 11-106、图 11-107 及细节图 A、B。

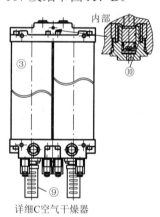

详细C空气干燥器

图 11-106 空气干燥器

①空气干燥器③位于车右侧集尘器附近。用对空气干燥器双塔的干燥与再生动作是否正常进行日常检查。

②定期检查干燥器和过滤器的密封性、紧固件及布管的泄漏情况。同时检查是否定期排泄，确认进气过滤器排污正常（无堵塞等），通过观察排气消音器⑨的排泄声，确认干燥器两干燥塔每 2min 进行干燥与再生转换。

③在需要时或每 2 年更换干燥器里的干燥剂和电磁阀,同时对控制气路滤芯⑩进行清洗。

④旁通阀④位于车右侧集尘器的前面,它用于引导气流通过或绕过干燥器。正常操作时,旋转旁通阀到正常位,这样气流可以通过干燥器。如果空气干燥器不能工作,旋转阀手柄到旁通位,让气流绕过干燥器。

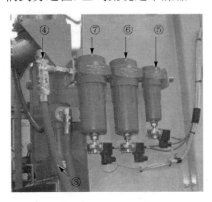 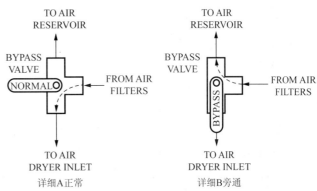

图 11-107　旁通阀和空气滤芯

(3)空气滤芯和水分离器,见图 11-107 和细节图 C。

下面的空气滤芯和水分离器位于车辆的右侧,在空气干燥器的上方或干燥器的后侧。标记有星号(*)的空气滤芯是自排放的,手动排放滤芯不会每天或每运行 10h 自动排放。松开滤芯底部的排放堵头可以手动排放,当所有的污物排放掉以后,重新拧紧堵头。至少每年要更换一次空气滤芯。

(4)空气压缩机过滤器,见图 11-108。

①每天在启动发动机或每运行 10h 前,按住位于空气过滤器①上的灰尘卸载阀,排出聚集的灰尘,这个操作必须在空压机不运行或者空气过滤器元件没有吸入灰尘时完成。空气过滤器①位于车辆左侧的液压油箱附近。

②每天在启动发动机或每运行 10h 后,检查安装在空气过滤器②上的空压机空气过滤器限制指示器。

图 11-108　空压机空气过滤器

③在空压机运行时,指示器①显示空压机空气过滤器的限制位。当空压机空气滤芯不受限制时,指示器会显示绿色。当空压机空气滤芯限制时,指示器会显示红色。表示空气过滤器还没有达到限制标准。如果指示器显示在红色区域,必须清洁主过滤器滤芯或同时更换主滤芯和安全滤芯。

④确定空气过滤器限制指示器①工作正常,没有损坏。错误的操作限制指示器将不会显示正确的空气滤芯限制,并且可能导致空压机故障。

(5)空气过滤器的维护,见图 11-109。

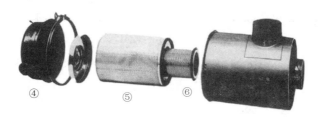

图 11-109　空压机空气过滤器

①清洁过滤器盖子4周围的灰尘,并打开盖子,拆下主滤芯⑤,用压缩空气从内侧清洁滤芯,注意压缩空气的压力不要超过 2.06bar(30PSI),以免损坏滤芯。在清洁过后,检验滤芯,检查所有的垫圈和密封圈。

②从空气过滤器罐的里侧清洁灰尘。检查安全滤芯⑥,不要用压缩空气清洁安全滤芯。

③检查限制指示器,过滤器外壳,连接过滤器和压缩机进气口的软管、管路、弯管和管卡。检查有无破裂、松动接头或者其他的损坏部位。按需要修理或更换。损坏的或松动的过滤器组件会导致没有经过过滤的空气进入压缩机,造成压缩机故障。

④重新装回主滤芯⑤和端盖④并锁紧,点击限制指示器①上面的重置按钮。

⑤启动发动机,让空压机给空气系统完全充压。

⑥检查空压机过滤器限制指示器①,如果指示器在红色区域,同时更换主滤芯和安全滤芯。

(6)空压机

①空压机冷却液液位,见图 11-110。

图 11-110　空气压缩机系统

a. 每天或每运行 10h,在空压机运行并加载的情况下,检查空气压缩机冷却液液位。冷却液液位观察窗①是否位于分离器②上。冷却液必须到达观察窗的底部。

b. 如果冷却液液位低,停止发动机机并为空气系统减压,打开排气阀。清洁添加塞③的周围,然后松动添加塞转动一圈,释放分离器内的压力,待所有空气释放干净后,拆下添加塞。

c. 添加冷却液(英格索兰 38459582 号),直到加到螺纹的底部,重新盖上添加塞。

d. 启动发动机，重新在空气压缩机运行和加载的情况下，检查观察窗内的冷却液液位。

e. 如果冷却液位不在观察窗的底部，那么重复第 b～d 步，直到冷却液液位到达观察窗底部。

② 空压机的维护，见图 11-110、图 11-111。

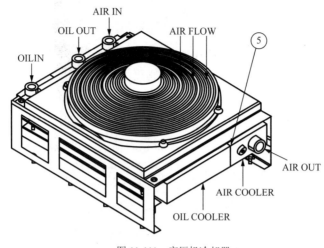

图 11-111　空压机冷却器

a. 每运行 300h 需要更换冷却液、过滤器和脱水器。在发动机关闭后应该马上排放冷却液。当冷却液较热的时候，排液会更加彻底，并且悬浮在冷却液内的颗粒也会随着冷却液一起流出。

b. 清洁分离器上的排液口周围。把排液管（3403151 号）的末端放置在一个适合的容器来盛放冷却液。把提供的排液管连接到排液口上，当排液管连接到排液口时，在排液口处的阀会打开排出冷却液。让冷却液从脱水器中全部排出，卸下排液管并存放在稳妥的地方。当软管从排液口处卸下时，排液口出的阀会关闭。清洁排液端口的周围并带好堵头。正确地处理使用过的冷却液。

c. 空压机空气/油集成散热器位于发动机间的上面，使用合适类型和尺寸的容器来盛放冷却液，从散热器有油的一侧取下排液塞，让油完全排出冷却器。装回六角插塞。正确处理使用过的冷却液。

d. 无论何时更换冷却液都必须更换冷却液滤芯。在滤芯下放置一个盆，逆时针转动滤芯可以拆下。正确处理旧滤芯和旧的冷却液。在新的滤芯上填充少量的润滑油并重新安装。在滤芯与壳体充分连接时，再转 3/4～1/2 圈即可。

e. 无论何时更换冷却液油和冷却液滤芯，都需要更换分离器滤芯。断开冷却液分离器顶部的排气管接头、进气阀控制管、扫气管。拆下分离器端盖上的螺栓和端盖。拆下分离器滤芯，清洁分离器箱体内的灰尘和垫圈残留物。

f. 安装一个新的滤芯，确认箱体的上表面与凸缘完全接合。重新安装端盖，用 109N·m（80ft·lb）的扭矩扭紧螺栓。重新连接排气管接头、进气阀控制管、扫气管。

g. 注意当更换时冷却液分离器,冷却液滤芯和油冷却器需要大量的冷却液。清洁添加塞的周围并拆下添加塞。重新为脱水器添加冷却液(英格索兰 38459582 号)直到冷却液添加口螺栓的底部为止,重新安装添加塞。

h. 松开空气压缩机吸气阀弯管上的管卡,取下弯管。在启动发动机前,压下进气阀柱塞并充注约 0.5L 冷却液来预润滑压缩机。重新装上进气阀的弯管并扭紧管卡,把弯管固定到吸入阀上。

i. 启动发动机,让空气压缩机运转约 1min,停机。

j. 打开排气阀为空气系统排气,清洁添加塞的周围,然后松开一圈来释放分离器内的压力,所有压力释放完后,拆下添加塞。

k. 重新给分离器添加冷却液油,直到添加到冷却液加油口螺纹的底部为止。

l. 重新启动发动机,在空气压缩机运行和加载的情况下,检查观察窗空压机冷却液液位。冷却液位观察窗位于分离器的侧面。冷却液液位在检查窗的一半处,如果冷却液位没有达到观察窗的一半或者在观察窗之下,关闭发动机。

m. 重复 j～l 步,直到冷却液位保持在检查窗的一半位置。

n. 如果系统中冷却液位保持在适合的位置,让空压机为系统完全充压。在进一步使用打磨车之前,检查系统有无泄漏,如有则进行修复。

③回气单向阀的维护,见图 11-111、图 11-112。

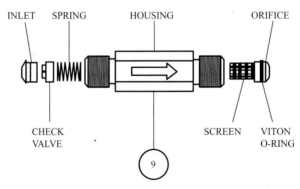

图 11-112 回气单向阀

a. 每运行 1000h,清洗和检查位于分离器箱顶部的回气单向阀,更换损坏或磨损的组件。

b. 断开每个单向阀接头的管路连接。

c. 用合适的工具从壳体的一端拆下筛网和孔口部分,从另一端进气口处检查阀和弹簧。注意不要损坏扩口或 O 形圈,用安全的溶剂清洗组件并吹干。如果需要,清洁孔口部分。

d. 将筛网和孔口部分装回壳体,参照壳体上箭头指示方向,筛网在孔口的逆流一边。从壳体的另一头安装弹簧、单向阀、孔口,重新把单向阀装回管线。

(7)空压机冷却器

空压机冷却器维护,空压机散热器位于发动机上面,应该根据下述的维护周期表清洁散热器:

①每运行10h,用高压气管吹掉散热器叶片上堆积的灰尘、碎片等。注意不要用过高的气压损坏散热片或者可以从侧面吹散热片,气压不要超过120PSI（8.27bar）。在空气正常流动的反方向清洁散热器的核心。

②每运行50h,使用高压的水管把堆积的尘土、碎片等冲掉。注意不要因水压过高而损坏散热片或者可以从侧面给散热片喷水。在空气正常流动的反方向清洁冷却器的核心。

第十二章　钢轨探伤

> **岗位应知应会**
>
> 1. 了解钢轨探伤作业过程中所涉及的设备简介及所需工器具,并且能够正确使用。
> 2. 熟练掌握钢轨常规(母材)探伤和钢轨焊缝超声波探伤作业出波规律、伤损标准及各项标准化作业程序里的技术标准。
>
> **重难点**
>
> 重点:钢轨常规(母材)探伤作业出波规律。
> 难点:钢轨常规(母材)探伤和钢轨焊缝超声波探伤作业伤损判断。

第一节　钢轨探伤基本知识

一、超声波探伤基础

超声波探伤是依据定向辐射超声波束在缺陷界面上产生反射或使透过声能下降等原理,通过测量回波信息和透过声波强度变化来指示伤损的一种方法。

(一)超声波一般知识

人们日常所听到的各种声音,是由于各种声源的振动通过空气等弹性介质传播到耳膜引起的耳膜振动,牵动听觉神经,产生听觉。声源的振动有快有慢,通常用每秒内的振动次数即"频率"来衡量,单位为"赫兹"(符号为Hz),我们把频率高于20kHz的机械波称为超声波(用于探伤的超声波频率范围为0.2~25MHz,其中最常用的频段为0.5~10MHz)。

(二)超声波的产生

超声波属于机械波的一种,产生机械波需要两个必要条件:一是要有作机械振动的振源;二是要有能传递机械振动的弹性介质。 探伤作业中,超声探头就是产生超声波的振源,在超声波探伤中应用最广的是利用某些压电材料(石英、锆钛酸铅等)的压电效应,来实现超声波的发生和接收。

(三)超声波的类型

超声波的分类方法很多,下面主要介绍按质点的振动方向分类的波型:**根据波动传播时介质质点的振动方向与波的传播方向不同,可将超声波分为纵波(压缩波)、横波(剪切波)**,见表 12-1。

几种波的比较　　　　　　　　　　　　表 12-1

波的类型	简　图	质点振动特点	传播介质	应　用
纵波 L	(质点振动方向／波的传播方向)	介质质点振动方向平行于波的传播方向	固体、液体和气体	钢板、锻件探伤等
横波 S	(质点振动方向／波的传播方向)	介质质点振动方向垂直于波的传播方向	固体	焊缝、钢管探伤等

二、超声设备简介

(一)钢轨超声波探伤仪简介

目前钢轨超声波探伤仪型号不一,本次主要介绍由邢台先锋超声电子有限公司所生产的 GCT-8C 钢轨探伤仪(图 12-1),该仪器主要用于钢轨母材部分探伤。GCT-8C 钢轨探伤

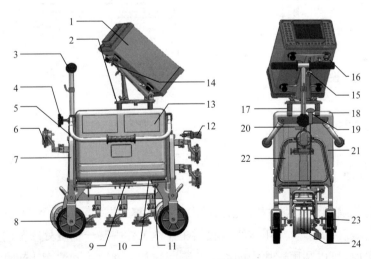

图 12-1 GCT-8C 结构示意图

1-主机;2-主机旋转紧固丝;3-推手;4-推手紧固丝;5-抬手;6-探头及探头架;7-翻板;8-橡胶轮(陆地行走);9-水阀;10-快速放水口;11-翻板挂钩;12-水刷;13-工具箱;14-主机防退螺丝;15-俯仰紧固螺丝;16-仪器底脚;17-减振器;18-注水口;19-提升按钮;20-翻板销;21-水箱;22-水位管;23-编码器;24-尼龙轮

仪是手推车式数字钢轨超声波探伤仪，仪器执行《钢轨超声波探伤仪》（TB/T 2340—2012）。适于探测 43～75kg/m 钢轨母材中存在的各种缺陷。该仪器具有一个主机、超声波探头及盛耦合剂的水箱，以上三部分安装到探伤手推车上。

（二）钢轨焊缝超声波探伤仪简介

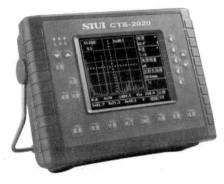

图 12-2 仪器图片

钢轨焊缝超声波探伤仪一般使用的是通用超声探伤仪。如图 12-2 所示意的是汕头超声仪器研究所生产的 CTS-2020，主要用于钢轨焊缝接头部位探伤。

（三）超声波探头

超声波探头是进行超声波探伤不可缺少的器件之一，它承担发射和接收超声波的任务，实现声能与电能的相互转换，故又称换能器。压电换能探头一般由压电晶片、阻尼块、接头、电缆线、保护膜和外壳组成。斜探头中通常还有一个使晶片与入射面成一定角度的斜楔块。如图 12-3 所示为探头的基本结构。

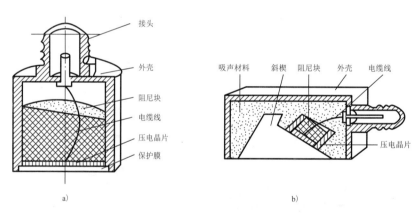

图 12-3 探头的基本结构

（四）探伤试块

用于鉴定超声检测系统特性和探伤灵敏度的样件称为试块。在钢轨探伤中为了确定符合探伤要求的灵敏度，就需要使用试块。我们在评价工件中某一深度处缺陷的大小，对被检工件评级或判废时，可以利用试块中的人工缺陷回波与工件缺陷回波相比较，以此来判断工件内缺陷大小，这种方法称为当量法。

试块根据检定部门和使用环境可以分为标准试块、对比试块和专用试块三类。

第二节 钢轨常规(母材)探伤

一、70°探头的探伤

70°探头采用横波在钢轨轨头内进行反射式探伤,主要探测轨头核伤和钢轨焊缝轨头的夹渣、气孔和裂纹等。

(一)偏角扫查

为了一次性检查较大范围轨头内、外侧伤损,采用70°探头置轨面与钢轨纵向呈一定的偏角扫查,使入射钢轨中的横波经轨颚反射来扩大扫查范围。

1. 一次波

探头发射的超声波在未被轨头下颚反射之前,由伤损或轨端断面反射的回波,如图12-4所示声束0～1段。

2. 二次波

超声波经轨头下颚反射后,尚未被轨顶面反射之前,由伤损或轨端断面反射的回波,如图12-4所示声束1～2段。

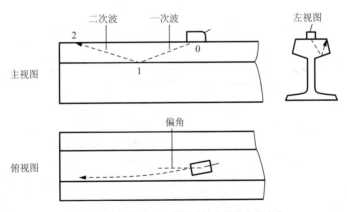

图12-4 偏斜放置70°探头声波在轨头内的走向

(二)无偏角扫查

为了有效检测轨头中心区域的横向裂纹,采用70°探头置轨面中心,声束方向与钢轨纵向平行,入射钢轨中的声波由轨面向轨头三角区传播(图12-5),有利于发现钢轨轨头中心区域横向裂纹。

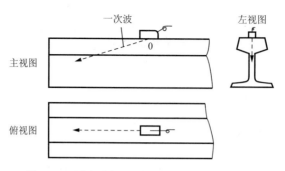

图 12-5　无偏角放置 70°探头声波在轨头内的走向

(三) 轨端回波显示

1. A 型显示的偏角扫查

当 70°探头入射点距轨端(60kg/m 轨)216mm 左右(图 12-6a),荧光屏刻度 9.2 左右(仪器标定为横波声程 1∶2.5),将显示轨端顶角反射波;随着探头向轨端移动,由位置 0 移至位置 1,回波由刻度 9.2 向 5.0 移动(图 12-6b),这时二次波由轨端顶角向轨颚方向移动,同时,在荧光屏刻度 4.8 处显示轨颚底角波(图 12-6c),探头位置距端轨 108mm 左右,继续前移,二次回波波幅下降,一次回波波幅上升(图 12-6d),并随着探头从位置 1 移向位置 2,一次回波由刻度 4.6 向 1.0 处移动(图 12-6e)。

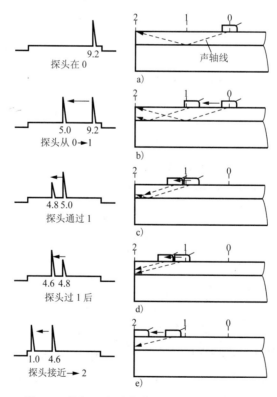

图 12-6　偏角 70°探头轨头端面回波 A 型显示过程

已知：60 kg/m 轨，轨颚面中心距轨顶面约为 39.5mm，折射角 70°，标定比例为 1∶2.5，二次波：$F=(39.5 \div \cos70°) \times 2 \div 25 = 9.24$。

（1）上述是 70°探头发射方向和探头移动方向相同的显示过程，由于钢轨探伤仪上还装有向后发射的 70°探头，即探头移动方向与发射方向相反，因此，该探头轨端断面回波显示正好与上述过程相反，回波从刻度值小向刻度值大的方向移动，先显示一次回波，再显示二次回波。

（2）钢轨探伤仪为提高二次波探伤灵敏度，接 70°探头的通道，接收放大电路中采取远距离补偿方式，加上二次波是经轨颚反射，受声束扩散、轨头侧面和顶面的影响，二次波在轨头内的反射较复杂，呈多支波交替显示现象；另外，为防止近区杂波而产生频繁报警，在接收电路中又采取近区抑制方式，使一次回波移不到 0 刻度。这些均属于正常现象，切勿为追求一次回波位移到 0 刻度或二次回波单支波显示，而采取提高或降低探伤灵敏度，这样不利于钢轨探伤。

2. A 型显示的无偏角扫查

当无偏角 70°探头入射点距轨端（60kg/m 轨）140mm 左右（图 12-7a），荧光屏刻度 10.0（仪器标定为横波声程 1∶1.5），显示轨端反射波；随着探头向轨端移动，探头距轨端距离越来越小，回波由刻度大向刻度小移动（图 12-7b），它的显示特点与偏角 70°探头端面回波显示不同，只有一次波，无二次波。

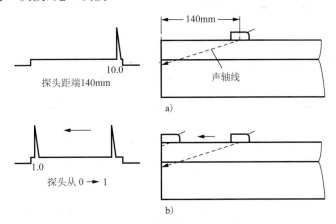

图 12-7 直 70°探头轨头端面回波 A 型显示过程

3. B 型显示

B 型显示与 A 型显示不同，某处反射回波，在屏幕上只以一个点表示回波的空间位置。当 70°探头入射点距轨端（60kg/m 轨）216mm 左右，荧光屏轨颚线下开始出现回波反射点（图 12-8a），由于二次回波反射，声程大于一次波，折算出的深度大于轨颚厚度，因此显示回波的"点"出现在轨颚线下部；随着探头向轨端移动，探头由位置 0 接近位置 1，回波声程越来越小，B 型显示回波点向上延伸接近轨颚线（图 12-8b）；探头移过位置 1 时，回波显示图会出现继续向上延伸和在轨颚线上同时出现回波显示点，这是一、二次波交替中出现的现象

(图12-8c);当探头由位置1移至位置2(轨端),回波显示点由轨颚线向上延伸接近轨面线(图12-8d、e)。

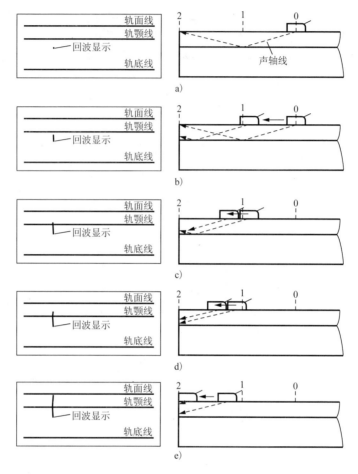

图12-8 70°探头轨头端面回波B型显示过程

(四)声束覆盖范围

了解和掌握声束覆盖范围,对实际探伤中波形分析有很大帮助。**目前,钢轨探伤仪的探伤工艺一般都采用70°探头在轨面偏角和无偏角两种扫查方式,偏角扫查是利用轨颚反射作用,扩展扫查范围;无偏角扫查是为弥补偏角扫查未检测的区域。**

1. 偏角扫查声束覆盖范围

(1)一次波声束覆盖范围约占轨头总面积的20%(图12-9a),实际扫查面积大小与探头偏角、位置和探伤灵敏度等有关。

(2)二次波声束覆盖范围约占轨头总面积的45%(图12-9b)。

(3)同时用两个70°探头,一个检查轨头内侧,另一个检查轨头外侧,由于探头偏角的因素,在轨头中下部仍存在一个"盲区"(图12-9c)。

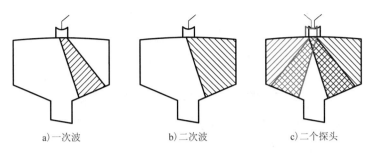

图 11-9　偏角 70°探头声束覆盖范围示意图

2. 无偏角扫查声束覆盖范围

根据晶片宽度和声束扩散特性，无偏角 70°探头的声束覆盖范围约为轨头总面积的 20%（图 12-10），从图中可知对，主要探测轨头中部。

根据两个偏角 70°探头声束覆盖范围（图 12-11a），再增加一个无偏角 70°探头探测，三个 70°探头同时使用，声束可覆盖整个轨头范围，满足轨头全面扫查的目的（图 12-11b）。

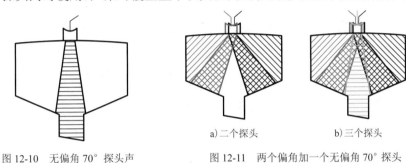

图 12-10　无偏角 70°探头声束覆盖范围示意图

图 12-11　两个偏角加一个无偏角 70°探头声束覆盖范围示意图

（五）探伤注意事项

1. 重视现场探伤灵敏度调节和修正

上道检测前做好现场探伤灵敏度调节，无杂波的情况下，尽可能提高探伤灵敏度，确保轨头小核伤及时发现；当轨面、轨颚锈损严重时，及时提高增益，保证钢轨不良地段轨头核伤及时检出。

2. 防止接头 1m 区域核伤的漏检

（1）钢轨接缝二端各 1m 区域是核伤的多发处，应加强该区域核伤检查。

（2）仪器进入这一区域，正好 37°探头射及螺孔或导线孔（图 12-12），螺孔反射回波引起的报警干扰了核伤回波的报警。

（3）进入接头区域探伤人员的注意力都集中在三、四通道，观察螺孔裂纹回波的显示，忽视了一、二通道的显示和报警，很容易导致核伤的漏检。使用 B 型显示钢轨探伤仪时，伤损图形在荧光屏上的显示时间较长，该问题容易避免发生，但仍需慢走细看，认真分析仪器显示的回波图形。

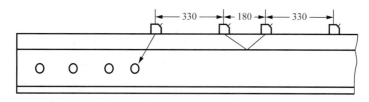

图 12-12　接头区域核伤探测的干扰(尺寸单位:mm)

3. 根据核伤存在规律综合判伤

在探伤中每个探伤人员应注意伤损规律的分析,根据伤损存在的部位和趋向,合理设置探头声束发射方向和组合排列形式,采取多种方式检查判断。对于焊补层下的核伤检测,因核源多数在焊补层下方最深点,由残余裂纹发展形成,应注意 70°探头的二次波探伤,同时结合 0°探头检查焊补层有否脱离。大运量区段曲线上股的鱼鳞伤,其特征是存在纵、横两个面的倾斜(图 12-13),在复线区段仪器迎着列车方向推行时,应设置一个朝后向内发射的 70°探头,有利于对鱼鳞破损引起核伤的探测。

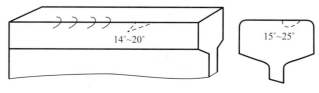

图 12-13　鱼鳞伤特征

4. 重视倾斜性核伤的检测

从大量探伤资料显示,双线区段由于列车单向运行,钢轨头部核伤常带有一定倾斜特点(图 12-14),为防止这类核伤漏检,应采用多个 70°探头,以多个不同发射方向检测轨头;若使用 2 个 70°探头检测时,应采用发射方向定期调换方式,通过调换 70°探头方向,使声束方向与核伤反射面正交,以保证对不同倾斜核伤的检查。

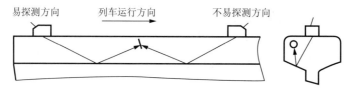

图 12-14　倾斜核伤的探测

5. 注意探头位置和偏角的检查

对于同样大小的核伤,探头的偏角与报警长度有直接关系,偏角过大会影响核伤的检测,因此,要重视探头位置和偏角的检查,发现探头位置不当应及时调整,探头偏角不准及时进行整修探头架。尤其是检查小半径曲线地段,应根据钢轨磨耗程度及时调整探头,使探头处于正确位置上,保证声束扫查预定区域。

6. 重视薄弱处所的检查和校对

应注意小腰内侧、曲线上股、坡道变坡点和道岔基本轨竖切部位的检查,由于尖轨高于曲基本轨,探伤时应擦去油污,正反相各查一遍,入冬前应进行仪器的校对检查,同时不能忽视擦伤、剥离、焊补层下核伤的检查和校对。

二、37°探头探伤

37°探头(以往按入射角的大小称之为30°探头)属反射式探伤,其发射的超声波从轨头以折射角37°方向传播到轨底(图12-15),主要探测轨腰投影范围的螺孔裂纹、斜裂纹和特殊部位水平裂纹,以及轨底横向裂纹。

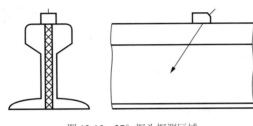

图12-15　37°探头探测区域

(一)正常钢轨内回波显示

掌握好37°探头探伤方法,必须了解正常情况下钢轨内的回波显示规律,在熟知各种回波与探头位置对应关系的基础上,才能识别异常回波或裂纹回波。钢轨接头第一螺孔裂纹是探测的重点和难点,掌握37°探头在钢轨接头的波形显示,以及一孔裂纹探测的方法和要领是本节学习的重点。

1. 螺孔回波

37°探头探伤扫查中距离螺孔中心73mm左右,A型显示的荧光屏刻度4.2左右出现螺孔回波,前37°探头(朝仪器推行前方发射的探头)螺孔回波由刻度大向刻度小的方向移动(图12-16),后37°探头螺孔回波由刻度小向刻度大的方向移动,由于两个探头声束方向不同,螺孔波显示移动过程正好相反;B型显示在轨颚线下方显示与螺孔回波深度相对应的两条斜线。

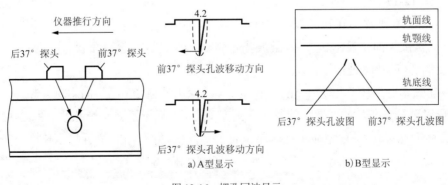

图12-16　螺孔回波显示

2. 第一螺孔至轨端部回波

37°探头探测钢轨接头第一孔至轨端间,因钢轨类型、螺孔位置和轨面状的影响,以及钢轨端面、顶角、颚部、腰部等反射作用,会产生很多固有回波,容易与第一螺孔裂纹或轨端裂纹混淆。现以前37°探头探测60kg/m轨接头回波的显示规律为例(仪器按声程1∶2.5调节),说明各种回波规律。后37°探头回波规律与前37°探头相反。

(1)37°探头探测遇到第一螺孔时,A型显示的荧光屏对应基线刻度4.2左右显示完整的第一螺孔回波(图12-17探头位置1);B型显示在轨颚线下显示一斜线图。

(2)探头入射点移至距轨端约100mm处,A型显示的荧光屏刻度6.5左右,有时会显示轨头顶角波(图12-17探头位置2),该回波是由轨颚和轨面多次反射至端角上产生的回波,由于43kg/m、60kg/m轨下颚的斜度大,反射波的途径有所改变,因此,显示回波有一定差异;B型显示在轨颚线下靠近轨端位置(图12-17中虚线),会显示一长度较短的斜线,这是仪器根据回波时间换算得出。

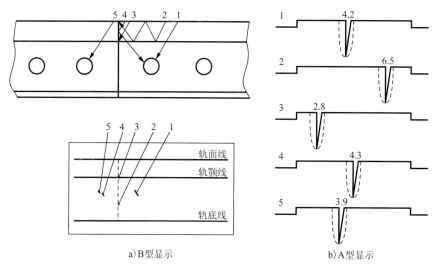

图12-17 第一螺孔至轨端回波显示

(3)探头入射点移至轨端约40mm时,A型显示的荧光屏刻度2.8左右显示轨端颚部反射波(图12-17探头位置3),它是由轨端面与轨颚面形成的端角,37°探头扩散声束在端角上的反射;B型显示在轨颚线上,靠近轨端位置显示一长度较短的斜线。正常探测条件下,每个钢轨接头都会显示轨颚波,且波幅较强,如果无显示,除轨面状态不良外,一般为探伤灵敏度偏低,应及时进行修正。

(4)探头入射点移至距轨端5mm左右(一般探头外壳1/3已移出本轨),超声波经过轨端端面反射至第一孔,A型显示的荧光屏刻度4.3左右显示不完整螺孔波(图12-17探头位置4),又称倒打螺孔波;B型显示在轨端位置的另一侧,螺孔图的位置显示长度小于正常螺孔图。该螺孔波与正常螺孔波不同,是受一孔至轨端距离、轨端反射面平整度、轨端顶面等的影响。

(5)当探头入射点刚过轨缝进入另一根轨面时,A 型显示的荧光屏刻度约 3.9 显示半个螺孔波(图 12-17 探头位置 5),它和倒打螺孔波一样都属于不完整螺孔波,都是受一孔至轨端的距离影响,不能满足一个完整螺孔波显示的探测距离,只能显示螺孔波一部分;B 型显示在轨端位置的另一侧,螺孔图的位置显示高于倒打螺孔波。当遇有高低接头、压塌或是擦伤(掉块)接头时,轨缝两端的不完整螺孔波很难显示,若使用了螺孔反报警门,则一孔向二孔向上裂纹不会产生报警,A 型显示容易导致漏检,因而需要加以重视,但 B 型显示从空间位置上可以很容易识别出裂纹图形。

(二)探测螺孔裂纹范围

1. 第二、三螺孔

将螺孔划成 4 个象限,各象限都有可能产生螺孔裂纹(图 12-18)。按其声束方向,前 37°将探头能发现 Ⅱ、Ⅳ 象限的斜裂纹及 Ⅰ、Ⅳ 象限的水平裂纹;后 37°探头能发现 Ⅰ、Ⅲ 象限斜裂纹及 Ⅱ、Ⅲ 象限的水平裂纹。从图中可知,通过两个探头两个方向的探测,能基本解决第二、三螺孔各个方向裂纹的检出。

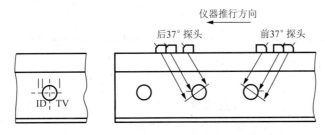

图 12-18 第二、三螺孔前后 37°探头探测范围

2. 第一螺孔和轨端

在钢轨端面、轨面状态和螺孔位置正常的情况下,由于钢轨端面对超声波的反射作用,前后 37°探头探测范围与在第二、三螺孔上有所不同。前 37°探头能探本侧第 1 螺孔除 1 象限以外裂纹、轨端上的裂纹和迎端轨第 1 螺孔 2 象限裂纹(图 11-19),而后 37°探头探测范围刚好弥补前 37°探头的不足。

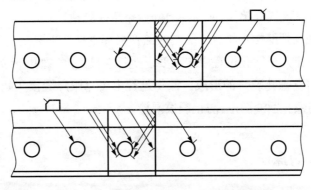

图 12-19 第一螺孔和轨端前后 37°探头探测范围

以上所说的斜裂纹,对37°探头来讲是有一定范围限制,裂纹倾角过大或过小,都有可能无回波显示而造成漏检,因裂纹倾角过大或过小后,裂纹反射波无法被探头接收所致。

(三)探伤注意事项

(1)重视现场探伤灵敏度调节和修正。上道检测前做好37°探头现场探伤灵敏度的调节,使用正常接头螺孔进行调节,在孔波最强、波高80%的前提下,增益14dB以上,增益量越多越有利于较短螺孔裂纹的发现;当轨面锈损严重时,应及时修正探伤灵敏度,保证钢轨不良地段螺孔裂纹检出。

(2)注意异常波形的分析。遇仪器显示螺孔裂纹回波,拆检未见裂纹,有可能是螺孔周边的毛刺、黄油、钢轨生产标记引起,若排除上述因素,可作成记录,以便探伤人员观察波形变化。

(3)注意钢轨接头检查的"三看":一看接头状态,是否出现翻浆冒泥、空吊板、高低、打塌、擦伤、掉块和塌碴接头,因这些病害造成接头列车冲击力加大,裂纹发生概率上升,探伤时应加大水量,确保探头与轨面耦合;二看波形显示,注意对各种回波位移大小、波幅强弱的观察,认真分析,从中发现异常回波显示,并做出准确判断;三看探头位置,根据接头区域各种回波与探头位置的对应关系,对异常回波进行判别,防止轨颚波与轨颚裂纹波、轨腰裂纹与螺孔波的混淆而发生漏检。

(4)注意道岔群钢轨接头的检查。岔后引轨接头是螺孔裂纹的高发部位,应通过双人复查、探头位置调整等方法来提高检查质量;加强对基本轨轨撑螺孔、尖轨活接头螺孔和顶铁螺孔的探测,必须慢走细看听警报,防止前后37°探头干扰,而产生螺孔裂纹漏检。

(5)注意绝缘接头螺孔的检查。绝缘接头的尼龙片明显高于轨面,使第一螺孔至轨端间检查困难;绝缘衬垫加大了对螺孔周边的挤压,容易产生螺孔裂纹。探伤时应注意探头的耦合,掌握伤损发生规律,一般单线区段螺孔裂纹多数发生在第一孔。

(6)注意迎端轨一孔裂纹的检查。复线区段,由于列车单向运行,迎端轨一孔裂纹多。

(7)注意薄弱地段、异常螺孔的检查。隧道、道口、灰坑、水沟地段是螺孔裂纹多发区域,要注意变形螺孔和螺孔裂纹回波的鉴别;有缝线路大修换轨和工程施工区段,要注意氧乙炔气割和烧孔的检查,发现气割螺孔,应立即通知养路工区更换。

(8)注意钻孔加固焊缝接头检查。无缝线路伤损焊缝接头采取钻孔后,提高焊缝再役安全性,但由于部分作业人员钻孔过程中未按要求执行倒棱工序,螺孔周边遗留的毛刺会形成应力集中点,容易引发螺孔裂纹的形成。探伤过程中要克服焊缝接头螺孔受力小的麻痹思想,认真分析仪器的螺孔回波图形,防止裂纹漏检。

三、0°探头的探伤

0°探头放置钢轨顶面中心,发射声束从轨面至轨底,能探测的区域为轨腰投影范围内。

它具有穿透和反射两种探伤功能：穿透式探伤时，由一个晶片发射的纵波从轨头经轨腰到轨底，被轨底面反射后，由另一个晶片接收，为使轨底波不报警，仪器均用反报警小方门罩住轨底波（图12-20），如果钢轨内有纵向裂纹和斜裂纹，超声波在传播过程中改变方向，使探头接收不到轨底反射波而产生失底波报警现象；反射式探伤时，当遇有水平裂纹，超声波在裂纹面上反射并被探头接收，荧光屏上显示回波并产生报警。根据水平裂纹距轨面的深度，在基线上显示水平裂纹回波。所以，0°探头能探测轨头至轨底间的水平、纵向和斜裂纹功能。

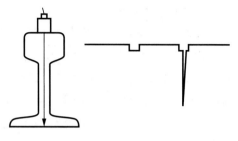

图12-20　0°探头正常显示

从理论上说，0°探头穿透探伤对轨腰投影范围内任何取向和性质的缺陷，只要对超声波传播有阻碍都能被检出，但实际探伤中，由于外界原因和探伤方法的影响，对纵向投影长度较小的缺陷检出有一定难度。

（一）正常钢轨内回波

钢轨轨腰投影范围内无裂纹时，探头发射的超声波在轨底上产生反射，A型显示的荧光屏对应基线刻度（声程1∶2.5）为：50kg/m轨6.0左右、60kg/m轨7.0左右。当探头检测有螺孔部位，则螺孔波和轨底波会发生交替显示过程（图12-21）：a 轨底波→b 轨底波和螺孔波→c 螺孔波→d 螺孔波和轨底波→e 轨底波。B型显示在轨颚线下方呈两端稍倾的水平线——"孔波图"，该线位置与螺孔顶面在钢轨高度上的位置相对应，并在孔波图下方的轨底线上显示一条失波线（有些钢轨探伤仪无轨底波时，以轨底线呈断开方式显示）。

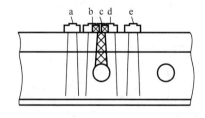 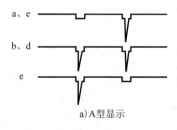 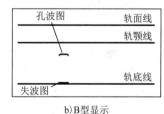

a) A型显示　　　b) B型显示

图12-21　探头移过螺孔时显示过程

（二）探伤注意事项

1. 注意探伤灵敏度调节

0°探头具有穿透和反射式探伤功能，按探伤灵敏度要求，两者调节方式正好相反，穿透探伤增益数越大，探伤灵敏度越低；反射式探伤增益数越大，探伤灵敏度越高。因此，确定探伤灵敏度时，应兼顾穿透和反射两种探测方法的需要。利用钢轨底面回波调节现场探伤灵敏度，底波高80%的前提下，增益8～10dB，新铺钢轨地段，为提高穿透式探伤灵敏度，宜选择较低的增益量,有利于钢轨纵向裂纹发现;老杂轨地段,为提高反射式探伤灵敏度,宜选择较高的增益量,有利于钢轨螺孔裂纹的发现。

2. 注意小方门使用

在使用 A 型显示的钢轨探伤仪为避免螺孔水平裂纹或靠近轨底的水平裂纹进入小方门而造成不报警,应将螺孔波的后沿与第一个小方门后沿对齐(图 12-22a);底波的前沿与第二个小方门的前沿对齐(图 12-22b)。同时,尽可能将小方门宽度调小,以减小螺孔反报警门产生的盲区宽度。由于使用螺孔反报警门后,当轨腰水平裂纹与螺孔顶面高度相当时,裂纹回波显示在小方门内(图 12-22c),轨底波消失后是不会产生报警,因此,在检查中应注意回波观察,防止水平裂纹的漏检。

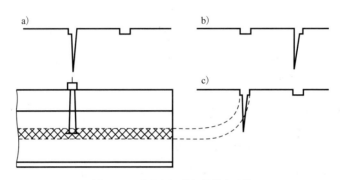

图 12-22 小方门调节与报警盲区带

3. 注意波形分析

如轨腰水平裂纹处于二分之一轨高时,裂纹二次反射波正好落在轨底波小方门内(图 12-23),仪器不产生报警,应注意识波确认。在站专线、线路爬行地段,由于螺孔变形,也会显示类似的回波现象,要注意分析,防止误判。

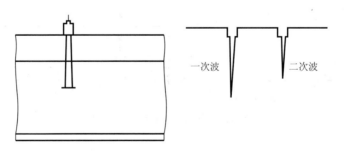

图 12-23 水平裂纹二次波落在轨底波报警门内

4. 重视仪器和手工相结合

0°探头引起失底波报警的因素很多,如轨面擦伤、油污和灰砂,轨底(腰)锈蚀严重,探头位置偏离轨面中心等,需要通过目视、去污、调整探头等方法排除。对于纵向裂纹已延至轨端可拆卸螺栓或在轨端面观察裂纹是否存在,而年炉号印记、轨腰鼓泡或调边使用钢轨的颚部疲劳裂纹都可采用眼看、手摸和镜照的方法加以确认。

四、钢轨母材探伤标准化作业程序

(1)探伤检查前检查仪器各部位零件齐全,确认仪器状态良好,将仪器注满耦合水。
技术标准:确保仪器各部件牢固,无故障,电池电量满足本次作业,耦合剂水足量满足探伤仪器需求,冬天无结冰。
(2)抬机上道,调节好水路,放大前探头水量,调匀中后探头水量调试现场探伤灵敏度。
技术标准:调节好各通道探伤灵敏度和本次作业里程等参数。
(3)探伤检查时执行检查要领:遵循"精力充沛、聚精会神、慢走细看、把握重点"的原则。
技术标准:做到接头站、小腰慢、大腰均匀探,检查速度为无缝线路不大于3km/h,普通线路不大于2km/h。
(4)随时校对波形显示,对可疑波形或报警,认真校对分析,如发现伤损,标明伤损位置和轻重伤标志,并做好记录。
技术标准:重伤钢轨填发《钢轨伤损重伤通知单》,轻伤钢轨建立《钢轨伤损记录表》台账。
(5)薄弱地段仪器检测不到,进行手工检查。
技术标准:对异形、绝缘、打塌、高低、焊补接头、尖轨跟、岔趾、岔跟、道口等处接头要用小锤敲,用镜子照,加大检查力度。
(6)关闭电源,放掉余水,保养仪器及时充电。
技术标准:放置仪器时要推稳、放平,以防损坏。

第三节　钢轨探伤手工检查

一、手工检查的一般方法

手工检查钢轨,一般按"一看,二敲,三照,四卸"的程序进行。

(一)看(目视检查)

全面观察钢轨表面状态,注意发现伤损钢轨所具有的特征,根据这些特征,综合判断钢轨有无伤损。

(1)观看钢轨顶面光带,背向阳光,跨着钢轨或站在钢轨两侧向前看10～30mm范围内钢轨轨面(根据个人视力可远可近),看白面(白光)与黑面相交的地方是否呈直线,白面中有否黑线或扩大,轨头是否肥大,轨面有无塌陷等。

(2)观看轨头颏部有否下垂、铁渣剥落和透锈,轨底有否向上翘起。如有轨头扩大或下垂表明有纵向裂纹存在,有铁渣剥落、锈痕或轨底上翘,应仔细看有无裂纹。

(3)利用自然条件检查钢轨伤损,霜雪天气,裂纹处沾着的霜雪往往较其他部分少,而且溶化较慢,并有残留霜雪痕迹。雨后裂纹处留有明显的水痕和流锈现象,干后尚有红锈痕迹存在。

(二)敲(小锤检查)

用小锤敲击看所发现的可疑处所或不良接头、道岔部位。小锤的重量应根据轨型而定,43kg/m 以下钢轨用 0.5 kg 小锤,50kg/m 轨用 0.7kg,60kg/m 及其以上用 1.0kg 小锤。

(1)敲击时蹲在钢轨外侧(在桥上蹲在内侧),手握锤柄,轻松自如,使锤头高出轨面 30~50mm,让小锤自由落下,平敲轨面,做到眼看跳动、耳听声音、手感振动。如钢轨良好,小锤将连续跳动 3~5 次,声音清脆;如钢轨有伤,小锤落下后,跳动次数明显减少,跳动的高度也很小,甚至不起跳,发出的声音破浊不清,锤把振动无力。

(2)如小锤敲后,不能准确判断伤损时,可将小石子或硬币放在轨面上,再用小锤敲击,看小石子或硬币是否随着小锤的敲击而跳动,如果跳动,证明钢轨有伤,或用二指分别触摸接头端部两轨底,感受小锤敲击的振动,一般好钢轨感觉良好,差钢轨感觉则相反。

(3)用小锤敲击接头时应注意以下事项:

①应将夹板范围内全部敲到,最好从轨缝一侧轨端向夹板端部敲,然后折回至另一端,按序敲回至轨缝(图 12-24)。

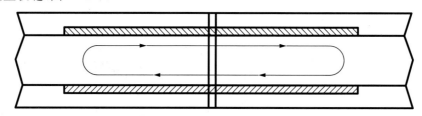

图 12-24 钢轨接头小锤敲击落点轨迹

②遇夹板、铁垫板与钢轨不密贴,螺栓松动,轨头肥边,枕木吊板以及雨后敲击时,小锤跳动与发音都有变化,应注意鉴别。

③对小锤敲击有疑问时,可用铁丝(或钢片)伸入钢轨接缝内,沿钢轨断面或钢轨腰部缓慢滑动,看是否有挂钩。

(三)照(镜子和电筒检查)

(1)照轨头侧面,下颏及轨腰,从镜子中观看裂纹、锈线或其他伤损特征。

(2)将小镜子伸入轨底,从轨缝处向上反光或从上面反射光线射入轨缝内(阴天、隧道内可用手电),查看轨端裂纹。

(3)卸下一个螺栓,用双面小镜或袖珍手电筒插入螺栓孔内,查看螺栓孔裂纹。

(四)卸(拆卸螺栓或夹板)

用看、敲、照等方法检查后,发现有疑问而不能确定时,应卸下螺栓或夹板进行检查。卸夹板时,应按更换夹板作业设好防护,钢轨探伤中需要拆检,应通知养路工区进行。

二、钢轨的手工检查

仪器无法检查或探伤薄弱处所,正常探伤灵敏度条件下,回波显示和报警不正常,或正常回波不显示处所,此时应考虑手工检查。

(一)检查范围

(1)各种养护不良或容易产生伤损的钢轨接头(包括异型、绝缘、高低、错牙、压陷、塌渣、擦伤、掉块、焊补和岔后引轨接头)。
(2)道岔范围内的钢轨接头和轨尖。
(3)隧道、道口、灰坑、水沟处所和小半径曲线严重磨耗轨区段的钢轨和接头。
(4)老杂轨区段的钢轨。

(二)检查方法

(1)应坚持"一看、二敲、三照、四卸"的作业要领。凡不良接头基本上都应小锤敲打,以免因接头高低,压陷,掉块,擦伤等因素导致探头耦合不良,长大伤损漏检。必要时应拆卸螺栓,用镜子或小手电筒查照孔壁四周或在轨端利用轨缝间隙,照看端面有否裂纹存在。
(2)曲线(尤其小半径曲线)检查中,应注意曲线上股夹板两端轨头下颚的卡损以及由卡损引起的横向裂纹。须擦除夹板端部内侧轨头的油污,仔细观察有否微细裂纹存在。对曲线下股,应注意轨头压宽、变形、擦伤、掉块部位的检查。
(3)隧道、道口、灰坑、水沟等处所,多数因轨腰、轨底严重锈蚀导致探测不正常,应采用电筒或镜子照、小锤敲的方法加强检查。
(4)老杂轨区段,尤其站专线、货场、煤场等,因钢轨使用年限长,维修养护条件差或泥砂、油污的覆盖、腐蚀等,使钢轨状态不良,必要时挖去积土、污泥,用锤敲、镜照、目视等多种方式仔细检查。

三、道岔范围的手工检查

道岔范围(包括道岔部位和岔后引轨)结构复杂(图12-25),是探伤的难点和重点,必须重视手工检查。

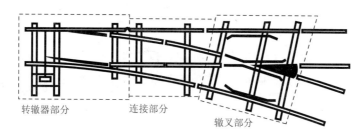

图 12-25　道岔结构图

(一) 转辙部分

(1) 尖轨。除观察"尖轨"磨耗情况外,应注意轨头有否轧伤,竖切部位是否有裂纹。对轨头宽度 50mm 以上部位应观察是否有因吹氧、加热整治后残留的微细裂纹。

(2) 基本轨。要注意观察与尖轨密贴部位的轨面是否有肥大或异样的压力光带呈现;要用目视和镜照的方法检查与尖轨尖端紧靠部位的轨头下颚和轨底是否有卡损存在。

(二) 连接部分

连接部分(又称导轨)属正常钢轨检查范围,由于它与尖轨、基本轨及岔趾相连,需注意对这些接头的手工检查。

(三) 辙叉部分

在役的辙叉绝大部分属高锰钢整铸辙叉(图 12-26),晶粒粗,衰减大,现有钢轨探伤仪无法检测,必须用手工检查。检查部位和方法如下:

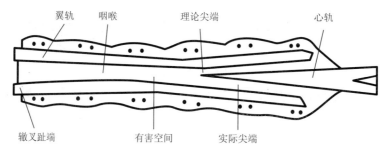

图 12-26　辙叉结构图

(1) 远离数米外观察辙叉轨面全貌,是否存在压塌、发黑现象,一般踏面压宽,多数存在水平裂纹,可结合锤敲、镜照确认其长度和深度。如果轨面状态正常,应进一步检查夹板范围的轨头二侧或轨端是否有裂纹存在,这一部位因浇铸工艺因素,颚部(或腰部)产生的水平裂纹较多。

(2) 趾端(或跟端)的断面变化处,由于设计结构的变化,常有水平或带斜直裂至轨端,形成横向裂纹或向下斜裂纹,岔趾分腿一、二孔间的加强铁根部也会产生裂纹。主要用镜子、目视检查。

（3）岔心部位，因磨耗或焊补次数多，常有压塌变化和水平裂纹产生，在其二侧还会发生垂直裂纹及轨面横向裂纹。主要用目视检查和镜子照看。

（4）翼轨部位，因磨耗、压陷造成内侧水平裂纹、掉块等，个别处所的轨头外侧同时产生水平裂纹，这时轨面有明显压宽、压塌的特征，作为鉴别依据。

（5）轮缘槽底部有纵向裂纹，轨底板部位也时有裂纹产生，均可目视检查。

（四）引轨部分

由于道岔与引轨间的受力不一、承受运行冲击力大、引轨端部未淬火、钻孔未倒棱、孔位高差大、养护作业难等因素，岔后引轨接头螺孔裂纹发生率甚高，因而是道岔范围检查的重点。目视接头状况，有否塌砟、吊空等不良状态，坚持用锤敲打，尤其对新换辙叉后的引轨，更应注意突发性裂纹的发生。

四、钢轨探伤手工检查标准化作业程序

（1）看（目视检查）。

技术标准：全面观察钢轨表面状态，注意发现伤损钢轨所具有的特征，根据这些特征，综合判断钢轨有无伤损。

（2）敲（小锤检查）。

技术标准：用小锤敲击看所发现的可疑处所或不良接头、道岔部位。

（3）照（镜子和电筒检查）。

技术标准：用镜子照所发现的可疑处所或不良接头、道岔部位。

（4）卸（拆卸螺栓或夹板）。

技术标准：对采用以上方法仍无法查明原因的，应拆卸螺栓或夹板。

第四节　钢轨焊缝超声波探伤

一、钢轨焊缝基本知识

目前钢轨焊接方式主要有接触焊、气压焊及铝热焊三种，其中接触焊又分为工厂焊和现场焊两种。

(一)三种焊接方式

1. 接触焊(又称闪光焊)

接触焊是电阻焊的一种,它将两个待焊钢轨端固定在焊机夹具上,利用低电压大电流加在被焊钢轨上产生的电阻热,使轨端加热至表面熔化状态,然后立即断电并加压,在压力下两钢轨端面相互结晶,使两节钢轨焊接在一起。该法是目前我国厂内焊接的主要方法,它把25m、100m长度的钢轨焊成250～500m长的轨条。随着科技的发展,目前已经生产出适合现场焊接的移动式接触焊机,不仅能够完成联合接头焊接、单元焊接,而且能够完成钢轨与道岔的闭合焊接。

2. 气压焊

气压焊分为熔化气压焊和塑性气压焊两种。国内绝大多数采用塑性气压焊。塑性气压焊焊接时,将钢轨两清洁端面紧密贴合,并对贴面使用专用焊炬产生气体火焰加热,待贴合面及附近被加热至塑性状态,即对贴合面加以顶锻,在压力作用下固溶体中的原子之间进行扩散再结晶,两金属面间形成新的结晶,使两根钢轨焊接在一起。

3. 铝热焊

铝热焊又称铸焊法,它是将铝粉、氧化铁粉、铁钉屑和铁合金等按一定比例配成铝热焊剂,用高温火柴点燃后,发生激烈的化学反应和冶金反应,使其瞬间温度达到1200～1300℃,钢水下沉,氧化铝以渣的形态浮于溶化金属上面,然后把钢水注入套在对接钢轨上、预热好的砂模铸型内,与预热温度达900℃以上的钢轨端部融合,高温钢水将铸型内的两节钢轨端部熔化,冷却后把两节钢轨焊接在一起。该法主要用于无缝线路铺设和无缝线路曲线侧磨严重钢轨更换,以及钢轨折断抢修之中。

(二)焊缝探伤基本要求

(1)为保证焊缝探伤质量,焊缝两侧各400mm范围内,不宜钻孔或安装其他装置。

(2)新焊焊缝的探伤在推瘤和打磨以后进行,焊缝处温度应冷却至40℃以下,探测面不应有焊渣、焊瘤或严重锈蚀等。轨头踏面、轨头两侧和轨底两侧和轨底角上部(30mm)应打磨至钢轨原始面。

(3)焊缝探伤前应清除探测面上的油污和严重锈蚀等,扫查范围应以焊缝中心向两侧各延伸200mm。

(三)缺陷判定标准

横波单探头探伤:

轨头和轨腰:$\geqslant \phi 3$ 长横孔当量。

轨底:$\geqslant \phi 4$ 竖孔当量。

轨底角(20mm):$\geqslant \phi 4 \sim 6$ 竖孔当量(即$\geqslant \phi 2.8$ 平底孔当量)。

（1）焊缝疲劳缺陷的当量达到或超过探伤灵敏度规定的当量时判为重伤，未达到时判为轻伤。

（2）焊缝焊接缺陷达到以上规定的报废程度时，判为重伤，未达到时判为轻伤。

二、钢轨焊缝轨头探伤

轨头部位探伤宜用 $K \geqslant 2$ 的横波探头从踏面或轨头侧面对轨头进行扫查和从轨底斜面上对轨底部位进行扫查。

（一）焊缝轨头探伤扫查

为使钢轨焊缝轨头得到全面扫查，K2.5 探头在轨顶面采用纵向移动和偏角纵向移动两种方式扫查。

1. 纵向移动扫查

K2.5 探头置轨面上（图 12-27），探头纵向中心距边分别为 16mm、26mm、36mm、46mm、56mm 处，偏角为 0°纵向移动探头，移动区域为距焊缝中心 0～150mm，本次扫查利用一次波检出钢轨焊缝轨头中的缺陷。

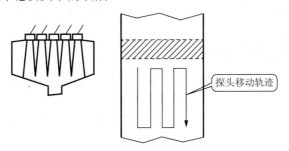

图 12-27 探头纵向移动扫查示意

2. 偏角纵向移动扫查

由于轨头顶面作用边呈圆弧状，探头接触面过小，不利于焊缝轨头内外侧上角缺陷的检出，因此，采用偏角纵向移动法探测。K2.5 探头置轨面中心线上（图 12-28），以 15°偏角纵向移动探头，移动区域为距焊缝中心 100～250mm，利用轨颚反射波检出焊缝轨头内外侧的缺陷；扫查次数为焊缝内、外两侧共计 4 次。

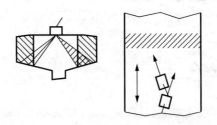

图 12-28 探头偏角纵向移动扫查示意图

(二)探伤灵敏度调节

采用试块调节法,但要注意现场探伤灵敏度修正。

将CHT—5试块B区5号横孔反射波调整到满幅度的80%(图12-29),然后根据探测面情况进行适当表面耦合补偿(一般为2～6dB),作为探测焊缝轨头部位的探伤灵敏度。

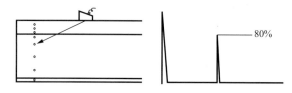

图12-29 单探头轨头探伤灵敏度校准

注意:如果探测面过于粗糙,灵敏度提高2～6dB不足以补偿耦合损失或无法确定补偿值时,需对探测面打磨处理。无法打磨或钢轨材质不同时,则应对耦合损失和材质损失进行实际测试(可利用对穿波、直达波、底波和棱角波等测试),并根据测试值进行补偿。

三、钢轨焊缝轨腰探伤

轨腰焊缝探伤宜用K0.8～K1横波探头从钢轨踏面上对轨腰直至轨底进行扫查。

(一)焊缝轨腰探伤扫查

为使钢轨焊缝轨腰得到全面扫查,K1探头在轨顶面采用纵无偏角纵向移动方式扫查,扫查范围应以焊缝中心向两侧各延伸200mm。

(二)探伤灵敏度调节

将GHT—5试块B区8号横孔(K0.8～K1)孔反射波高调整到满幅度的80%(图12-30),然后根据探测面情况进行适当表面耦合补偿(一般为2～6dB),作为(K0.8～K1)探头探测轨腰部位的探伤灵敏度。

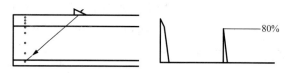

图12-30 轨腰单探头探伤灵敏度校准

四、钢轨焊缝轨底探伤

钢轨焊缝轨底是常规探伤无法检测的部位,宜用$K \geq 2$横波探头从轨底斜面上对轨底部位进行扫查。

（一）焊缝轨底探伤扫查

1. 扫查部位划分

为了明确焊缝轨底各部分扫查，将轨底分成两大部分：一部分是轨底两侧（简称轨底角）；另一部分是轨腰与轨底连接部分（简称轨底三角区）。根据轨底角和声束宽度对应关系，确保轨底角得到全面扫查，又将轨底角划分 6 个探测区，使用一个 K2.5 探头，分别按不同的偏角和位置进行纵向移动探头扫查，利用二次波探测焊缝上半部分，一、三次波探测焊缝下半部分，见图 12-31。

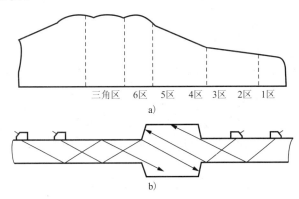

图 12-31 轨底扫查区划分和声束方向示意图

2. 扫查方式

1 个轨底角需进行 6 次扫查，焊缝两侧的四个轨底角共扫查 24 次，通过认真执行扫查方法，才能完成轨底角全面探测，见图 12-32。

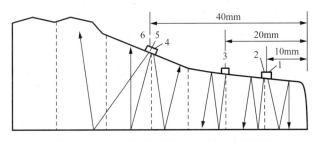

图 12-32 K2.5 探头轨底角扫查声束方向示意图

（二）探伤灵敏度调节

将 GHT-5 试块 C 区 2 号竖孔上棱角的二次反射波调整到满幅度的 80%，然后根据探测面情况进行适当表面耦合补偿（一般为 2～6dB），作为轨底单探头探伤灵敏度，见图 12-33。

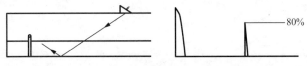

图 12-33 轨底单探头探伤灵敏度校准

五、钢轨焊缝探伤标准化作业程序

(1)探伤检测前用探头连接线将探伤仪与探头连接好,开机确认仪器状态良好。

技术标准:确保仪器无故障,电池电量满足本次作业。

(2)随机人员将钢轨需探测部位用除锈刀、钢丝刷、毛刷清扫干净。

技术标准:确保钢轨两端200mm范围内探测面粗糙度符合无锈蚀和焊渣,打磨面应平顺光滑满足探伤需求。

(3)探伤时将钢轨需探测部位注满耦合剂,按规定前后移动探头检测。

技术标准:涂抹耦合剂要均匀。

(4)检测过程中随时校对波形显示,按标准释放灵敏度、采用多种方法校对。

技术标准:对轨顶面和轨底采用纵向移动和偏角纵向移动两种方式相结合扫查,力度要均匀,及时调整现场探伤灵敏度。

(5)发现伤损标明伤损位置以及轻重伤标志并做好记录。

技术标准:重伤钢轨填发《钢轨伤损重伤通知单》,轻伤钢轨建立《钢轨伤损记录表》台账。

第十三章　常用轨道维修机具及保养

> **岗位应知应会**
>
> 1. 掌握液压维修机具使用、保养及常见故障处理。
> 2. 掌握内燃维修机具使用、保养及常见故障处理。
>
> **重难点**
>
> 重点：轨道维修机具使用、保养。
> 难点：轨道维修机具常见故障处理。

第一节　液压维修机具

液压养路机械是线路养护中最常用的机具，具有体积小、携带方便、操作简单、应用范围广等特点，液压系统通过改变压强来增大作用力。本节主要介绍液压起道器、起拨道器、轨缝调整器和液压弯、直轨器。

一、液压维修机具简介

液压起道器适用于轨道、道岔的起道作业，通过手动柱塞泵驱动活塞上升，带动起道杠杆，使作用于轨底的起道杠杆快速顶升，达到起道目的。爪式起道器（图 13-1）主要用于整体道床的起道作业，起道时将起道器放入轨底，机具要摆正，底部要放平，关闭回油阀，摇动手柄进行起道作业；转移时，打开回油阀，将起道器从轨底提出转移至下一作业地点。YQD 型起道器（图 13-2）主要用于碎石道床的起道作业，起道时查看轨底道砟情况，道砟过多或不足时应先整理轨底道砟；将起道器撞入轨下，使起道轮全部进入轨底，机具要摆正，底部要放平，并不得触及轨枕；关闭回油阀，摇动手柄进行起道作业；转移时，打开回油阀，将起道器从轨底提出转移至下一作业地点。

液压起拨道器最大的特点是一机两用、起拨合一，既能满足线路起道作业的要求，又能符合拨道作业的要求。拨道时查看轨底道砟情况，道砟过多或不足时应先整理轨底道砟；将起拨道器撞入轨下，使起道轮前端进入轨底（图 13-3），机具要摆正，底部要放平，并不得触及轨枕；关闭回油阀，摇动手柄进行拨道作业；转移时，打开回油阀，将拨道器从轨底提出转移至下一作业地点。

图 13-1 爪式起道器

图 13-2 YQD 型起道器

a)

b)

图 13-3 YQD 型起拨道器

轨缝调整器是用来调整钢轨接头轨缝的装置（图 13-4）。松开待调整钢轨扣件后，将轨缝调整器置于钢轨顶部，关闭回油阀，压动操作手柄，使活塞杆预伸出 30mm。压下斜铁提拉手柄，使斜铁夹住钢轨头部。压动操作手柄进行钢轨轨缝的调整工作。轨缝调整完毕，打开回油阀，待活塞回位后拉动斜铁提拉手柄，使斜铁脱离钢轨，恢复到走行状态。

液压弯、直轨器是采用液压原理弯曲（矫直）钢轨的工具，由液压和机架两部分组成。使用时松开待弯处螺栓和扣件；将轨钩对准钢轨凸弯处，活塞顶头顶住钢轨一侧，转动偏心轮，将弯、直轨器卡紧在钢轨上；关闭回油阀，扳动手柄，进行弯曲（矫直）作业。钢轨弯曲（矫直）后，松开回油阀，使活塞复位。

图 13-4 液压轨缝调整器

二、液压维修机具的保养和常见故障

为了保证液压设备能达到预定的生产能力和稳定可靠的技术性能,对液压设备必须做到:熟练操作、合理调整、精心保养和计划检修。液压养路机械的保养分为作业前检查和故障维修。作业前检查主要为了保证液压机械的工作状态和延长使用寿命。主要检查内容有:检查油箱内液压油是否充足;检查液压系统有无漏油;空载时摇动手柄观察缸体有无跳动和爬行现象;检查回油工作是否正常;检查整机紧固件有无松动等。见表 13-1。

液压机具常见故障　　　表 13-1

问　题	原　因	解 决 方 法
液压缸无法顶升、顶升缓慢或急速	油箱油量太少 放油阀没有上紧 负载过重 油系统内有空气 液压缸卡死不动 钢球不能活动或钢球凹处有杂质或破损	添加液压油 上紧放油阀 依照千斤顶额定负载使用 将空气排出 分解检修内壁及油封 取出钢球,清洁凹处
液压缸顶升后无法持压	油路间没有锁紧漏油 油封处漏油 放油阀密封不良	上紧油路间所有接头 更换损坏油封 更换放油阀垫圈
液压缸无法回缩、回缩缓慢及不正常	放油阀没有打开 小泵内钢球凹孔过脏、不圆 回缩弹簧损坏 活塞杆体过于干燥 偏载后油缸内破损	打开放油阀 取出钢球,清洁凹处 分解千斤顶检修 活塞杆涂上一层黄油 如果不能压入,很可能油缸内部问题,需整体维修

第二节　内燃维修机具

一、内燃维修机具简介

内燃锯轨机适合各种钢轨的切割作业,主机与快速夹轨装置可以分开,便于携带、夹轨可靠、定位准确。内燃锯轨机使用 25∶1 的混合燃油,由二冲程机油和汽油配比而成。锯轨机启动分为冷启动与热启动。冷启动:将停机开关扳至"开机"位置,拉出阻风门(此时阻风门处于关闭位置);按下启动减压阀(发动机工作后,减压阀会自动弹出);压下油门锁杆,向上扳油门,按下油门锁钮;左手握牢前手柄,右脚踏住后手柄,紧贴地面;右手握住启动手柄缓缓拉出,当感到有阻力时用力猛拉;汽油机快要启动时,启动减压阀会自动弹出,这时,重新按下启动减压阀,并且按下阻风门(此时阻风门处于打开位置),再次快速拉动启动绳,汽油机就会启动。热启动:不需拉出阻风门,其他步骤与冷启动相同。启动绳要"快拉慢放",并且不要拉到头,以防损坏或拉断。作业时将夹轨装置指示板与切割线对齐,夹轨器底面与轨头顶面靠紧,旋紧夹轨装置手柄;将切轨机的机头安装孔对准夹轨装置的安装轴后插入,旋紧手柄,使切轨机的机头牢固地固定在摆臂上;启动汽油机,待怠速稳定后,加大油门,锁定在最高转速,空转一会儿后,将砂轮片轻轻接触轨头,若砂轮片出现偏摆或跳动现象,更换砂轮片;切轨顺序为:轨头—轨腰—前轨底—后轨底。切轨时,要使切断头自然悬空,轨底净高度应大于200mm,以免夹住或砸坏砂轮片。在切轨过程中用力要均匀,并且前后不停地摆动砂轮片,以防止切缝发蓝、变硬,加快切轨速度。先松开油门扳机,在将停机开关扳至"停机"(STOP)位置,汽油机即熄火。松开机头锁定手柄,取下切轨机机头。松开夹轨装置手柄,取下夹轨装置。

内燃钻孔机具有钻孔快速、定位准确、机动灵活、操作简便等特点,是线路维修及抢修作业的必备工具。其使用多刃空心高速合金钢钻头,配备专用定位架,可保证钻孔孔径和孔距符合技术标准。作业时先安装定位架,再将钻孔机固定在定位架上;启动内燃机,开始钻孔作业;钻孔过程中需对钻头加水冷却;孔钻通后,退回钻头至钻头离开钢轨后,移动钻孔机至下一钻孔位置;最后对螺孔进行倒棱。钻孔作业过程中,手把进给用力应均匀,孔接近钻通时,可适当放慢进给速度,以防卡钻。

仿形钢轨打磨机适合各种钢轨头外轮廓上平面、侧面及过渡圆弧的打磨作业,仿形磨削功能可打磨焊缝、肥边及波浪磨耗等。作业时将打磨机放在钢轨上,通过两仿形轮移动;打开启动开关和燃油阀(ON),油门调至适当位置;轻轻地拉动启动绳,当感到有阻力时快速猛拉,即可发动,预热以后,调至额定转速;顺时针转动手轮逐步进给砂轮;打磨机沿钢轨左右移动并逐步进给砂轮;打磨后快速转动手轮,使砂轮上升,关闭启动开关。

液压捣固机采用双导柱框架结构,单缸升降方式,由柴油机或电动机驱动,其工作性能完全能满足线路维修作业的需要,同样适用于新建线路和清筛后的捣固作业,具有操作方便、作业效率高等特点。作业时启动内燃机预热后试运转,推动捣固机至作业地点,启动内燃机,操纵换向阀进行捣固作业;镐头插下道床后,只需张夹1~3次,操作顺序为:下插—夹实—张开—提升—转移;接到下道命令后,将捣镐张至最大并提升至最高点,关闭内燃机,将机器推至下道地点;放下下道架并安置平稳;推动捣固机至下道架最外端,落下捣镐,插入定位销,折起走行架。当天捣固作业结束后对机器进行日常保养,盖好防护罩。

内燃螺栓扳手是线路日常保养和维修的专用工具,分为手持式内燃扳手和双头内燃扳手。手持式内燃扳手结构紧凑,体积小、重量轻,手提便携,上下道方便,是一种自带二冲程汽油机动力源的高性能工具。作业时,启动发动机进行短时间空转;调整油门使发动机处于怠速状态;调整换向手柄至所需要的旋转方向,抬起手把将套管对准螺母;拉动油门线套筒即开始旋转;松开油门线,发动机怠速,套筒停转即完成一个工作循环。 双头内燃扳手具有轻便机动、高效快捷等特点,双头内燃扳手作业时将换挡手柄放置于0位（空挡）,启动发动机进行短时间空转;调整油门使发动机处于中速运转状态;将换挡手柄放置于所需要的挡位（正转或反转）;下压左右两操作手柄,将套筒套在轨枕螺栓上,开始紧固（松动）螺栓;紧固（松开）螺母后抬起操作手柄;移动内燃扳手至下一组螺栓处;停止作业时将换挡手柄置于空挡位置,关闭发动机。

二、内燃维修机具的保养和常见故障

见表13-2、表13-3。

内燃机具周期性保养表　　　表13-2

项目＼周期	使用前检查	30h/次	100h/次	150h/次	300h/次
机油油量	★				
机油更换		★			
火花塞清洁		★			
火花塞调节			★		
化油器清洗					★
燃油过滤网清洗			★		
空滤芯更换				★	
空滤组件清洁	正常环境条件下,每周一次 灰尘环境条件下,每天至少两次				

发动机润滑油油位:没有足够润滑油的情况下运行,会引起发动机严重损坏,检查时发动机停止运行并处于水平平面。空气滤清器:检查空气滤清器内是否有灰尘或阻碍物,绝对不要在无空气滤清器时运转发动机,会加速发动机磨损。燃油:是否充足。

内燃机常见故障现象、原因及排除方法　　　表13-3

现象	原因	排除方法
发动机启动困难	火花塞电极脏污、积碳	清除积碳
	火花塞绝缘体损坏	更换火花塞
	火花塞电极间隙不对	调整到0.7mm
	油箱中无燃油,开关未打开	加燃油,打开开关
	油箱通气孔堵塞	疏通
	油箱开关堵塞	清洗后疏通
	针阀关闭不严	拆下针阀清洗,吹通
	燃油太脏或变质	更换燃油
	燃油中有水	更换燃油
	汽缸中燃油过多	排油擦干火花塞电极

续上表

现　象	原　因	排　除　方　法
发动机启动困难	活塞环磨损超限	整副更换新环
	活塞环折断	整副更换新环
	活塞环胶结	清除积碳
	火花塞没装密封垫或没扭紧	装密封垫或拧紧
	缸体缸盖结合面漏气	按规定顺序拧紧或换缸垫
	气门漏气	检查气门间隙及气门密封
汽油机异响及运转不平稳	活塞、汽缸、环磨损过大	更换磨损件
	活塞销、销孔磨损过大	更换磨损件
	连杆小头过度磨损	更换连杆
	曲轴轴承磨损	更换轴承
	汽油机过热	呼吸器堵塞,更换
	燃烧室积炭	清除积碳
	火花塞间隙过小	调整至 0.6～0.7mm
	汽油机混合气浓度过高	调整化油器
	凸轮松动	重新安装或更换
汽油机功率不足	点火时间不正确,飞轮键断	更换飞轮键或其他
	油路中有空气或油路堵塞	排气,疏通油路
	化油器中针阀孔,主量孔堵塞	清洗,吹通
	油箱开关堵塞	清洗、吹通或更换
	燃烧室积炭	清除积碳
	消声器积炭	清除积碳
	空滤器滤芯肮脏堵塞	清洗或更换
	化油器进气漏气	更换密封垫
	活塞、环、气缸磨损	更换
	缸头、缸体结合面漏气	更换缸垫
	气门间隙过大或过小	或气门或挺柱
	气门密封不严	研磨阀座
运转中突然熄火	燃油耗尽	加油
	化油器堵塞	检查油路、清洗
	浮子卡住	修理浮子
	针阀胶连	换油针阀
	火花塞积碳短路、击穿	换火花塞
	火花塞帽松动	装进
	高压线断	接好或更换
	磁电机击穿	更换
	搭铁线搭在机体上	固定接地线
	严重拉缸、气门座圈松动	修理或换箱体

续上表

现　象	原　因	排　除　方　法
汽油机过热	长时间垂轴状态运转	稍事休息或采用垂轴—横轴交替法工作
	机油不足	加 800cc 四冲程机油 SAE15W-40
	消声器积碳过多	清除积炭
	缸体散热片风道堵塞	清除
	导风罩漏风	更换导风罩
	冷却风叶破裂	更换
	连杆润滑不良	更换连杆
	汽缸、活塞、环磨损窜气	更换活塞和活塞环
	调速器调整过高	调低
	曲轴主轴承烧毁	换轴承

第十四章　故障案例及分析

> **岗位应知应会**
>
> 通过对常见故障案例的分析,从故障的处理过程中学习经验,在今后工作中遇到该类故障时能够及时作出正确响应。
>
> **重难点**
>
> 重点:常见故障的处理和分析。
> 难点:当故障发生时,及时作出正确的处理。

第一节　弹条断裂故障

某地铁站弹条断裂故障处理分析

(一)故障现象

某地铁站上行出站 30m 处两钢轨中间有一弹簧,疑似钢轨扣件脱落。

(二)故障影响

此故障为单个弹条断裂,满足《铁路工务安全规则》第 2.1.12 条对线路规定的要求,无需限速,对运营无影响。

(三)处理过程

列车驾驶员发现某地铁站上行出站 30m 处两钢轨中间有一弹簧,疑似钢轨扣件脱落,列车通过未发现异常。后面连续三次列车对故障进行进一步确认。经确认该弹簧为钢轨扣件弹条,不影响行车,无需限速通过,后续及时处理。次日轨道专业人员对断裂弹条进行了更换,设备恢复正常,并在故障地点前后 100m 内进行线路检查,保证故障点前后设备无异常。

(四)原因分析

经调查,故障原因为轨底大胶垫窜出造成轨下空吊,列车通过时,钢轨上下震动幅度加大,弹条受力不正常,造成断裂。

(五)采取措施

(1)加强巡检,发现问题及时上报处理。
(2)及时整改空吊板等线路不良处所。
(3)加强对管控区段钢轨连接零件的排查。

(六)故障点评

此类故障为轨道专业易发故障,发生此类故障的原因主要是弹条材质不良、空吊板、维修方式不当等,日常检修时应重点关注空吊板的整治,同时注意对上下弹条作业方式和弹条伤损进行检查。

针对此类故障的预防和处理方面,建立弹条更换台账,结合台账分析弹条断裂是偶发还是频发,对于偶发地段,及时更换并处理造成断裂的原因,对于频发地段有针对性地进行专项分析、整治。同时强化巡检、添乘人员的职责,对于能发现而未发现的故障,加重考核。

第二节 轨行区打火故障

某地铁站轨行区钢轨打火故障处理分析

(一)故障现象

某地铁站下行线进站处,站台尾端左侧钢轨发现打火花现象。

(二)故障影响

列车需限速通过该站下行线,未影响正常运营。

(三)处理过程

列车在某区间下行线进站时,驾驶员发现站台尾端钢轨左侧有打火花现象。随后对该故障进行进一步确认,并组织后续列车限速25km/h进出该地铁站下行线。轨道专业人员赶到现场后,进行添乘列车作业,添乘结果未发现异常。轨道专业人员对钢轨打火现场情况进行查看时,发现下行尾端钢轨左侧外的道床连接端子与连接线处有一趟车出现打火现象,并发现接线端子有明显烧痕。随即向生产调度回复现场故障情况,并现场留守观察。运营结束后各专业检修人员下轨行区检查、确认故障情况,发现在距离打火位置约 1.5m 处发现有一直径为 10mm 的螺纹钢筋,其一端接触钢轨外侧轨底边,且已与钢轨熔在一起,另一端连接到道床面,并与轨下道床面连接的钢筋相接触,至此发现打火原因,处理措施为现场将该钢筋取出。经钢轨探伤人员探伤确认,该轨底边熔焊处有长 20mm、深 8mm 的熔伤,按照《线路检修规程》规定已达钢轨重伤标准,依规定对该熔焊处进行紧急处理。

(四)原因分析

通过现场检查及故障描述对此故障分析如下:轨道专业通过对该打火位置进行详细检查,故障主要原因为钢轨轨底边钢筋接触到钢轨。

(五)采取措施

(1)加大线路巡检力度,全面排查与钢轨相接触或相近的金属物。

(2)及时处理轨行区离钢轨较近的裸露钢筋及金属导电物体。

(3)加强同接触网等相关专业沟通,如相关专业发现类似情况,工建专业应及时安排或配合处理。

(六)故障点评

此类故障发生的主要原因是钢轨旁边存在金属性材质异物,金属性材质异物主要是施工期间遗留,特别是轨底部位不宜被发现。针对此类故障,应在施工介入时,给予重点关注,同时做好维修期间的巡视检查以及日常施工作业的出清。

第三节 道岔转辙部分异常故障

地铁某站 W5506、W5508 道岔失表故障处理分析

(一)故障现象

某地铁站 W5508 道岔在运营时间段出现道岔失表。

(二)故障影响

该故障导致后续列车限速通过该地段。

(三)处理过程

轨道专业人员到达故障现场W5508道岔,协同信号专业人员确认故障情况,轨道专业人员发现W5508道岔B机后第一位道岔顶铁和尖轨底部有磨痕,导致在尖轨操动时产生阻力;经调整道岔顶铁,并与信号专业人员联系行调操动调试道岔;经调试后,道岔操动无异常,道岔恢复正常。

(四)原因分析

综上所述,可能的故障原因如下:
(1)道岔顶铁与尖轨底部表面有磨痕,造成尖轨在操动时阻力较大。
(2)转辙机拉力不足,会导致尖轨操动不到位。
(3)道岔工信联调因信号专业不能安排人员配合,而未能按工建专业计划完成,导致转辙部分问题不能及时被发现和消除。
(4)铺轨施工单位在铺设道岔时,将道岔顶铁调整片由弹簧垫圈替代,从而导致道岔顶铁不平整、不稳定。

(五)后续采取措施

(1)加强委外单位检修质量监控,对关键设备和设备关键部位,按检修要求逐项核实。
(2)针对道岔顶铁问题,工建室工班及委外单位做专项排查、整改,并建立台账。
(3)加大道岔检查频次,重点折返道岔每周检查一次,其余正线道岔每月检查一次。
(4)加强同信号专业沟通,对在道岔月检或巡检时发现的道岔转辙部分问题,及时安排工信联调计划进行整改。
(5)加强信息沟通,希望今后发生类似道岔设备故障时,生产调度能够及时通知工建专业人员前往现场确认故障及整改,以提高故障处理效率。

(六)故障点评

轨道专业及委外维管单位局对此故障高度重视,当日上午立即召集轨道专业工程师、施工单位项目部管理人员及当班施工作业人员召开故障分析会议,对造成此故障的调查分析如下:
(1)故障发现人员及生产调度未及时通知轨道专业,从而导致影响故障处理时间。
(2)由于时间紧迫,留给轨道专业人员判断、处理故障时间较短,因而需按照其他专业人员指明的问题进行分析,无从深入判断故障产生原因,从而影响故障的处理。
(3)前期施工未按照道岔设计图纸要求,私自将应该使用的道岔调整片更换为弹簧垫圈,造成顶铁与尖轨轨底间隙过小。
(4)前期应该进行的工信联调因人员不齐而导致该作业不能正常进行,从而导致转辙部分设备问题不能及时发现和排除。

针对此类故障,今后要做好管线内所有的道岔的检查工作,对于每副道岔的几何状态、连接零件(尤其是转辙部分)要加强检查力度,在今后出现类似故障时,能够迅速作出反应,拿出正确的处理措施。

第四节　路基沉降故障

一、某车辆段牵出线道床局部沉降故障处理分析

(一)故障现象

下雨过后发现某车辆段牵出线 2 道 W1 道岔前道床局部沉降,沉降坑大小为长 2m,宽 50cm,深 30cm。

(二)故障影响

该故障导致牵出线 2 道不能进行正常调车作业,影响行车安全,且有继续发展的风险。

(三)处理过程

轨道专业做好故障抢修准备;抢修人员到达故障现场,现场抢修人员扒开下沉处道床,回填并夯实路基;沉降坑处理完毕后,开始对沉降处路基及水沟进行排水系统疏通、疏导,并对下沉引起的水沟破损进行修补,故障处理完毕。

(四)原因分析

(1)此沉降地段下方为横向供电电缆沟、集水井,在建设施工阶段电缆沟开挖后,在回填过程中未进行夯实处理。

(2)该位置路基及排水沟低洼(原沉降所致),造成下雨及雨后积水浸泡路基,造成路基松软、下沉。

综上所述,导致路基沉降的主要原因为建设施工期间开挖电缆沟后,在回填过程中未将其上方土质进行回填夯实处理,致使土质疏松、强度降低、遇水下沉。

(五)采取措施

(1)工建线路专业人员应加强线路巡检力度,尤其是雨季,发现问题及时上报并处理,把

故障影响降到最低。

(2) 加强雨水疏通、疏导,减小积水对路基的影响。

(3) 车辆段线路下方横穿电缆沟的地段,建立相应台账,在维修和雨季检查时,做到重点检查、处理;在条件允许时对电缆沟上方路基重新用三合土回填夯实处理。

(六)故障点评

此类故障产生的主要原因为建设施工期间开挖电缆沟后,在回填过程中未将其上方土质进行回填夯实处理,致使土质疏松、强度降低、遇水下沉。

针对此类故障在施工介入期间应做好相应的监管,在运营维护期间应在雨季做好排查、登记,汛期加密巡查监管工作,同时认真做好防洪防汛期间的应急预案,建立应急安全小组,加强日常演练。

二、某停车厂雨后部分路基塌陷故障处理分析

(一)故障现象

下雨过后发现某停车厂 L21 道与 W1 道岔之间雨后路基塌陷。

(二)故障影响

本次故障为线路路基局部塌陷,轨道几何尺寸不受影响,且不属于正线地段,当日无车辆通过,未对运营造成影响。

(三)处理过程

轨道专业巡检人员在雨季巡查线路时发现某停车厂 L21 道与 W1 道岔之间雨后路基塌陷,塌陷位置尺寸为长 2m,宽 1.5 米,深 30cm。发现该故障后开始做故障抢修准备;现场抢修人员到达故障后扒开塌陷处道床,回填并夯实路基;塌陷处理完毕,并开始恢复道床外观,故障处理完毕。

(四)原因分析

故障原因为雨季该地段单位时间内排水量大,且该地段道床密实度不足,造成冲刷塌陷。

(五)采取措施

(1) 加强雨后巡检频次,并对重点地段加强检查。

(2) 发现问题及时上报并及时对线路进行修复。

(3) 加强雨季对管控区段排查清筛和排水设备的检查。

(六)故障点评

此类故障为轨道专业露天线路雨季应重点预防的故障,发生此类故障的原因,主要有道床密实度不足、道床板结、安装其他设备临时动碴后回填无夯实等,日常检修时应对重点地段进行重点监控,同时制定雨季防洪安全预案,加强突发事件应急处置能力。

针对此类故障的预防和处理方面,建立雨季防洪预警机制,结合天气预报,加强预警。分析故障地段是偶发还是频发,对于偶发地段,及时查找原因并处理,对于频发地段有针对性地进行记录并专项分析、整治。同时作为重点地段强化巡检、添乘人员的职责,对于能发现而未发现的故障,加重考核。

附录　城市轨道交通轨道检修工考核大纲

序号	分类	章	节	考 核 内 容	掌握程度	考核形式
1	基础知识篇	一	一	城市轨道交通线路的形式与特点	了解	笔试
			二	城市轨道交通的线路限界	了解	笔试
			三	线路标志	熟悉	笔试
			四	路基	了解	笔试
		二	一	轨道组成与类型	熟悉	笔试
			二	钢轨技术参数与技术标准	掌握	笔试
			三	钢轨连接零件与技术标准	掌握	笔试
			四	轨道扣件与技术标准	熟悉	笔试
			五	轨枕类型与技术标准	掌握	笔试
			六	道床类型与技术标准	掌握	笔试
		三	一	平面形位与技术标准	熟悉	笔试
			二	线路纵断面与技术标准	熟悉	笔试
		四	一	道岔的类型	熟悉	笔试
			二	单开道岔的构造与技术标准	熟悉	笔试
			三	道岔形位与技术标准	熟悉	笔试
			四	导曲线支距及附带曲线与技术标准	熟悉	笔试
			五	影响道岔通过速度的因素	掌握	笔试
		五	一	无缝线路基本知识	了解	笔试
			二	基本温度力图和伸缩区长度计算	掌握	笔试
			三	胀轨、跑道和钢轨折断	掌握	笔试
2	实务篇	六	一	维修概论	了解	笔试
			二	线路养护维修管理	掌握	笔试
			三	养护维修技术标准	掌握	笔试
			四	轨道铺轨的规定	掌握	笔试
		七	一	道岔铺设、更换与技术标准	掌握	笔试
			二	道岔维护探讨	了解	笔试
		八	一	无缝线路的应力调整与应力放散	掌握	笔试
			二	无缝线路位移观测	掌握	笔试
			三	无缝线路养护维修	熟悉	笔试
		九	一	线路养护维修	精通	笔试
			二	轨道维修作业	精通	实操
			三	道岔维修作业	精通	实操

续上表

序号	分类		编号	考核内容	掌握程度	考核形式
2	实务篇	十	一	钢轨铝热焊知识	熟悉	笔试
			二	钢轨铝热焊焊接作业	精通	实操
		十一	一	钢轨打磨车	熟悉	笔试
			二	钢轨打磨车的运用	熟悉	笔试
			三	CMC-20道岔打磨车	了解	笔试
		十二	一	钢轨探伤基本知识	了解	笔试
			二	钢轨常规(母材)探伤作业	掌握	笔试+实操
			三	钢轨探伤手工检查	掌握	笔试
			四	钢轨焊缝超声波探伤	掌握	笔试
		十三	一	液压维修机具	掌握	笔试+实操
			二	内燃维修机具	掌握	笔试+实操
		十四	一	弹条断裂故障	熟悉	笔试+实操
			二	轨行区打火故障	掌握	笔试+实操
			三	道岔转辙部分异常故障	掌握	笔试+实操
			四	路基沉降故障	掌握	笔试+实操

参考文献

[1] 中华人民共和国国家标准.GB 50157—2003 地铁设计规范[S].北京：中国建筑工业出版社，2013.

[2] 铁路线路修理规则(铁运〔2006〕146号)[M].北京：中国铁道出版社，2015

[3] 何义斌.郑州地铁1号线设计说明.[M].2012

[4] 石嵘,司宝华,何越磊.城市轨道交通工务管理.[M].北京：中国铁道出版社，2008.

[5] 程明,郭志民.郑州地铁线路检修规程.[M].郑州市轨道交通有限公司，2016.

[6] 铁路职工岗位培训教材编审委员会.钢轨探伤工.[M].北京：中国铁道出版社，2014.

[7] 何宗华,汪松滋,何其光.城市轨道交通土建设施运行与维修.[M].北京：中国建筑工业出版社，2010.

图 7-3　警冲标现场图

图 11-1　CMC-20 型道岔打磨车外形

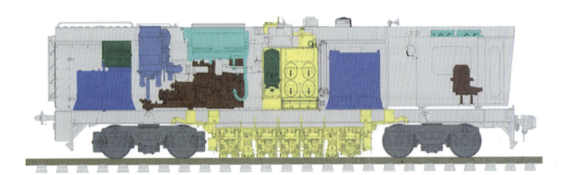
图 11-2　单节作业车主要组成

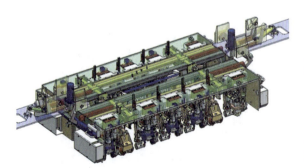
图 11-3　打磨小车

图 11-6　发动机

图 11-7　发动机辅助系统

图 11-8　发动机电子控制单元

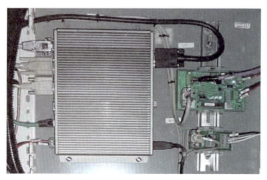

图 11-10　主机和 J42 模块

图 11-13　主机前面

图 11-14　主机后面

图 11-15　主机正面

图 11-16　闪存卡

图 11-17　电池

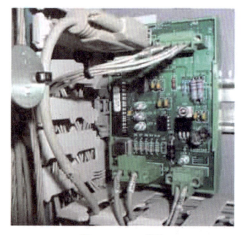

图 11-18　J42 模块

| 绿色运行 | ○●○●○●○○●○○●○○●○○●○○●○○●○○●○○● |
| 黄色下载 | ○○◐○○◐○○◐○○◐○○◐○○◐○○◐○○◐○○◐○○ |

图 11-19　下载错误

图 11-24　数字模块

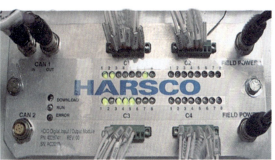
图 11-27　高密度数字模块

图 11-29　电源分配器

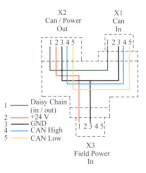
图 11-30　电源分配器细节

图 11-31　网络终结器

图 11-33　通过分配器

图 11-35　交叉分配器

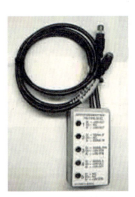
图 11-38　系统断开盒

图 11-42　综合面板

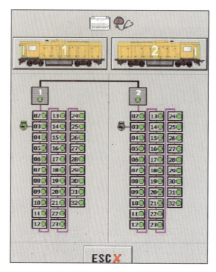

图 11-43 网络诊断面板

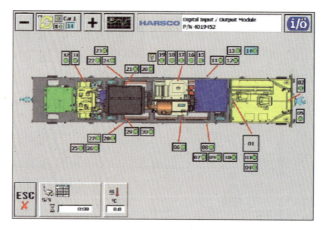

图 11-44 网络视图诊断面板

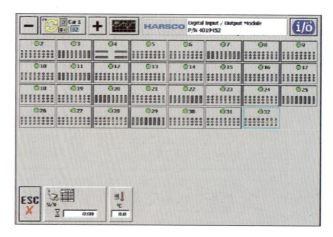

图 11-45 缩略视图诊断面板

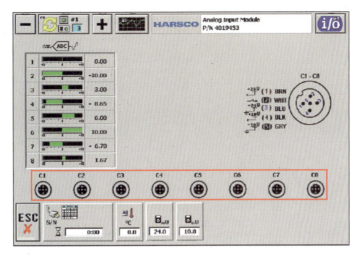

图 11-46　模拟模块诊断面板

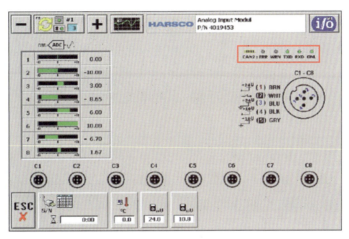

图 11-47　模拟模块 CAN 2 诊断面板

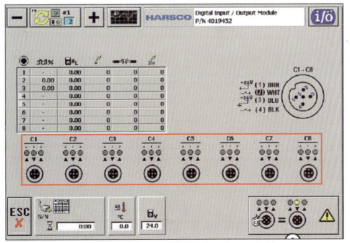

图 11-48　数字模块诊断面板

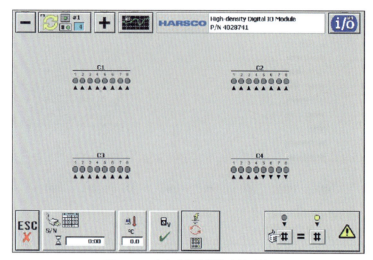

图 11-49　高密度数字模块诊断面板

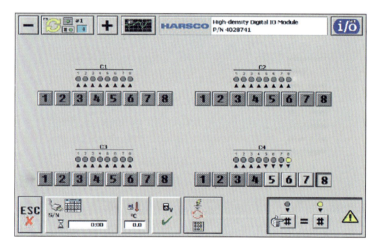

图 11-50　高密度数字模块诊断测试面板

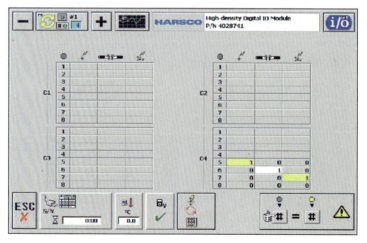

图 11-51　高密度数字模块诊断错误面板

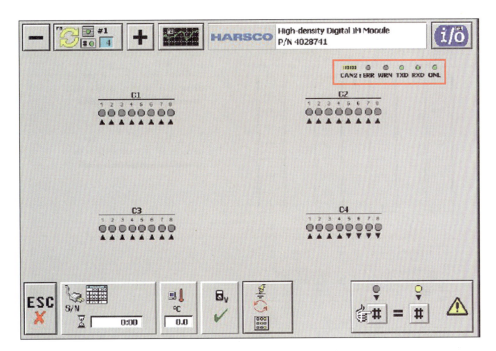

图 11-52 高密度数字模块 CAN2 诊断面板

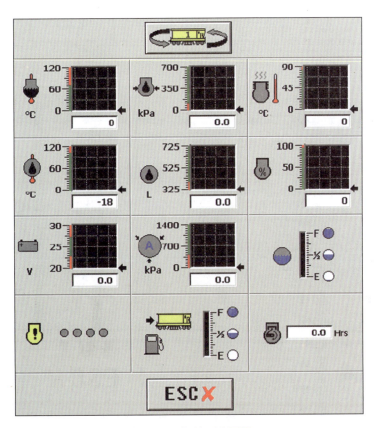

图 11-54 发动机诊断面板

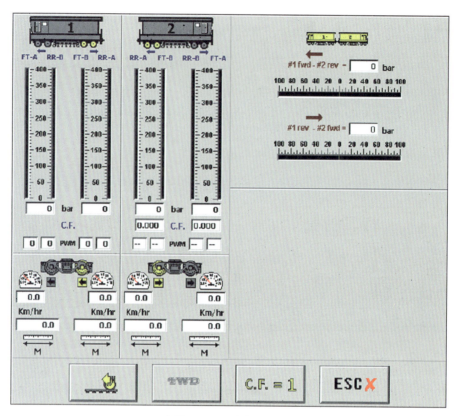

图 11-55　驱动诊断面板

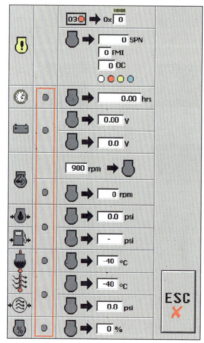

图 11-56　发动机 ECU 诊断面板

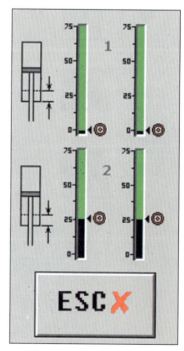

图 11-57　提升油缸视图面板

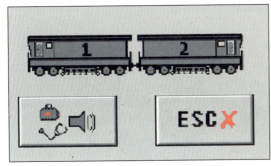 

图 11-58　火灾报警测试面板　　　　　图 11-59　火灾测试面板

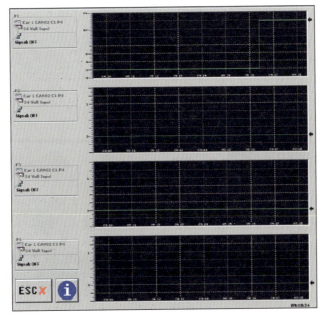

图 11-60　输入/输出图像按钮/面板

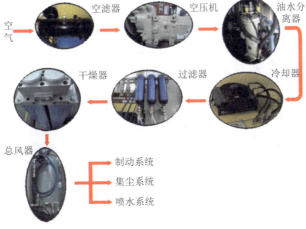

图 11-70　压缩空气系统

图 11-71 自动制动阀外部结构

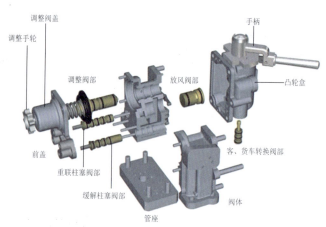

图 11-72 自动制动阀分解图

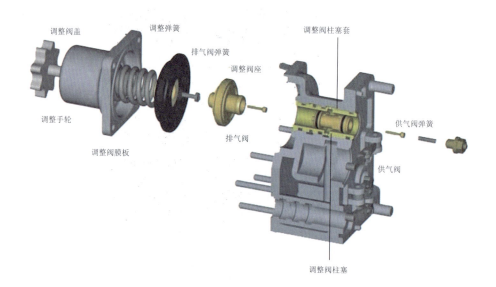

图 11-73 调整阀分解图

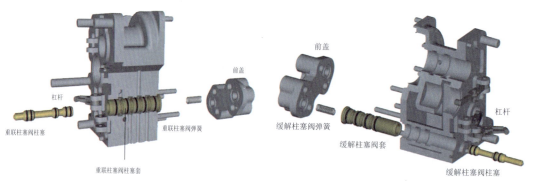

图 11-74 重联柱塞阀分解图　　图 11-75 缓解柱塞阀分解图

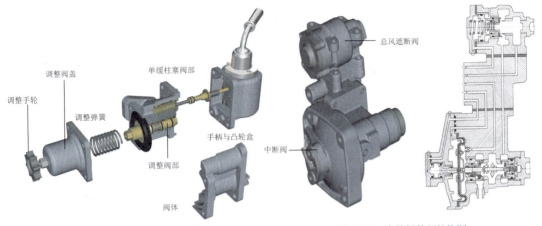

图 11-76　单独制动阀分解图

图 11-77　中继阀外部结构图

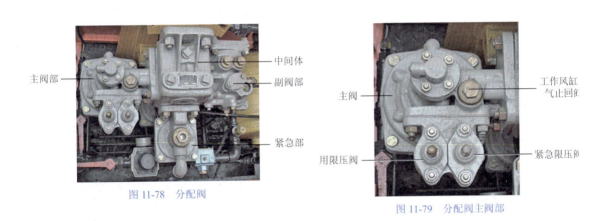

图 11-78　分配阀

图 11-79　分配阀主阀部

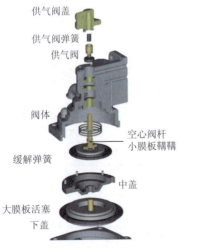

图 11-80　分配阀主阀分解图

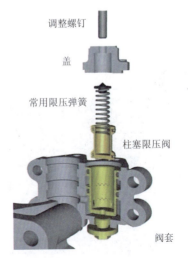

图 11-81　分配阀常用限压阀分解图

图 11-82 分配阀紧急限压阀分解图

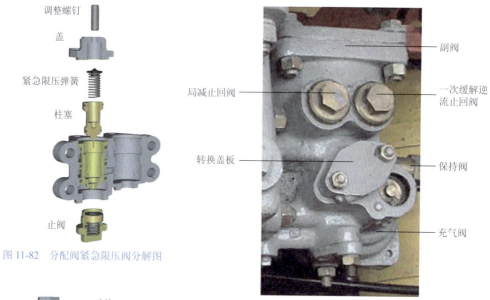

图 11-83 分配阀副阀部

图 11-84 作用阀分解图

图 11-92 发动机空气过滤器指示器

图 11-93 空压机空气过滤器指示器

图 11-94 液压滤芯指示器

图 11-95　发动机油油尺和加油盖

图 11-96　油水分离器

图 11-97　燃油滤芯泵开关

图 11-98　二级燃油滤芯

图 11-99　限制指示器

图 11-100　发动机空气过滤器

图 11-102　冷却液溢流箱

图 11-105　液压油取样阀

图 11-106　主空气泄流阀

图 11-107　空气制动泄流阀

图 11-108　空气干燥器

图 11-109　旁通阀和空气滤芯

图 11-110　空压机空气过滤器

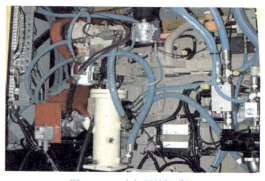
图 11-112　空气压缩机系统

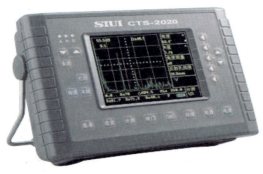
图 12-2　仪器图片

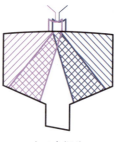
a) 二个探头

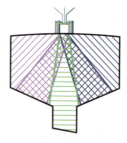
b) 三个探头

图 12-11　两个偏角加一个无偏角 70°探头声束覆盖范围示意图